美容行业与企业认知

MEIRONG HANGYE
YU QIYE RENZHI

主　编　陈基纯　姚　丽　黄美灵
副主编　方　慧　肖龙英　黄贞雨

广东高等教育出版社
Guangdong Higher Education Press
·广州·

图书在版编目（CIP）数据

美容行业与企业认知/陈基纯，姚丽，黄美灵主编. —广州：广东高等教育出版社，2017.8

ISBN 978－7－5361－5967－9

Ⅰ. ①美…　Ⅱ. ①陈…　②姚…　③黄…　Ⅲ. ①美容－服务业－经营管理　Ⅳ. ① F719.9

中国版本图书馆 CIP 数据核字（2017）第 163343 号

出版发行	广东高等教育出版社 社址：广州市天河区林和西横路 邮编：510500　　营销电话：(020) 87553335 http://www. gdgjs. com. cn
印　　刷	虎彩印艺股份有限公司
开　　本	787 毫米×1 092 毫米　1/16
印　　张	16. 25
字　　数	390 千
版　　次	2017 年 8 月第 1 版
印　　次	2017 年 8 月第 1 次印刷
定　　价	35. 00 元

前 言

中国美容化妆品行业自20世纪80年代兴起，迅速成为增长速度最快的行业之一。在短短的30多年里，中国美容化妆品产业从小到大，由弱到强，从简单粗放到科技领先、集团化经营，全行业已形成了涵盖原材料生产、美容、美发、化妆品、美容器械、教育培训、专业媒体、专业展会、行业协会以及营销策划等十大领域的极富生机活力的产业链大军，全产业链形成了数千亿产业规模。目前中国的美容化妆品市场已成为全世界最大的新兴市场，美容化妆品行业也已成为继房地产、汽车、旅游之后的第四大服务行业，从业人员接近8 000万人。

作为发展潜力巨大的美丽产业，美容化妆品行业以其“美丽、时尚、健康”的理念吸引着越来越多的年轻人投身其中。但由于社会传统观念对美容行业的误解和歧视，导致高学历、高素质的年轻人不愿意进入该行业，美容行业就业门槛一直很难提高，现状就是全国从事美容化妆品行业的产业大军其综合素质普遍较低，整体学历水平不容乐观，大约有38%的人员为初中及以下学历，51%的为高中或中专学历，11%的则为大专以上学历。短期培训学校所培养的人才由于缺乏系统化、体系化、专业化的学习，人才素质与技能参差不齐，早已跟不上市场的需求，人才的问题已成为阻碍美容化妆品行业持续健康发展的瓶颈。随着美容化妆品行业的进一步发展，急需一批高素质、高技能的人才为行业注入“新鲜血液”，也需要一批真正体现行业发展规律，将理论和实践紧密结合的专业书籍为高素质、高技能的人才培养提供支持。

行业与企业认知是高等院校美容化妆品类专业普遍开设的一门专业基础课，具有极强的综合性、实践性和操作性。本教材立足于美容化妆品行业人才的需求和高职院校人才的培养目标，充分考虑学习者在学习过程中的认知规律，打破以概念、原理等知识传授为主要特征的传统教材模式，转变以美容行业企业现实工作过程和工作项目为中心组织教材内容，力求让学生在具体项目过程中通过完成相应的工作任务来掌握相应的技能和形成良好的职业态度。

本书在编写过程中，遵循和实现了“体例结构合理，编排条理清晰，文字通俗易懂，内容详略得当，案例丰富实用”的基本原则，同时特别突出了作为教材用书的实用性和可操作性。例如，为了方便教师授课以及学生学习，本书每一项目都以任务导入为起点，以项目小结为终点，中间穿插了案例导入、小思考、知识链接、拓展阅读等项目，以加强学生对知识的消化与理解，最后引入实训项目进行拓展训练，以进一步提高学生的专业技能和学以致用的能力。

本书由行业企业资深专家和高职院校专业教师共同编写，并经过5年的教学实践探索，既具有很强的市场导向性，又具有严谨的逻辑性。不仅适合高职院校、中职学校、成人学校美容美发类专业学生学习需要，也适合美容美发各类培训机构、行业从业人员学习使用。本教材由广州番禺职业技术学院陈基纯、黄美灵和广州市尹姬美容科技有限公司姚丽担任主编，广州番禺职业技术学院方慧、广州市尹姬美容科技有限公司肖龙英、黄贞雨担任副主编。陈基纯、黄美灵和方慧负责确定全书的大纲、编写体例、统筹、修改及定稿工作。各项目的具体分工为：陈基纯完成了项目二和项目三的编写任务，姚丽完成了项目六和项目七的编写任务，黄美灵完成了项目四的编写任务，方慧完成了项目八的编写任务，肖龙英完成了项目五的编写任务，黄贞雨完成了项目一的编写任务。

本书在编写过程中得到了广州市尹姬美容科技有限公司江平董事长的大力支持，同时该公司为我们进行行业的市场调研提供了场所和相关帮助，使我们可以更深入地了解美容这个行业及其企业对人才的需求。在编写过程中，参阅了大量的文献资料和国内外相关的美容化妆品类教材和著作，借鉴了美容行业专家、学者大量的最新研究成果和案例，在此表示诚挚的感谢。由于追溯不方便，有些未能载明出处，请各位作者及时与我们联系，以便补充及修正，深表谢意。

由于编者水平有限，书中难免有疏漏和不当之处，敬请各位同行、专家和广大读者批评指正。

编　者

2017年6月

目　　录

项目1

走 进 美 容

学习目标

知识

- 理解美容的定义，了解美容特点及美容的类型
- 了解美容的起源，学习中国美容化妆品发展历程
- 了解美容的本质及其趋势

技能

- 能掌握美容的特点
- 能运用美容知识区分美容的类型
- 能运用美容知识对中国美容不同时期的区分
- 掌握每个阶段美容不同的发展特点

案例导入

糖糖在公司碰到一位10年没见的初中同学，她居然没有认出这位同学。在糖糖印象中，这位同学初中时脸上长满痘，还有许多坑坑洼洼的痘印，皮肤黝黑暗沉粗糙，毛孔粗大肤色不均，让糖糖诧异的是，这位初中同学现在的皮肤白嫩、细滑、水润、有光泽。经过聊天，糖糖了解到她同学经常去美容院做美容护理才有今天的好皮肤状态。糖糖也迫不及待地想要去了解美容了。

思考延伸

1. 哪些人群对生活美容的需求较大?
2. 哪些人群对医学美容的需求较大?

任务1　美容的基本概念

一、任务布置

1. 任务主题

设计问卷、街头走访，了解人们的美容方式、美容习惯、消费能力、消费倾向、消费项目。

2. 任务步骤

(1) 查找相关资料，了解生活美容和医学美容的基础知识。

(2) 在街头做简单访问，了解人们消费的美容项目、喜爱的项目及消费水平，在了解人们的美容方式和美容习惯的基础上进一步区分这些方式是属于生活美容还是医学美容。

(3) 以小组为单位进行汇报。

(4) 教师针对学生的汇报进行点评和总结。

二、知识准备

关于美容，你了解多少？美容可以护肤养身，每个人都渴望青春永驻，容颜不老，为了追求美丽，人们可谓使出浑身解数。说到美容很自然就会想到美容院。美容院各式专业产品满足了人们对美的基本需求，美容仪器更是从基本护肤到整形美容都有，几乎可以让爱美的人们达到自己想要的效果。从日常美容护肤、美容院做护理保养再到整形美容，美容方式方法琳琅满目，我们该如何选择适合自己的有效美容方式呢？那就必须了解各种美容方法之间的区别。

三、美容的基本概念

随着生活水平的提高和生活节奏的加快，全民对美容健康愈加重视，人们的完美意识愈加强烈，从穿衣、饮食、居住、出行等聚焦到自身形象上。从传统的美容项目，如美白、祛斑、补水、防晒、芳香疗法、眼部保养、颈部保养、肩颈保养、胸部护理、肾保养、卵巢保养、肠胃保养、脊椎保养、内分泌调理、产后修复、减肥体雕、中药美容、抗衰、微创、个人形象、彩妆、美甲到整形美容。人们对美貌的追求将成为自主选择，同时对美的追求也越来越高，消费者更注重品牌和服务及更加科学的美容方式。

(一) 美容的概念

美容是让容貌变美丽的一种艺术。“美容”一词可以从两个角度来理解：首先是“容”，其次是“美”。“容”包括脸、仪态和修饰三层意思；“美”既表明美容的结果和美丽的目的，又表明过程的美化和改变。

美容是以美学为主导，以皮肤护理为基础，以化妆技巧为手段，通过清洁、护肤、修饰、特殊用途等功能的产品和方法，结合多种专业手法技能操作及采用科学的仪器设备，在人的整体或者局部原有的基础上进行艺术加工和修饰，改善不理想容貌，起到预防皮肤问题，延缓皮肤衰老，使皮肤恢复健康、细腻、光泽，达到美丽的目的，使之成为可以被人接受的外观形象，化丑为美、增强自信为目标的一系列技术、手段及方法的总称。如图 1－1 所示。

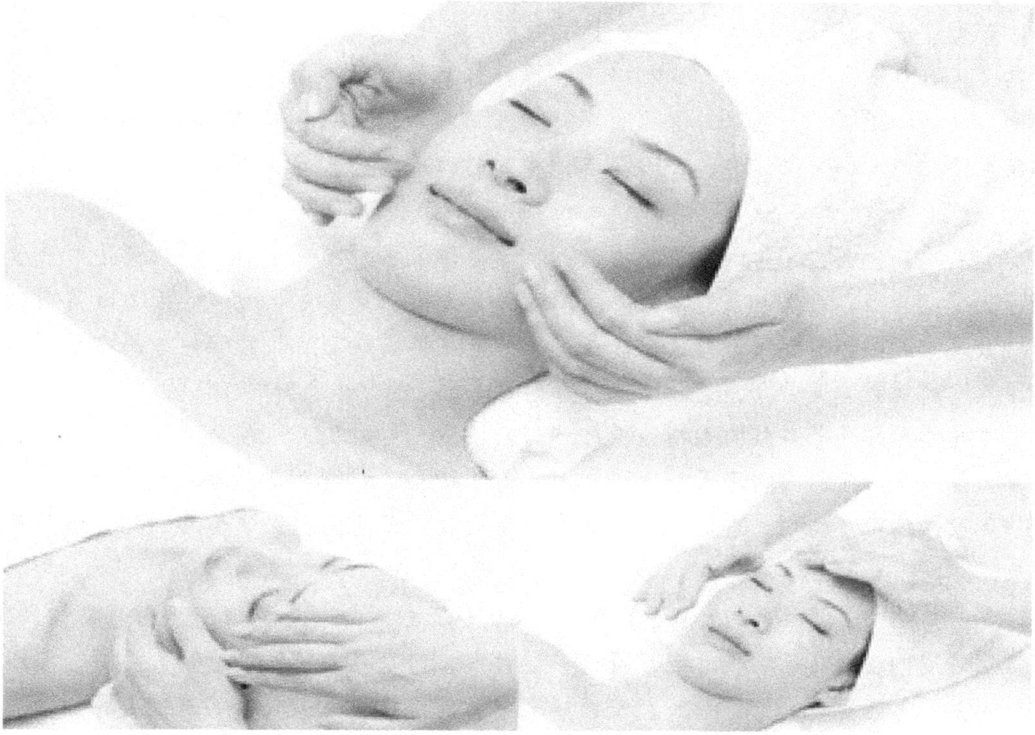

图 1－1 美容护理

（图片来源：http：//beijing. pztuan. com/team/97927. ）

知识拓展

西方的“美容”一词，始见于 1847 年，有人以古希腊语“aesthetikos”一词为基础，创立美容（cosmetology）一词。“aesthetikos”一词的意思是“感官可察觉的（人体所表现的状态）”，包含“提升美（的程度）”。现代皮肤和身体护理的方法，源于西方古代文明的全身协调理论。

（资料来源：http：//www. douban. com/note/504595402/. ）

知识链接

芳香疗法

芳香疗法起源

芳香疗法（aroma therapy）起源于古埃及，近代盛行于欧洲，是使用精油来达到舒缓精神压力与增进身体健康。起初多用在提神或宗教冥想方面，“芳香疗法”是近代才有的名词，1928年，法国化学家雷内·摩利斯·盖特佛塞（Rene Maurice Gattefosse）在其研究论文中首先使用该名称。1937年他在偶然的机会里发现欧薄荷或薰衣草的油有特殊的治疗力量。

有一次，他在自己家的香料实验室不小心烫伤了手，在惊慌下立刻从身边的瓶子里倒出欧薄荷油涂在手上。很快他的手就痊愈并且没有伤疤。他认为这是因为欧薄荷油的奇特效果。此经历引起了他的兴趣，并开始研究一些“香精油”的治疗效果。这些油来自天然材料而且纯度很高，是蒸馏植物的花制成的。他称这个新的方法为“芳香疗法”。

在化学上属于芳香族的香精油很早就有人使用。古埃及人用香精油做浴后按摩和处理木乃伊之用。希腊人则用于医药和化妆。经科学证实：“植物精油因其极佳的渗透性而能达到肌肤的深层组织，进而被细小的脉管所吸收，最后经由血液循环，到达被治疗的器官。”

芳香疗法由法语aroma（芳香）和therapy（疗法）两个名词衍变而来。具体来说，即是高香度的植物花瓣、枝叶经过提炼，透过人体的毛孔吸收，渗透至内皮深层组织及脂肪部分，甚至直达血液，通过血液循环来发挥其治疗作用。它也可透过人体的消化系统吸收其养分，再通过血液输送到人体各器官，维持和增强人体的抵抗力。

芳香疗法甚至可以透过人体的视觉、触觉和嗅觉来刺激大脑皮层，启迪人的思维，为人类提供精神上的慰藉，并释除心理和精神上的种种重荷及疾病，使人树立积极的人生态度。广义的“芳香SPA”，就是将植物芳香精油运用“香薰”“按摩”和“沐浴”等方法，通过人体的嗅觉、味觉、触觉、视觉、听觉五大感觉功能，把植物的荷尔蒙，经由皮肤和呼吸系统吸收，进入脑下垂体，调整身体内分泌，从而对人在生理和心理上进行调整，使身心恢复协调，消除忧郁、焦虑、烦闷、愤怒等情绪和疲惫感，以达到一种身、心、灵皆舒畅的感觉，有人称其为“五感疗法”。

没有人能否认芳香疗法是一种令人愉悦的治疗，但更重要的是，芳香治疗法在心理及生理上都是一种极有效的治疗艺术，它是一种“整体性治疗法”，已经被成功地使用好几个世纪，由此看来，人类与芳香精油相处的历史相当悠久。在此，简单回顾一下这段历史。

与宗教结合的古代治疗

美索不达米亚文明繁荣的古巴比伦苏美王朝，担任巫女的女性与精通植物处方的女性在施行医术时，都使用萃取自芳香植物的药物加以治疗。而且，在公元前5世纪左右的古墓中，也发现了用来蒸馏植物的土器，想必从那时候开始，已经有制作“精油”的经验。在古代治疗中，最大的特征就是“侍奉神的人与从事治疗工作的人为一体”。他们认为，疾病是邪恶的东西所造成的。因此，侍奉神明的人也就理所当然地发挥着医师的功能，也必然需要具有丰富的药草知识，以便在治疗中加以运用。于此基础上，在公元前3000年时，埃及建造了最古老的金字塔，被奉为“医学与治疗之神”的建筑家兼医师伊姆荼提普，使用从植物中萃取的油和膏药治疗疾病。之后，除了在医疗方面以外，更在制作木乃伊时，广泛使用芳香精油作为防腐剂和化妆品。

“芳香”与权力

不知为什么，“芳香”具有激发权力者欲望的效果，历史上许多有名的人物，都曾留下关于芳香的逸事。其中，具有催情作用、放松效果的玫瑰花香特别受到权力者的钟爱，似乎也具有某些象征的意义。以倾国倾城之美貌而著称的埃及艳后拥有私人花园，她的卧室、浴盆等地方都充满了玫瑰花香。恶名昭著的罗马皇帝尼罗也特别喜欢玫瑰花香，据说，他曾将大量干燥的玫瑰花瓣放在卧室。俗话说“英雄爱美色”，其实，应该更正为“英雄爱芳香”。许多征服者都曾运用自己的财力，追求着高贵、甜美的玫瑰芳香。

花草阻止了瘟疫的流行

在中世纪的欧洲，一种被称为“黑死病”的瘟疫威胁着人类的生命。这种以老鼠为媒介传播的瘟疫细菌使无数人丧生。但在瘟疫大肆传播之际，有些人却得以逃过一劫，他们就是在花草田工作的劳动者、药草园的园艺师以及那些贩卖从尸体上剥下来的衣服的偷盗集团。为什么他们可以避免瘟疫？因为他们都属于“与花草相关的工作者”。

在花草田工作及药草园工作的自不必说，偷盗者在面对尸体时，会使用具有强烈抗菌作用的用花草浸泡在醋里所制成的芳香剂。不久，这些花草所具有的杀菌、消毒作用受到瞩目，令医师们束手无策的黑死病、瘟疫等也在薰衣草、丁香等花草的出现后，得到了遏制。因此，使用芳香精油和花草的医疗在17世纪的欧洲迎来了黄金时期；进入18世纪后，由于近代西方医学和药物学逐渐发展壮大，使用芳香精油和花草的医疗逐渐走向衰退。当西方医学和药物学兴盛了一百多年之后，由于近代医学遇到了瓶颈，19世纪中叶，芳香精油和花草再度受到重视，成为新的“芳香疗法”发展至今。

芳香疗法于现代

20世纪，对植物及其萃取精华有了新的兴趣，而且应用在医药美容及健康护理中。芳香治疗法再度流行。有些医生倾向使用植物治疗，尤其是以芳香疗法来治疗疾病。在法国，许多植物萃取液被用在一般的对抗疗法及顺势疗法的医药中，以及一些花草植物配方。在一般的芳香疗法中，严禁服用精油，但在精油品质管理十分严格的法国，不像在其他国家那样比较重视精油对心灵的作用，而是将焦点集中在精油的芳香药效治疗疾病上，且将其发挥在香水、香精中，使其成为举世闻名的“香水王国”。德国堪称近代医学的鼻祖，但在德国，并没有单独的芳香疗法，而是将传统的药草疗法与食品疗法相结合，由具有这方面专业资格的自然疗法师进行临床的治疗，其在植物成分的药效治疗上，成就了德国“医疗王国”的美誉。英国、加拿大的芳香疗法并不像法国及德国等国家重视其医疗的功效，而是将焦点集中在以芳香精油按摩为中心的身体放松效果上。现在的英国有许多培养专业治疗师的机构，据说，有超过 8 000 名的芳香治疗师。在美国，芳香疗法十分盛行，有许多芳香产品的专门店，百货公司内也有芳香产品的专柜，相关商品十分丰富。因此，比较注重“芳香”的心灵效果和冥想效果，以便自行消除日常生活中的精神压力。与欧美国家相比，东方国家对芳香的认知还很新，最初，芳香疗法是美容沙龙和减压设施所推出的产品之一，因此，对于治疗方面并没有太大的关注。进入 20 世纪 90 年代后，一部分医疗工作者和研究者开始推动芳香疗法在医疗领域的研究，直到最近，许多医师出版了有关芳香疗法的书籍。

“身心一致”的东方医疗思想

在印度教、佛教以及回教兴起以前，东方世界就有崇拜自然界精灵的信仰，药草便成为这些仪式中不可或缺的材料。在印度，建立于印度哲学基础上的古典医学认为，生命是身体、心灵与灵魂之间的相互作用，从中加以调和的，就是“生命力”，相当于中国所说的“气”，它同时谈到了利用印度檀香木等精油进行芳香按摩，这种方法正是芳香疗法。

在中国西藏，认为只有当灵魂和精神及肉体相互协调时，才能够对抗疾病，因此，即使在现今的治疗中，也包含了许多仪式性的要素。中国医学认为“人类的身体也是一种自然现象”，因此在讨论“气”和“穴道”之间的“经络”理论的同时，更结合了传统的药草医学。

（资料来源：http：//www. bestvia – china. com/edu/show. asp？cid =464&id =463.）

（二）美容的方式

美容就是在人体肌肤表面，通过洗、熏、浴、擦、涂、喷洒、贴、按摩、敷等方法进行护理（见图 1 – 2），从而达到护肤、美容和修饰美化的目的。也可通过饮食、生活习惯、运动（见图 1 – 3）等方式促进身体健康，使容貌整洁，增加个人魅力。美容是外在皮肤美和身体健康的完美结合。

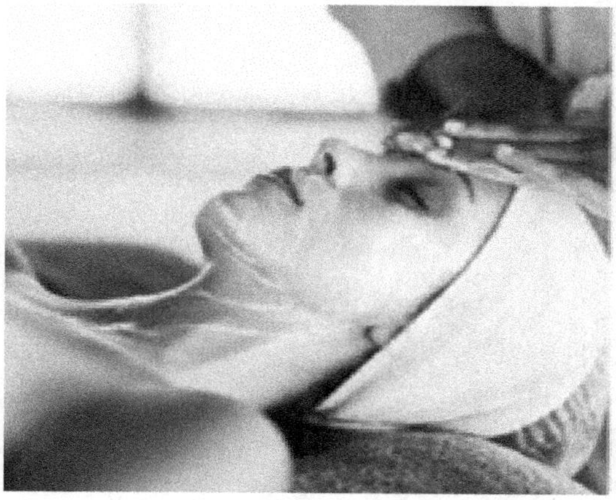

①敷

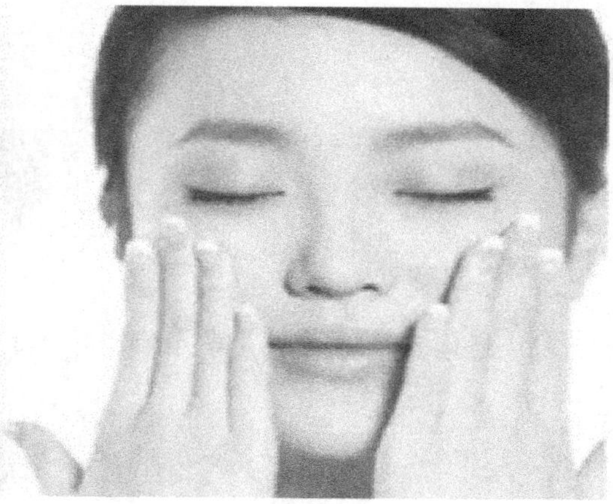

②涂

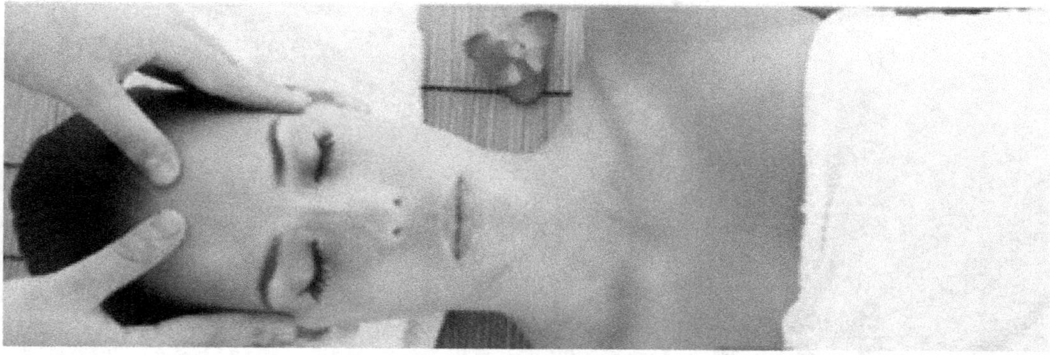

③按摩

图1－2　美容方式（1）

（图片来源：http：//www.yoka.com/dna/d/66/785.html.）

（三）美容的类型

根据美容所采用的科学技术、手法、方法的不同，可将美容划分为生活美容和医学美容两大类型。

1. 生活美容

生活美容是指使用非侵入式的皮肤护理及修饰手法，在原有的基础上保养人的皮肤、修饰人的容颜，改善或预防皮肤问题，使皮肤达到延缓衰老、恢复年轻态的、提升人整体美的一种护理方式。

生活美容可提供美容咨询与指导、美容美体、SPA、修饰美容、形象设计等服务项目。生活美容主要有以下两种。

（1）护理美容。

护理美容重点针对人的皮肤问题改善、身体亚健康调整养护及情绪调节，使其恢复到某种最佳的机能状态，其护理保养的安全性，决定了护理方式需要一定的周期，体现

①饮食

②运动

图1-3 美容方式（2）

（图片来源：http：//www.taopic.com/tuku/201307/385725.html.）

护理效果的时间长短因人而异。

护理美容主要包含两个部分：面部护理（见图1-4）和身体护理（见图1-5）。

图1-4 面部护理

（图片来源：http：//www. sohu. com/a/29239029_100663.）

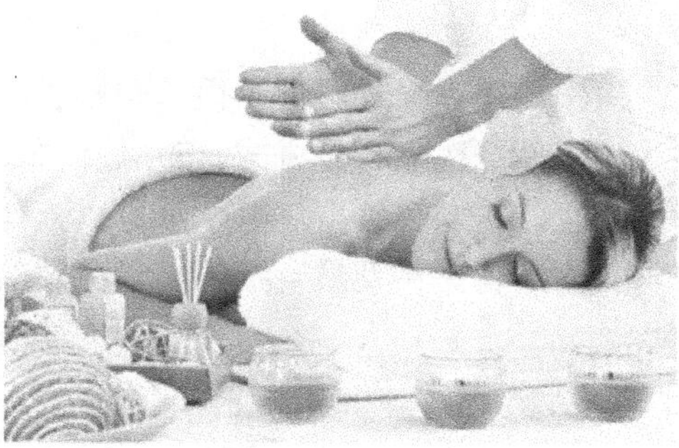

图1-5 身体护理

（图片来源：http：//www. eastlady. cn/baike/meirong/n148677. html.）

面部护理包括：面部基础护理、损美性皮肤问题护理（如色斑、痤疮等）、特殊护理（如眼部护理、唇部护理等）、面部芳香美容、头面部经穴美容按摩、面部刮痧美容等项目。

身体护理包括：肩部护理、颈部护理、手部护理、脚部护理、减肥瘦身、丰乳美胸、全身经络疏通按摩等美容。

（2）修饰美容。

修饰美容（见图1-6）。修饰美容具有较强的美化修饰性，在原有的基础上进行修饰，可以提升五官轮廓立体感，达到协调的状态。包括化妆、美睫、脱毛、美甲等。

①美睫

②化妆

③美甲

图1-6 修饰美容

（图片来源：http：//sh. px58. com/home/news/news_ detail/id/33975. html.）

2. 医学美容

医学美容师通过医学手段，包括整形手术、医疗器械、药物注射、异物填充等创伤性或侵入性的医学科技方式，对人体外部形态、内部生理功能、人体的五官容貌进行维护、修复、再塑、再造。医学美容以人体外在形态轮廓美感为目的，满足广大爱美者的需求，而进行一系列最直接的、最有效的医学整形手术方式。如图 1－7 所示。

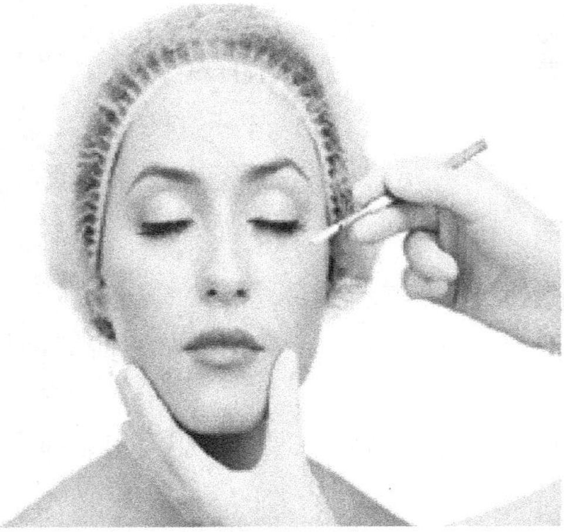

①医疗器械美容

②药物注射美容

图 1－7 医学美容

（图片来源：http：//cq. qq. com/a/20150730/016478. html.）

医学美容和生活美容是两种不同的美容方式，凡是有一定侵入性创伤的美容治疗，一定是医学美容的范畴，而医学美容在我国只有医疗机构才能开展。医学美容主要包括美容外科、美容牙科、美容皮肤科、美容中医科、物理美容、注射美容、纹饰美容等类别。

（1）美容外科包括：重睑、隆鼻、吸脂、手术除皱等。

（2）美容牙科包括：牙齿美容修复、洁齿、矫治等。

（3）美容皮肤科包括：外用药物治疗、光化学疗法、皮肤磨削、表皮移植、毛发移植等。

（4）美容中医科包括：针灸、中药外治技术等。

（5）物理美容包括：激光、冷冻等治疗技术。

（6）注射美容包括：肉毒素注射、软组织填充等。

（7）纹饰美容包括：文眉、文眼线、文唇、文身等（见图 1－8）。

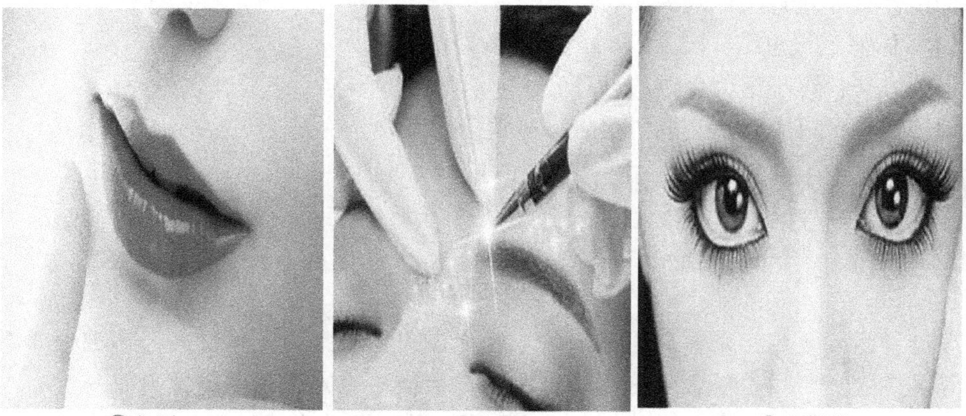

①文唇　　②文眉　　③文眼线

图1－8　文唇、文眉、文眼线

（图片来源：https：//www. nuomi. com/deal/uxlf6dx3. html. ）

任务小结

任务1结构如图1－9所示。

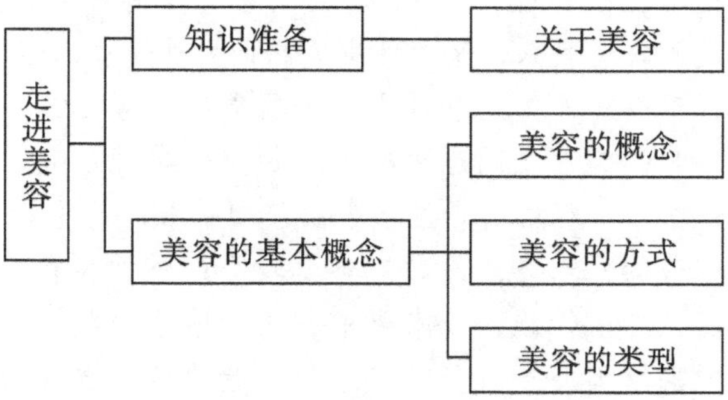

图1－9　任务1结构图

拓展训练

了解生活美容和医学美容人群分布

训练目的：了解人们会通过生活美容还是医学美容的方式来满足自己对美的追求，生活美容和医学美容分别针对哪些人群。

训练步骤：

（1）通过查找相关资料，了解人们对生活美容与医学美容各自的态度。

（2）收集生活美容和医学美容人群的详细情况，包括年龄、需求、消费水平等。

（3）找出适用于生活美容或医学美容的顾客案例各1～2个，包括他们想要解决什么问题，用什么方式解决，效果如何。

（4）做好汇报总结。

训练方法：以小组为单位，合理分工。

训练成果：以小组提交调研报告，教师进行点评。

拓展阅读

生活美容与医学美容

生活美容主要指化妆美容，即运用各种美容化妆品，使人体有缺陷的部分得到掩饰而不显其丑，如用增白粉蜜或粉底霜遮盖面部的微小斑点，用腋香露遮掩腋臭；使无缺陷的部分锦上添花而更赏心悦目，如口红使嘴唇轮廓更清晰，胭脂使双颊更红艳。

生活美容还包括服饰美容，即通过服饰的扬长避短来美化人的体形，亦包括美发，通过不同发型美化人的脸型。但生活美容发展至今，其内容已不仅限于化妆和修饰，还包括皮肤、形体的养护。所以，生活美容应当也含有保健美容的意义。

医学美容是现代医学的组成部分，是运用手术、药物、理化等医学手段来维护、修复和塑造人体美，它包括治疗美容和保健美容两大部分。它有狭义和广义之分。狭义的医学美容指现代西医美容，不包括中医美容；广义的医学美容泛指一切现代的西医美容和传统的医学美容，包括中医美容在内。西医美容注重外观，注重局部皮肤、器官形态的再造。西医美容在运用现代高新技术进行整形美容方面有较大的优势。

生活美容和医学美容既有联系，又有区别。相同之处是：二者的根本目的是一致的，都是为了增进人体美，都有对人体皮肤及形体进行养护的服务内容，在某些仪器设备的应用上也是交叉的。但是，二者之间也存在着区别：医学美容包括有治疗美容，而生活美容不包括治疗美容；医学美容用的是医学手段，如手术、药物等，技术复杂，难度大，而生活美容的化妆及一般的保养方法，相对难度较小；医学美容的实践者是医务工作人员，他们的学历层次高，专业性强，技术要求较高，培养的时间较长，生活美容的实践者为美容师，一般经短期培训便可胜任，其学历、专业性、技术性较美容医师有很大的差距。

中医美容在广义的医学美容范畴内，所以中医美容具备医学美容的特点。中医美容和狭义的医学美容不同之处是：理论基础不同。中医美容的理论基础是中医理论，而医学美容的理论基础是现代医学理论。二者分属于不同的医学体系；二者美容的手段不同。中医美容以运用传统的药物、食膳、针灸、推拿、气功等手段见长，而医学美容以手术见长；二者包含的内容不同。中医美容历来和生活美容难分难解，包含有化妆美容的内容，而医学美容是不包括化妆美容在内的。

（资料来源：http：//www. lady8844. com/hufu/mbhl/2007 - 12 - 28/1198809057d104625_ 3. html.）

任务2 美容的起源、发展简史与本质

一、任务布置

1. 任务主题

体验美容会所或美容院美容护理项目。

2. 任务步骤

（1）请选择所在地区1～2家美容院或美容会所进行面部护理或者身体护理体验，了解美容院服务流程、服务的项目及效果。

（2）以小组为单位进行汇报。

（3）教师针对学生的汇报进行点评和总结。

二、知识准备

古希腊及古罗马时期的人们就已经掌握了泥浆面膜的原理，了解到泥中含有丰富均衡的矿物质，可以消炎、杀菌、清除油脂；据说埃及艳后的细腻肌肤就是全靠长期在脸上涂抹鸡蛋清面膜滋养出来的；唐朝的美人杨贵妃的美艳秘诀也归功于专门用珍珠粉掺适量人参和其他药材调制的面膜。我国古代医家，应用动物的角作为吸拔工具为病人进行理疗，这就是早期的拔火罐。到了隋唐时期，人们开始用经过削制加工的竹罐来代替兽角，灸法的运用起源相当早，从人类掌握用火之后就开始了。远古时期，人们的身体出现某些病痛或不适的时候，不自觉地用手按摩、捶拍，以至用尖锐的石器按压疼痛不适的部位，而使原有的症状减轻或消失，最早的针具是尖锐的石头。中国的针灸、艾灸、拔火罐等物理身体疗法也从工具等方面的不断改进而流传至今，并广泛使用。由于中医讲究的是无副作用，所以也被用来作为保健疗程。与此同时，爱美的人们还追求高效地解决身体上的各种问题，所以高科技的疗法也在不断被引进，其治疗的速度快、效果明显。

随着消费意识和美容健康观念的提高，人们对美容类产品品质、包装、功效、价格、服务等进行高标准选择，同时也注重产品是否满足自身的健康和心理需求，是否符合科学严谨、时尚高雅的生活理念。美容品市场经历了矿物质、羊脂油、纯植物、化工合成品、生物科技和基因科技美容产品时代，因此，美容品更新换代是必然的。

三、美容的起源

远在太古时代就有人用花卉或者植物制作原始的“天然的化妆品”了。原始部落的人群从懂得用树叶遮羞到祭祀中为表示对神灵的崇敬而将脸上涂满颜色，或为了吸引异性而佩戴兽牙等，这大概就是美容化妆的雏形，但无论社会如何发展，人类如何进步，有一点我们是完全可以相信的：美是人类所追求的共同目标。当人类有了美的意识，便有了锲而不舍的追求，爱美不仅是人类的天性，而且是人类进化和文明发展的标志。

美容这个词，最早源于古希腊的“kosmetikos”，意为“装饰”。无论怎么命名，美容的活动在古代早已存在。美容的概念，随着人类文明的发展而不断发展。考古学证明，公元前几千年前人类就开始使用各种饰物，如钻孔石、兽骨、牙等。考古学家通过文物考证得出，在当时，染料和香水已异地交换使用。到公元前5000年，黑锑粉末被用作描眉和染发，铅被用来画眼线，绿孔雀石被用来画眼影等，令人惊奇的是，古代妇女化妆与现代妇女有着惊人的相似之处，如染甲、涂眉、染发等，都是装饰表现出自己的美。

美容流行于欧洲中世纪，到近代美容艺术已大大发展。

四、美容发展简史

（一）中国古代及近代美容发展简史

中国有着5 000年悠久历史和灿烂文化。翻开史籍，不乏记载着历代古人对美的追求，如“窈窕淑女”“粉白黛绿”“浓妆艳抹”“淡妆素裹”等对体形美、容颜美的记载，都从不同的角度反映了不同时代人们的审美观，中国5 000年历史造就了丰富多彩的“美的风貌”文化。从美容发展史来看，由爱美之心的萌发到懂得利用配饰来装点身体，用颜色来美化身体，直至美容化妆，贯穿中国历史的始终。

从古三代时期，“禹选粉”“纣烧铅锡座粉”（《商纣王时代》），古人就已经开始烧铅作粉，用于妇女美容化妆了。而当时这种粉，大概还不容易得到，只限宫室，所以《古今实采》记：“妇人敷粉，始于秦时。”大概此时，随着秦国力的增强，社会生产力的发展，粉的制作开始大量生产，老百姓也用得上了，于是，民间妇女也开始使用了。所以这种粉，最初叫作宫粉。由于它取于铅，所以又叫铅华。后来，人们又把香料与铅合在一起，制成香粉。“周文王敷粉以饰面”等都真实地记录了护肤美容与帝王的切身联系，表现出人类追求美的迫切愿望。秦汉时期，《黄帝内经》从经络、气血方面说明面部失养的机制，又从生理方面阐述气血进入经脉循行全身，营养内脏组织。

春秋战国时期，“粉敷面”“黛画眉”盛极一时，华夏美容史正式揭开了序幕。

两汉时期，美发美容技术在质与量两方面都有了提高。在文学出现了“妆饰”“扮妆”等词汇，美容开始普及，化妆用品也随之进一步发展。

盛唐时期，文化繁荣，国际交流广泛，生活化妆有了长足的发展。眉形有时阔而浓，有时尖而细长。唐玄宗曾命令画工设计数十种眉形，以示提倡，并赋予每一种眉形以美丽的名称，如“鸳鸯眉”“小山眉”“五岳眉”“三峰眉”“垂珠眉”“月棱眉”“倒晕眉”“分梢眉”“涵烟眉”“拂云眉”等。还有在眉目之间饰以金银、羽翠制成的五彩华子，名“花钿”，有的妇女在脸颊的两边用丹青、朱红等颜色点出各种形状如月形或钱形，名“妆靥”：有的妇女用一种鸭黄色的染料，蘸水画在额上，称为“鸭黄”。面部化妆有白妆（以粉为主）和红妆（以胭脂为主）之分。

唐朝时在长安还流行一种时世妆，在白妆的基础上，不用红色，嘴唇改用乌膏，画愁眉，给人一种忧伤的印象，故又称“啼妆”。还有“飞霞妆”，即在面部薄薄施朱，以粉罩之。后来，又出现了一种“北苑妆”，即在淡妆基础上，将大小、形状各异的茶油花籽贴在额上。随着美容化妆内容的不断丰富，人们已经不再单一地只注重美容化妆术了，开始向养颜和调整皮肤生理机能方面发展。一些医学家常常以人药的植物和动物的某些组织为原料，按比例配制成药，长期服用，收到了良好的预防和治疗的效果。

唐代大医学家孙思邈的《千金复方》明确提出治疗痤疮、雀斑、润泽肌肤的验方达80余个，大量辑录了美容药方和方法。可见，当时利用中药美容护肤已经相当普遍。相传，武则天曾炼益母草泽面，皮肤细嫩滋润，到了80多岁，依然保持美丽的容貌。她的女儿太平公主曾用桃花粉与乌鸡血调剂敷面，其面色红润，皮肤光滑。在民间，人们还把美容药品制成面脂，在喜庆佳节相互馈赠，与面脂同样受到青睐的首推面膜。唐代的美容手法日趋全面。唐代贵妇人对四季的服饰、发式、美容、首饰十分讲究。

宋代延续和发展了唐代的美容秘方，人们同样注重皮肤的养护，美容术不断地提高及更新。在宋代的《太平圣惠方》中，记载许多美容方剂，如“七白挺子膏”“麝香面膏”“零陵香油”等。宋代的《圣济总录》也记载着许多的药膳美容方，如明目“莲子粥”、悦色丰肌“大枣粥”等。相比唐代，宋代从发饰款式到头饰服饰都比较保守，华丽的装饰都被禁锢，民风也没唐代开放，人们的审美观也由豪放转为含蓄。

明代，传统美容进入了一个鼎盛时期，名医李时珍将医学与养生紧密结合，编撰出巨著《本草纲目》。书中记载了700多个既是药物又是食物，既营养肌肤又美化容颜的验方。在这些内容丰富的美容养颜方法中，注重内外结合，机体的平衡调制，调节脏腑阴阳。

清代，美容方法集历代之大成，美容化妆之术非常发达，一部分荟萃于宫廷，一部分集于东南沿海一带的小作坊，大量的美容护肤用品、药品不断更新出现。到慈禧太后时期，对美容的重视达到了巅峰，慈禧太后在美容上大下功夫，她用的胭脂是纯粹的玫瑰花原汁，而且所有的花瓣都是精心挑选，要求颜色完全一致，每天用过晚膳后，她先用蛋清涂于脸上的皱纹，半小时后洗掉，再涂上冬花的蒸馏液，慈禧太后喜欢身洒西桂汁，口服珍珠粉，泡人奶浴。

自辛亥革命后，一些化妆品厂相继成立，如广生行的广州、上海、营口分行，上海的明星香水厂、大陆药房、富康贝化妆品厂等。这些企业的陆续建立，对我国化妆品的生产，美化人民生活起到了积极的推动作用。但由于过去的中国闭塞落后，美容业一直没有在中国获得发展，时断时续，直到20世纪80年代，各种美容企业在改革开放的春风下，才如雨后春笋般破土而出。

（二）中国现代美容发展简史

1. 萌芽期（20世纪80年代初中期）

美容由香港传入，并从广东等沿海地区传入内地，当时的美容过程较简单，就是简单的美容洗脸和化妆。

2. 成长期（20世纪80年代中末期）

这时的美容得到快速发展，初期在美容院工作的美容师，经过实践和经验的累积，开始独立开店，由于美容行业门槛低，从事美容的人员也越来越多。随着改革开放经济的飞速发展，人们对美的认识和需求也越来越高，美容消费人群也随之增多。这一时期的美容技术和产品都是以舶来品为主，一些功能性服务项目出现，如穿耳孔。

3. 突变期（20 世纪 80 年代末至 90 年代初早期）

这一时期是美容业快速膨胀时期，新的项目层出不穷，琳琅满目，如文眉、文眼线、换肤、减肥、整形等。同时这一时期消费群体快速增多，形成了盲目消费的流行热潮。

4. 准成熟期（21 世纪）

进入了 21 世纪，美容护理，尤其是身体护理、营养膳食美容、心理美容等越来越深地影响美容行业的发展，在化妆品的生产领域，许多尖端科技如细胞基因工程技术、纳米技术等天然的产品（中草药、天然植物精油）进入美容行业。这一时期着重内调外治相结合，改善外观的美并重振内在的活力成为美容业的主要方向。

21 世纪的美容业将朝着多元化的方向发展，人们不再盲目追赶潮流，而是重视个性化的体现。以人为本的服务思想，将成为美容业的主导，对回归自然的追求将使天然化妆品日益走俏，高科技的渗入会使美容业的技艺发展更为迅猛。美容与皮肤保养将与古老的中医药养颜方法相结合，并用现代的科技发掘传统医药中的养颜精髓，21 世纪的美容技术将与现代医学、高科技手段、高科技产品相结合，依托高品质的服务，达到更具有科学性和实效性的皮肤护理效果。

（三）中国现代美容化妆品发展过程

1. 合成化妆品时期

自 19 世纪欧洲工业革命后，随着化学、物理和机械工业的发展，许多新的原料和设备都应用于化妆品制造，化妆品的生产发生了很多变化。当合成化学品为化妆品的主导原料时，化妆品的科学理论必须建立在化学知识基础上，合成的化妆品是以油和水乳化技术为基础理论的。

2. 天然化妆品时期

20 世纪初期，由于合成化学品在生产与消费过程中，造成环境污染和人体毒性问题，已引起人们极大的关注，特别是 1977 年日本爆发了一起震惊世界的化妆品引发的颜面黑皮症，为此全世界掀起了一股“回归大自然”的思潮。但是必须指出的是，此时期的天然化妆品并不是简单的复旧，它完全不同于古代的天然化妆品，而是运用先进的科学技术，发挥天然物的安全性和稳定性，其使用性能和疗效也有明显提高，20 世纪 80 年代后，世界化妆品业开始进入“天然化妆品”时期，选用配有天然（动）植物活性成分的化妆品，已成为世界潮流。“天然化妆品”是安全健康的，更符合女性的感情，“天然”想到的是自由、舒适、愉快、绿色的大自然气息。

3. 高科技化妆品时期

20 世纪末期，为体现化妆品品质的完美性，融合了诸多高新科学技术，如脂质体技术、液晶技术、纳米技术等，特别是现代生物工程技术必将给现代化妆品带来新的飞跃。

4．绿色化妆品时期

进入21世纪，现代人因生活品质的提高而追求健康、长寿。目前，世界各化妆品公司都全力以赴让自己的产品加入高科技成分，并且已经取得了突破性进展。“安全”是未来美容化妆品永恒的主题，提高美容化妆品的安全性及生理学的有用性，如保湿、抗皱、美白都将是热点。“绿色环保”也将是未来美容化妆品的潮流导向。

几个时代的美容化妆品的发展见证的是时代的发展、科技的进步、消费诉求的不断变化，美容化妆品必将与时俱进，美容科技发展必将永无止境。

（四）世界美容发展简史

1．中世纪

公元476年，罗马帝国衰落以后，基督文明统治了西方社会，化妆被斥为“娼妇”行径，遭到严厉禁止。在很长一段时间里，欧洲女性过着如同修女般刻板的生活。

直到公元11—13世纪时，这种情形才开始有了变化。1399年亨利四世颁布了“洗澡令”，使洗澡成为法律，他要求所有的贵族和妇女要经常洗澡，重新重视皮肤和头发的保养，这一时期，女性代表形象（见图1－10），流行在面颊和唇部涂抹色彩丰富的化妆品而眼部却不做任何化妆。此外，整形外科手术已有了很大程度的进步，如修补裂开的上颚等。美容教学也开始出现，只不过此时的美容学与医学同属一个范畴，包括在同一门课程里，也不分开教授。

图1－10 亨利四世时期女性代表形象

2. 文艺复兴时期

文艺复兴时期，美容美体得到了空前的发展。这一时期，人们非常重视外表及容貌（见图1－11），表现为流行剃眉并把发际线尽量提高以展示宽阔的前额；颜面修饰上注重自然，颊与唇的颜色淡雅柔和，眼部不做修饰；喜欢梳理较为复杂、造型独特的发式并且佩戴各种漂亮的头饰；审美观点突出白嫩和光洁；借助蒸汽浴保养身体；采用各种香料溶液来保持皮肤柔嫩细腻等。文艺复兴时期，人们为追求皮肤的白嫩和光洁，制作了很多匪夷所思的有害化妆品，如含有汞、银、锡粉的护肤品，甚至有的人还口服砒霜来让皮肤呈现白皙的状态。

图1－11　文艺复兴时期女性代表形象

（图片来源：http：//www. nipic. com/show/2/52/8268881kc23f63e2. html.）

公元15—16世纪，哥伦布发现新大陆，美洲的各种香料源源不断地运往欧洲，于是西方社会很快掀起一股擦香水的热潮。在妆面上也进入了浓妆时代，此时的化妆强调面颊与唇的修饰，眼部化妆尚未流行。女性为了抵御过度使用化妆品对皮肤造成的刺激，在卸妆后，开始用熬成稠状的小麦粉加上蛋壳、明矾、硼砂、杏仁以及罂粟的种子敷脸，并自我按摩，以此保持皮肤的湿润和弹性。此外，欧洲人还将珍珠磨成粉扑面，同时牛油、酒类、水果和蔬菜也被用作化妆品原料。对发型的设计及假发的使用在这个时期也相当盛行。

3. 巴洛克时代

公元17—18世纪，美容风潮的中心逐渐移至英、法两国，这个时期经济高速增长促进了社会的迅速发展。女性的唯美服饰以及各种时髦与流行风气盛行，是一个充满脂粉气息的唯美时代（见图1－12）。当时巴黎的妇女流行点黑痣的化妆术，黑痣的形状分为星状、月牙状和圆形，一般多点缀于额、鼻、两颊和唇边，偶尔也有点缀于腹部和两腿内侧的。痣的颜色有黑、红两种，这在当时是极有特色的面部修饰方法。

图1－12 巴洛克时期女性的唯美服饰

（图片来源：http：//www. sj33. cn/ys/hhys/201609/46238. html? _ t=t. . ）

18世纪初期，男性美容风盛行，他们在脸部涂脂抹粉，为了美容宁可剃掉美丽的金色卷发而戴上假发套。18世纪中后期，妇女对容貌的美丽重视程度更是达到了极点，对皮肤危害极大的白粉妆被摒弃，而以苯水为原料的抹面水比较盛行，还提出了“生活美容”的概念，以生活美容化妆和服饰来修饰人体，以达到美化容貌的目的。这里的“生活美容”，显然与现代的生活美容有较大区别，此时期被后人称为奢华时期。

4．维多利亚时代

19世纪是历史上被认为最朴素的时代，这个时代的服饰、发型及化妆（见图1－13）深受保守作风的影响。除了上剧院外，妇女极少在脸部化妆，她们宁愿用手捏面颊及嘴唇来形成自然的红色，也不愿用唇膏、胭脂等化妆品，对发型的梳理也极为简单。但不论男女都关心身体的清洁及个人保养，流行用一些天然植物调配成的面膜进行敷面美容。当时还盛行面部浴，即将面部浸入冷水中，反复6次，经过一段时间后，脸色自然变得红润而且富有光泽。

5．近现代

19世纪初，医学界尚未发明治疗肺结核的特效药，在北欧阴湿的气候中，人极易患上肺炎，因此，医生往往建议到温暖的南方海滩晒太阳，到长有松针的树林里去呼吸新

图1－13　维多利亚时代女性服饰、发型

（图片来源：https：//tieba. baidu. com/p/1860937442.）

鲜空气。到了1920年左右，这种源于健康考虑的日光浴逐渐演变成一种美容时尚风潮，并由此引发欧洲人对褐色健康肤色的喜爱。

19世纪50— 60年代，美容院和按摩院在各地逐渐开始设立，而化妆品则在大多数家庭中被广泛使用。这一时期，修饰和保养在欧洲迅速普及。

19世纪中晚期，英国和美国的香水工业和医疗机构取代了顺势疗法和药物疗法。另一方面，科技与工业的发展也为护肤品的制作开辟了一片崭新天地，首先是有害的汞和铅粉被无毒的亚铅粉取代。

20世纪初，经济大萧条和第一次世界大战，使欧洲社会渴望温情的家庭生活，女性的化妆较为自然，唇色较为突出，女性追求身体的线条美。现代意义上集护肤美容于一体的粉饼在美国制成。面膜的原料换成了白土（又名高岭土），这是一种结构细密，附着力较弱的物质。白土对油脂有特殊的去污功效，且性质温和，对皮肤刺激性小。美国的化妆品制造商在白土中加入相应皮肤营养成分，通过广告大肆宣传，掀起了一股面膜热潮。

20世纪30年代，人们受新闻媒介影响，大量获取了最新流行信息。电烫发的发明使妇女的发型有了更多变化，当时女性被金黄色的波浪形卷发、细弯的眉毛以及鲜艳的唇色吸引。此时的造型趋于华贵、艳丽，人们争相效仿。男子则以光滑的头发及整洁的胡子为时尚。

20世纪40年代，第二次世界大战使男人大多应征入伍，军人刚毅的形象成为流行，女性脱下裙装穿上裤装以适应战争时期工作需要。发型趋于简洁，自然浅淡的妆容逐渐取代了30年代的艳丽形象。染睫毛成为当时时尚，战争使化妆品销售增长。

20世纪50—60年代，战后的经济复苏使人们对美容化妆产生了更大兴趣，成熟优雅的女性形象再次被崇尚，化妆逐渐趋于浓艳，且妆面细腻，突出眼、唇修饰，黑黑的眼线和假睫毛将眼睛刻画得明亮，红艳的丰唇娇美动人，服装的款式简单但强调女性曲线，细眉受到欢迎。随着“芳香疗法”作为独立的美容理念逐渐被人们接受，许多古老的治疗手段重新开始出现并运用于现代美容护理保健中。欧洲和北美的皮肤护理专业人士不断研究现代科学和天然成分合二为一的技术，帮助改善皮肤肤色，塑造健康肌肤。

20世纪70年代，社会经济及科技的进步，使美容业显著改变，许多新的化妆品及保养品纷纷问世，皮肤的保养更趋向多元化，化妆从传统美容中逐渐脱离出来。

20世纪80年代，科技高速发展，科学技术不断进步，美容业有了长足的进步。美容行业会展从传统的展会中分离出来。在欧洲，美国美容化妆品公司开始在会展中展示大量的新产品、新技术、新包装以及高级专业设备和设施，以满足各地市场需求。80年代后期，受复古风潮影响，人们又开始逐渐转向追求自然。

20世纪90年代，人们对追求流行变化的兴趣转淡，重视可延续的流行及个人风格的建立。化妆与发型进一步向多元化发展并注重整体风格与个性的统一。为了延缓皮肤老化，各种生化科技产品推向市场，美容已同现代医学、化学、解剖学乃至整个生物学紧密结合起来，美容技术正在向高科技领域方向发展，出现了很多美容专业性较强的展览会，美容产品企业也会组织有专家参与的各种短期培训班。

进入21世纪，身体护理、营养美容、心理美容等新兴领域对美容业的影响越来越显著。内调与外养相结合，改善外观美与塑造内在活力并重，成为现阶段及未来美容发展的主要方向之一。

知识拓展

美容是一种让容貌变美丽的艺术。古埃及时期，人们为了滋润皮肤和防止日晒，在皮肤涂抹各种药剂和油膏。古埃及妇女喜欢用黑颜料来描眼的轮廓，用孔雀石粉制成的绿颜料涂在眼皮上，用黑灰色的锑粉把眉毛描得像柳叶一样细长，用乳白色的油脂抹在身上，使用红颜料涂抹嘴唇和脸颊，甚至在手、脚的指甲上都要染上橘红色，非常惹人注目。美容在欧洲中世纪非常流行，到了文艺复兴时期，美容艺术大大发展。19世纪80年代，西方开始出现了近代美容院。在中国殷商时期，人们已用燕地红蓝花叶捣汁凝成脂来饰面。根据记载，春秋时周郑之女，用白粉敷面，用青黑颜料画眉；汉代以后，开始出现妆点、扮妆、妆饰等字词；唐代出现了面膜美容。

（资料来源：http：//baike. sogou. com/v70229. htm.）

【小思考】

学习了美容化妆品的起源发展历程，你觉得未来美容化妆品会怎样发展?

五、美容的本质

美容美学不等于美容加美学，也不等于把美容限定在美学的狭窄领域。恰恰相反，美容美学是美容的普遍理论，是指导美容实践的基本理论方法和原理。美容与美学联系紧密，以至于如果离开了美学来谈美容，那就会成为无源之水、无本之木。同时，美容美学是人类在美的领域所创造的一切优秀成果并且被广泛接受运用。

这个世界上林林总总的事物时时刻刻都在给予人们美的或丑的感受，并不断地丰富着人们的审美视野，在这个过程中，美对视觉和听觉所产生的快感，导致人们也在寻找着对于“美是什么”的答案并加深对美的本质认识。

美是人类一直追求的生活目标之一，美容是人们追求美的主要形式，对美的追求不分性别、年龄，爱美之心人皆有之。人们爱美的天性从未随时间和地域而改变过，古埃及男人用芳香油保护皮肤不被烈日和热风所伤害；古罗马人用芳香油洗浴；英国伊丽莎白时代，男人用鼠尾草漂白牙齿，甚至已经开始用蜂蜜制成的面膜防皱；我国有杨贵妃以荔枝养颜，累死数匹快马；近代慈禧太后一直坚持口服珍珠粉及花蜜；近点来说，据说前央视主持人李咏不精心打扮不出门，连下楼倒垃圾也要将头发梳理得纹丝不乱，平时也一直在专业美容机构做皮肤护理。人们对于自己的形象越来越关注，并且外在的形象也越来越大地影响着人们的职业及生活。美容在我们生活中已经无处不在了。美不是人心自造的幻影，美须依赖人们的感觉而存在。美容是对人的内外形象进行修饰、美化的技术和艺术的泛称。从宏观方面论，美容包括美学、文学、医学、营养学、色彩学、化学、物理学、心理学等各大专业的许多知识；从微观方面来看，又包含化妆、护理、整形、保健、发型、服饰、礼仪等。

美容，是一门艺术，它比其他任何艺术都更直接地追求和塑造美，它已经渗透到人们日常生活、学习、工作、娱乐之中，成为人们生活中不可分割的一部分。

知识链接

在大希庇阿斯篇里，苏格拉底问希庇阿斯：你能替美下个定义吗？请告诉我什么是美。希庇阿斯说：一个年轻小姐是美的。苏格拉底不满意，他说，我要问的是：什么是美？而不是问：谁是美的，什么东西是美的？在这篇对话里，希庇阿斯和苏格拉底尝试了好几种关于美的定义，例如美的就是适当的、美的就是有用的、美的就是令人愉悦的，但苏格拉底又一一予以驳难，最后得出的结论只是：美是很难解的。

任务小结

任务2结构如图1－14所示。

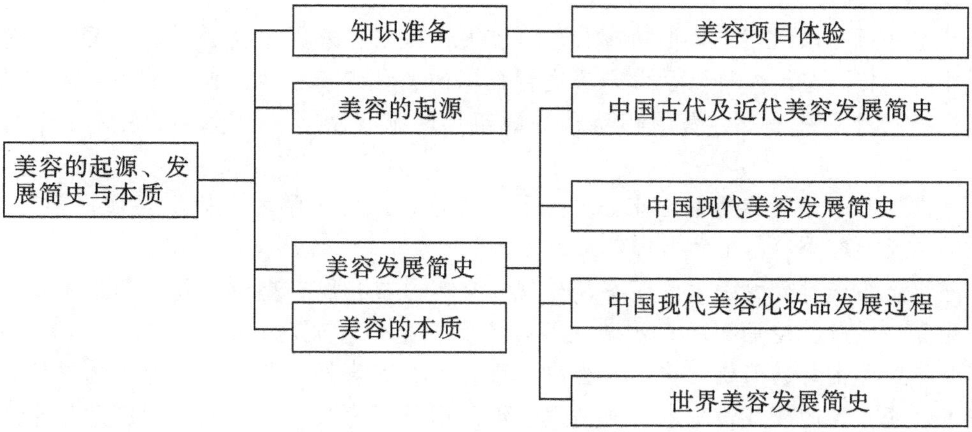

图1－14 任务2结构图

拓展训练

整形医院咨询了解微整项目

训练目的：了解医学美容具体有哪些项目，哪些人适合做整形或者微整形。

训练步骤：

（1）对学校附近整形医院进行咨询，并选择一家实力较强、规范的整形医院作为调研对象。

（2）到整形医院实地查勘调研，首先观察该整形医院消费人群的个人属性特征，然后通过消费者角色扮演向整形顾问了解其主要整形项目及对应价格，并询问其主要消费群体的消费水平和消费特点。

（3）做好调研总结和成果内业整理。

训练方法：以小组为单位，合理分工。

训练成果：以小组为单位提交调研报告，教师进行点评。

拓展阅读

整形概览

1. 微整形

微整形（micro-surgery）就是利用高科技的医疗技术，不需开刀，短时间就能变美变年轻。其逐渐取代过去的整形外科手术，具有安全、无伤口、恢复期短的优点，可以在周末接受治疗，周一就能带着一张更美更年轻的脸庞迎接一个新的开始。微整形的出现让整形如同做美容皮肤护理一样简单，同时整形效果和传统整形完全一样。微整形主要项目包含A型肉毒素除皱和瘦脸，填充剂注射，自体脂肪移植充填，面部微吸脂，激光治疗，注射瑞蓝、伊维兰、美白针等。

2. 整形外科

整形外科可以治疗先天性功能及外形方面的缺陷，或因车祸、创伤、疾病及老化造成身体的异常。整形外科以手术方法进行自体的各种组织移植，也可采用异体、异种组织或组织代用品来修复各种原因所造成的组织缺损或畸形，以改善或恢复生理功能和外貌。

有人把整形外科称为继临床医学、预防医学、康复医学之后的“第四医学”，即整形医学。而整容外科习惯称美容整形外科。

整形是指透过外科手术改变身体外观。整容通常指脸部整形，包括割双眼皮、垫下巴、隆鼻、嫩唇、造酒窝痘、种睫毛等。不少人把矫形理解为整容，但两者实属不同。整容并非身体上的缺陷或伤残，是当事人因自己个人喜好或其他非医疗上的原因，以外科手术改变自己的外观，手术并非必须。矫形则是因为疾病、后天因素或意外导致永久的身体缺陷或伤残，可通过外科手术补救或矫正，而这类手术通常是必须的。在日本和韩国，整容是一件很平常的事，整容医生也很多。整容以女性为主，但近年也多了男性整容。

普通外科手术以治病救人为目的，出现并发症容易得到患者及家属的理解。而美容整形手术以美容及商业利益为目的，出现并发症往往不被患者及家属所接受，容易产生医疗纠纷。因此，要求美容整形外科医师不仅具有坚实的基础医学知识、高超的外科技术，还要有较高的美学修养，尽量减少并发症的发生。

整形美容手术效果如何，取决于医生的经验技术（60%）、患者条件（30%）及运气（10%）。整形美容手术不是万能的，手术可以把丑小鸭变成白天鹅，但不能把蚂蚁变成大象，不要对美容手术寄予过高期望。不称心的衣服可以不要，不恰当的手术却是贻害终生的。良好的体型基础加手术加化妆才能达到最好的美丽效果。为美丽不惜砸锅卖铁是不明智的。手术前最好取得家人的同意，以避免日后的纠纷。有许多问题是整形美容手术无法解决的，整形美容只能解决客观存在问题，不能解决主观认识问题。希望通过整形美容手术达到什么目的，把美丽当成筹码，是不合适的。

3. 整形国家排名

（1）韩国被评为“最爱整容国家”。

一份调查报告显示，2010年，韩国平均约每1 000人做了15例整容手术，冠绝全球。其次是希腊人和意大利人，平均每1 000人做过12例以上整容手术。中国平均每1 000人中大约只有1例整容手术，居第24位。但是就整容手术的总量来看，美国排名第一。不过，一个国家整容手术的普及程度，也和该国的经济与民生状况有关。

（2）美国整形总数占世界第一。

国际美容整形外科协会调查统计了25个国家手术与非手术程序整容的数量，数据包括了2009年全球整形手术总量的75%。该机构总裁那海称，美国人占据了全球整形手术的最大头，这并不让人吃惊。不过，像中国、印度等新兴国家的“整容风”如此地猛，这真让人有点意想不到。数据显示，美国的整形手术数量占据了总数的17.5%；而中国排第三，占据了总量的12.7%；印度紧随其后排第四。值得注意的是，在亚洲一向以整形手术出名的韩国，此次却只排在了第七名，位居中国、印度、日本之后，反倒是中国人成为亚洲最爱整容的人。该机构分析称，这些国家之所以整容盛行，主要是因为国民越来越富有，拥有了更多的额外开支。财富的增加使得人们有了余钱，可以花费在整容手术上。

(3) 整形手术数量前十名国家。

美国、巴西、中国、印度、日本、墨西哥、韩国、德国、土耳其、意大利。

（资料来源：http：//women. sohu. com. ）

项目 2

美容行业认知

学习目标

知识

- 了解美容行业的发展历程
- 了解美容行业发展的现状
- 了解美容行业市场环境及其影响分析
- 了解美容行业未来的发展趋势

技能

- 能够对美容行业的特点及其市场环境影响因素进行分析
- 能够对美容行业当前发展概况及其未来的发展方向进行分析

案例导入

“某某同学高考毕业进入了某职业院校，就读的是与美容化妆品营销管理方面相关的专业，他很想了解美容行业是一个什么样的行业，其发展前景如何。”这是一名刚刚进入大学校园的大学生提出的问题，想必这也是很多就读美容相关专业的学生都十分关注的问题。

思考延伸

1. 美容行业是一个什么样的行业，发展现状和发展前景如何？
2. 美容行业的未来发展趋势怎样？

任务1 美容行业发展概述

一、任务布置

1. 任务主题

商圈美容服务机构及消费者调查。

2. 任务步骤

（1）请选择当地某一商圈，调研并分析该商圈内美容服务机构的经营发展状况与消费者的美容消费行为。

（2）对这一商圈的级别、规模、商圈中的美容服务机构的数量、规模、档次、目标人群定位及消费者的规模、消费能力、消费习惯、消费结构等各种因素进行调查分析。

（3）以小组为单位进行调研汇报。

（4）教师和其他小组同学针对同学的汇报进行提问、点评，教师进行总结。

二、知识准备

在中国，美容美发行业历史悠久，但是真正的蓬勃发展却是在改革开放以后，在改革开放之前中国拥有的仅仅是四面白墙几把椅子的理发馆，谈不上企业文化、企业管理，更谈不上营销，甚至也谈不上是艺术，只能说是技术。通过这些年的发展，中国的美容美发行业的确发生了很大的变化，由单纯的理发发展到理发、饰发、护发三大系列。从美发开始发展到美容，然后，化妆、SPA、形象设计等，这个行业无论从内涵还是外延都发生了相当大的变化。1978 年美容从业企业仅有 1.4 万家，从业人员仅有 12 万人，营业额也只有 1 亿元，现在已经发展到从业企业 160 万家，从业人员 1 600 万人，营业额已经达到 1 600 亿元。在 20 世纪 90 年代，国际美容美发界曾做出了这样一个断言：21 世纪世界的美容美发中心将在中国；近年来，中国美容美发界的高速发展，正在逐步地把这个断言变成事实；走进中国任何一个大型商厦都会看到，商厦黄金地段的一楼，已经变成了美容美发的世界。

但是，与整体业界利润空间迅速膨胀相对应，中国的美容美发业却出现了生意越来越难做的困惑，对于这个问题，中国美容美发协会的闫秀珍会长提出了如下的看法：美容美发业的高速发展与利润空间的迅速膨胀，吸引了资本不断地转入，导致了企业数量增加，客人严重分流；一些企业由于利益驱动采取了打折、促销、恶性杀价、虚假广告、炒作概念、违法经营以及不太规范的拉客手段。而这些都导致了行业信誉度的降低；经历了金丝植入、干细胞事件，特别是媒体的宣传，提升了消费者关于“美”的知识，消费者的消费心理已经逐渐摆脱了对祛斑、减肥等功效性美容盲目选择而变得日益成熟，而这些都在对整个美容美发界提出更高的要求。中国加入世贸组织后，按照世界贸易的规则，化妆品的关税要下调，一些政策要进行调整。所以，现在不论是生产企业、培训机构，还是终端服务，都有更多的外国企业想进入中国。一些国家的驻华使馆也纷纷找到中国美容美发协会，希望为他们的企业进入中国开辟道路，外国企业大批进入将进一步增加市场的竞争难度。

竞争的激烈实际上在证明着市场空间的存在，就中国美容美发界整体而言，已经到了走出瓶颈进入整合的阶段。对于服务质量、管理水平、技术水平高的企业来讲，他们的市场依然较大。而对管理水平、技术技艺、接待服务各个方面比较弱的企业将逐渐丧失立足空间。经过二三十年初级的数量发展阶段，中国美容美发界已经进入了“二次创业”阶段，在这个阶段，过去那种盲目地追求新项目、新产品、新概念以及五花八门的促销方式都将过去，取而代之的将是“内功”的竞赛。比如环境、技术、服务，特别是人员素质提升将是一个非常重要的问题，行业将告别浮躁，逐步走向平静。

就中国美容界整体而言，美发厅的硬件设施实际上和国际相比并不逊色，有些老外也到中国来参观，他们一到这些企业都感到大吃一惊，中国发展太快了，真的很棒，了不起！但是真的进入企业考察各个环节的时候，他们就摇头了，因为他们发现我们内在的东西不足。日本所有的企业都有理念，他们的理念都集中反映怎么做人的问题。日本的美容美发学校在招生的时候首先考虑到考生为什么要学美容美发，从内心热爱这个事业的考生才收，进入学校之后首先是教学生如何做人。韩国的美容院在招聘的时候经常会设计一些情节，比如吃鱼，通过看应聘者吃鱼的哪个位置来判断应聘者是不是懂得谦让；看应聘者是否喜欢宠物来判断应聘者是不是具有爱心和耐心。泰国的 SPA 是一个非常民间的标准化的服务体系，他们的环境让人觉得非常放松，最关键的还是他们的服务员，他们对顾客的态度让你感觉非常舒服、非常到位，他们的微笑真的是发自内心。日本有一个著名企业说过这样的话：“教育和培训员工很贵，但是不这样的话代价会更高”。而这一点对于目前的中国美容美发业，却有可能成为限制行业发展速度的不足之处。随着中国美容美发业的高速发展，越来越多素质比较高的人进入这个行业，外国的一些著名的品牌机构也要进入这个行业，但这个行业容量是有限的，未来的竞争中人的竞争是非常重要的。目前在有些企业中，因为员工的流动性很大，老板舍得投资让员工学技术而不舍得在员工的素质教育上进行投资，这种思维方式将势必妨碍国际高端品牌在中国市场的竞争。因为顾客在各个美容院、美发厅硬件都不错、服务态度也不错的情况下，将会更多地追求企业整体的内在素质，以及是不是全心全意地服务。

三、中国美容行业发展概述

（一）中国美容行业发展现状

中国美容行业从 20 世纪 80 年代中期起步发展至今已 30 多年，这一时期以来，美容行业经历了从初级阶段的摸索性成长到中级阶段的思考性发展。市场规模从小到大，从业人员由少到多，生产企业和专业美容化妆品品牌已经大批涌现。截至 2015 年，全国约有 282 万家各级各类美容美发机构，8 100 余家化妆品生产企业，6 000 余家专业美容美发培训机构，从上游原材料生产企业，到服务流通领域，全产业链达到了约 1 万亿元规模。年增长速度平均在 30% 以上，同时出现由分散到逐步集中及增长中结构性调整的趋势。高速增长率的美容行业在各行业的增长中名列前茅，远超全国年平均 GDP 的增长速度，市场容量逐年放大。与此同时，中国美容行业也随着经济全球化迎来了更多的发展机遇。“十二五”期间我国将进一步促进美容美发行业规范发展，力争“十三五”期间美容行业营业收入年均增长持续保持在 20% 以上。

目前，中国美容行业已具备完整的产业链和相当的产业规模，产业特征十分明显。由于其投入少、进入门槛低，因此成为民营资本占主体的、劳动密集型的第三产业之一，是中国典型的新型产业。有关学者认为，中国美容产业是完全竞争的成长型产业，是产业链长、内涵丰富、供求弹性强的朝阳产业。大力发展美容产业，有助于解决以下四大问题。

（1）实现大量就业。美容行业，特别是美容服务业，是特殊的“超劳动密集型”行业，具有“一对一”，甚至“多对一”直接服务的特征，即有多少个消费者，就有多少个服务者（甚至更多），大大高于商业、餐饮业、旅游业等的“客服比例”。这就为国家建起了一个不小的就业“蓄水池”。

（2）拉动大量消费。随着城乡居民生活水平的日益提高，在“恩格尔系数”中，美容消费的比例不断增长已成为一个不容忽视的趋势。目前，在我国的美容消费中，“高质化”和“大量化”两种特征同时存在，主要表现在三种趋势中：一是消费人群的扩张，年龄、职业、性别、城乡等的限制性因素日益减少；二是消费产品的扩张，美容、整形、康体、护理等领域的新产品层出不穷；三是美容产业链的扩张，生产企业、服务店铺、教育培训、物流配送、媒体、广告、展演等，行业的摊子越铺越大，覆盖的消费者越来越多。

（3）促进民营经济发展。美容经济的一个突出特点，是其主体成分是民营经济，完全靠民间资本支撑运转，具备民营经济的一切优势。大力发展“民营主导型”的美容经济，是对国家实施民营经济发展战略的强力支持和配合。

（4）减少国家负担。美容经济不但能给社会带来就业、消费、税收等好处，同时还具有能耗低、投资小、风险小、占用资源少等特点，不需要政府的财政支出，不占用大量的资源，不依赖政府的额外扶持（如贸易保护）。美容经济这种“不需要”“不占用”“不依赖”的“三不特征”，充分体现了“自循环扩张型”的经济特性，有“朝晖”之势，无“夕阳”之虑，成长空间巨大。随着我国人均 GDP 不断增长，美容经济正在成为继房地产、汽车、旅游之后的第四大消费热点。

美容经济的上下边缘产业也很多，与外界交叉的就更多。应该说美容经济是个“大经济”，无论是就业人数、产值，还是增长空间、发展前景都很大，在整个国家的经济中，它所占的份额是不可忽视的。美容经济发展到今天，仍面临着许多问题。主要可以归纳为四点：无视、忽视、漠视、歧视。“无视”——主要是政府及学界对美容的态度。迄今为止，中国没有一本《中国美容年鉴》，国家统计局没有独立的统计口径，没有发展战略，没有法律法规。“忽视”——主要是管理部门。涉及美容行业管理的多个机构和部门，谁都管理，谁也不管。从根上说是不重视。“漠视”——大部分人，甚至包括美容行业内部的人，几乎没有把美容经济看成是一种“经济”，漠而久之，无以正名。“歧视”——人们还有许多偏见。不少人对传销、色情、毒品等侵入美容行业很敏感，反而对美容行业的健康发展缺少关爱，总以为搞美容的是“下九流”，上不得台面。所以美容经济现状不好，散、乱、差的情况十分严重。

中国美容行业处于“三高三低”的状况：社会需求度高、对经济贡献度高、消费期望值高；行业门槛低、政府认知及关注度低、舆论评价低。大力发展美容经济，需要做到以下四个转变。

一是由不视为经济转而视为经济。调查显示，与美容经济直接相关的政府机构和部门有20多个，它们都不同程度地缺乏对美容经济的关注和认同。政府相关部门的重视，是美容经济发展的重要前提。美容经济在大部分人的心中还“不是经济”，这种观念亟待扭转，必须早日刷新历史积淀起来的对美容经济的忽视、漠视、歧视和无视的旧观念。

二是由放任自流到“照管”起来。美容经济是国民经济当中一块不小的蛋糕，但却很少有政府部门统一协调地对其进行“照管”。人们主张从放任自流转变到“照管”起来。“照”是关照，即要关爱、要关心、要照顾；“管”是管理，即要看管、要严管、要管住。政府只有加强“照管”，才能更好地让美容经济发挥效益。

三是由没有规划到有规划。美容经济长期处于“自出状态”，政府缺乏对美容经济的方向指引和战略规划，甚至连基本状况都不了解，始终没有数字统计和经济普查，更谈不上总体的研究和分析，这是很不正常的现象。

四是由缺乏规范到完善规范。美容经济这架庞大的机器在无序失范的状态下运转着。从市场准入、资质资格，到服务标准、技术规范，大体处于无法可依、无章可循的原生状态。美容行业的无序失范，突出表现在：谁都管但又谁都不管，政府职能弱而行业协会更弱。特别是在工商、税务、卫生、安全、劳保、培训、治安等方面，都处于散、乱、失衡的状态。如不早日出台配套的公共政策和行业规范，自生的美容经济就会堕入自灭的绝境。

（二）中国美容行业发展特点

从20世纪80年代起步，中国美容化妆品业走过了风风雨雨的30余年。这30多年来，中国美容化妆品业从简单的“一把剪刀闹革命”及“雪花膏润肤、凡士林护肤”发展到现在集美容、美发、浴足、医疗美容、保健美容、造型设计、美容教育以及专业美容产品研发、生产、销售于一体的生产与服务并行的一个庞大产业链，其行业发展特点可以简单地归纳为“五化五性”。

1. “五化”

（1）产业化。

中国美容产业发展平均时间为30余年，从1980年单一的店面服务，逐步延伸为以美容、美发、医疗美容、美体、美甲、纹制、形象设计、色彩店面服务，以及专业职业教育、相关专业仪器、用品、用具、研发、生产、销售为主体的综合性产业，并在每个领域中诞生了龙头品牌和龙头企业。

（2）集团化。

早期的美容行业在民间暗自发展，主要以美容小作坊经营亮相，今天的中国美容行业已形成了不少集团化的代表性企业。大型的美容机构拥有上千家以上的加盟连锁店，如天津柔婷集团、法国诗婷国际美容连锁集团、上海“自然美”等，这些大集团均拥有自己的生产工厂、培训基地、研发机构、营销网络、教育机构，又如“蒙妮坦”教育机构是拥有数十家海内外连锁规模的学校。很多大型企业集团在研发、生产、贸易、营销网络、培训、教育等方面的综合优势逐渐凸显出来。

（3）成熟化。

早期的美容行业无论店面装修、设备、技术、用品，都显得简易、粗糙、不规范，目前全国美容行业整体成熟化得到明显体现，店面的档次，用具、用品、仪器的品质，从业者的素质都发生了根本的改变而趋优化。

（4）市场化。

美容美发业是延伸和拓展空间非常大的一个产业。它的每一个部分都会延伸到美化、塑形、健康、养生四个层面。每一层面在人体每一个结构部位都是以 n 次方的概念在纵、横向扩展，它的生存空间、生长空间非常广阔，市场化很强。基于此，全国美容行业在各个领域出现了适合市场需求的优秀的特色品牌和特色服务机构。

（5）国际化。

中国的美容行业，早期更多是借用了国际的名和壳，国际大师、国际名牌泛滥。在 21 世纪初期，国内美容行业的国际化开始实实在在上路，行业的国际交流互动以及国际合作开始走向实质阶段。2005 年 1 月 1 日起实施的《美容美发业管理暂行办法》对行业的规范发展正式提出了要求。但在加入世界贸易组织后，随着中国对入世的承诺的兑现，针对国外产品关税的降低，更多的外国美容产品和技术以及资本大量进入中国美容市场。与此同时，美容行业呈现国内外双向互动、渗透日益宽泛和频繁的现象。

2. “五性”

（1）良好的自律性。

中国的美容美发业是完全市场竞争化行业。其发展历程中，明显经历了三个发展阶段：第一个阶段——单一赚钱阶段。存在着较为明显的劣质服务，蒙客宰客等不良经营趋向。典型事例如：用碳素墨水给顾客文眉、用发霉的护肤品掺水后为顾客做皮肤护理。第二个阶段——转化阶段。一些优良的经营者脱颖而出，单店良性发展为综合经营并占据了一定的市场地位。第三个阶段——发展阶段。一批优秀的经营者再次脱颖而出，又一批素质良好的投资者进入行业，单纯赚钱和拓展愿望转化为强劲的健康发展执业追求。

其间涌现的大批行业有志之士，自觉自愿地成为各级行业协会的发起人和组织者，推动美容行业发展，强化行业自律性，其中有如：全国工商联美容化妆品业商会会长骆燮龙、上海美容美发协会会长黎家信、陕西省化妆品业商会会长白岩彪、云南美容美发协会会长胡兴国、成都市美容美发协会常务会长唐德高等。与此同时，经历了市场优胜劣汰的市场竞争洗礼后，一批优秀品牌和企业也脱颖而出。

（2）观念的更新性。

经过业界长年的耕耘和自新，美容美发师职业得到了社会的认可，不再是伪劣、欺骗、色情的代名词，有了靓丽的时代色彩，成为社会关注的新兴时尚行业，吸引了越来越多的消费者信赖的目光，成为人们生活中不可或缺的新型生活方式。在这个进程中，业内人士做出了不懈的甚至忘我的努力。

（3）强大的需求性。

亚洲是全球美容消费普及率最高的区域，其中中国的消费市场是最可观的。中华民族悠久的人文传统、丰厚的审美观以及相对一致的审美共性，成为中国美容行业市场定位的坚实基础。有专家预测，21 世纪最火的不是计算机，不是基因工程，而是美容行业。未来 5 年内老百姓消费支出将翻一番，美容行业的产值也将翻一番。巨大的发展空间吸引大量资金流入该行业来充沛其发展的综合实力。

（4）快速的增长性。

中国美容行业发展 30 余年，无一产业拥有这样的发展速度和增长规模，这种发展态势还将随着经济发展速度的提升、生活水平的提升以及行业的完善和成熟，继续保持下去。根据奥肯法则，GDP（国内生产总值）每增长 1%，美容消费人数则增加 0.08%。值得业界人士关注的是在快速增长状态的背后也存在着很大的发展隐患和劣势，为此各级行业协会、业界优秀品牌和企业，业内人士需要同心同德、群策群力，强力提升推动发展。

（5）稳步的可持续性。

伴随着中国经济的稳步成长，人民的生活日益富裕，人们的尚美追求日益强烈。中国美容美发业获得天然和稳定的可持续发展基础；同时，行业在管理水平、技术能力、经济实力方面都有了相当的经验积累，已经培育了一个坚实的发展平台。

此外，越来越多的专家学者加盟这个行业，如暨南大学的李校坤教授、中华医学会医学美学与美容学分会秘书长何伦教授等。优秀的高端人才成为行业可持续发展的重要支援力量。中国美容行业正以更新的姿态，良性转化的发展环境，蓬勃的创业激情，走向更加美好的发展前景。

（三）中国美容行业潜在的问题

1. 消费者对美容行业缺乏科学的认识与了解

随着人们思想、价值观念的变化，美容也成为一种新的时尚。但在这些求美者中，对美容缺乏科学认识与了解的不乏其人，有的甚至连基本的美容常识都不懂。有些把做美容手术看作像去理发店理发一样简单，根本没有意识到美容手术是一个要承担一定风险的手术，一旦出现了并发症就悔恨莫及。有的则对自己缺乏正确的认识，盲从美容潮流，或者对美容手术有过高的期望值，经不住一些虚假广告的诱惑，轻率地往美容陷阱里跳。

2. 行业法规和监管体系不完善

美容行业是一个自发产生、自行发展的行业，属于朝阳产业，至今尚未纳入国家统一管理的范畴。尽管我国的美容化妆品业实行注册制，进入门槛较高，监管部门众多，如卫生部、国家食品药品监督管理总局、商务部、国家质量监督检验检疫总局、国家工商行政管理总局、人力资源和社会保障部等，但真正全程跟踪监测的却没有一个，在监管过程中，常常出现“政出多门”“推诿扯皮”的情况，无法有效规范和管理市场。而对于开办美容院，则进入门槛较低，只要符合工商登记的要求，任何人都可以拿到营业执照；在开办要求中，几乎不涉及与美容行业相关的技术标准；对开办者的专业资质没有要求。审批之后对美容院除常规工商年审之外，少有技术和质检监管约束。规范美容市场，需要有一个强有力的统一管理机构，需要有相应的法律法规及统一标准，这样才能使整个行业发展有法可依、有章可循。

3. 从业人员素质普遍偏低，技术水平参差不齐

我国美容行业的从业人员普遍具有年龄低、受教育程度低、技术水平低的“三低”特点。而美容行业是一个技术含量比较高，对人员素质要求也比较高的行业。国外对美容师有一个通行标准：高中毕业，在行业学习三年。我国缺少严格的相关标准要求和考核方式。人员素质低既是现状，也是诸多问题产生的内在原因。我国在美容职业教育和培训方面比较滞后。大多数美容学校的培训时间都不充足，其中有一半的学校培训期不到一个月，与国外要求1 200个以上的学时相比，差距太远。另外，没有全国范围的统编特定教材和行业考核标准，各地的培训也是各自为政，所以人员素质低也就不足为怪了。这种行业人员素质偏低的现状，已不能适应日新月异的美容技能的发展，也大大限制了行业的转型升级，美容行业从业人员亟待更多、更高层次的职业再培训，以促使美容从业人员为消费者提供更加安全和有效的服务。

4. 市场价格不透明

美容市场的价格，包括产品价格和服务价格，是直接面向消费者的，虽然市场在逐渐规范，但美容产品和服务的价格仍然是行业腾飞的拦路虎。同样的服务内容和产品在不同的美容院价格相差可达数倍甚至数十倍。一次普通的皮肤护理，价格可由几十元至上千元不等；一个小时就可完成的新娘妆，不同美容院的差价高达上百元。而许多生产企业给产品定价，也存在成本利润比例失调，有的利润甚至高达80%以上，再加之销售环节的层层加价，这种不透明的价格体系和流通操作，给市场造成一种不信任感，势必给消费者心理蒙上一层阴影，从而逐渐失去一批批消费者。

5. 行业标准远远滞后于行业发展的速度

2005年商务部出台实施《美容美发业管理暂行规定》，并主持制定了国家国内贸易行业标准（美容美发业原来归属国家国内贸易部管理），其中流通领域行业标准中也包括了部分美容服务的技术标准。据资料显示，1996年以来，国家主管部门出台美容美发行业标准有3个，正在拟订的行业标准有8个。这些对美容服务行业的规范发展起到了积极作用。但是，相对于快速发展的行业来讲，行业标准体系建设仍然滞后；与其他行业相比，美容化妆品行业标准不仅少，而且还没有科学规范的体系框架。美容行业的现状是对标准化研究缺乏引导，参与企业数量少、现有行业相关规范标准总体较为落后和企业标准化意识缺乏是目前美容服务行业存在的主要问题。由于行业的标准体系建设严重滞后，美容服务行业今后的整体发展速度和水平将受到制约。

与工业类行业标准不同，作为生活消费性美容服务业的标准需要更注重人文性，需要真正将“人性化”“健康”“安全可持续”等新的发展理念融入标准体系中去，如果制定的标准缺乏先进技术、管理理念，就无法支撑和促进行业的健康发展，也难以实现与

国际接轨。而行业标准的制定和建设工作需要美容企业、行业协会、消费者等多方面主体的积极参与。而我国当前企业、行业协会和社会公众参与的积极性不高，从而影响了美容服务业标准化建设的成效。

6. 专业线过于注重加盟而轻于终端

几乎所有的专业线市场推广大都以产品加盟的方式来进行，即以美容院首次购买一定量的产品为加盟条件取得加盟权，这种方式本身无可厚非，但如果将所有营销活动的重心偏移到如何争取美容院加盟来进行的话，那么实质上是将美容院错误定位成变相的消费者而非合作伙伴，没有考虑如何协助美容院展开营销活动、帮助美容院吸引消费者，缺少与消费者沟通这一环，由此而产生的结果，仅仅是将产品从厂家或代理商仓库中转移到美容院，容易导致美容院“消化不良”，造成市场相对饱和。

四、国外美容行业发展概述

（一）美国美容行业发展概述

美国作为世界上最大的化妆品生产国和销售国，其化妆品市场被众多品牌占有，目前全美有500多家生产化妆品的企业，生产经营清洁类、护肤类、护发类、香水美容灯和特殊用途化妆品五大类约25 000种。美容类产品的细分除专门程度高以外，美国化妆品市场的另一大特点就是大众化，美容产品深入走进了美国人的生活。截至2015年，美国化妆品市场规模达到288.2亿美元，比2014年环比增长了15.4%。2015年美国护肤品进口数量为13.57万吨，进口总金额为40.21亿美元；2015年出口金额为45.22亿美元。目前美国美容市场已经逐渐稳定，高端SPA、美容保健、美容护肤是美国美容市场的亮点和重点，但美容护肤的份额远远低于中国。美国美容行业具体需求结构见图2-1。

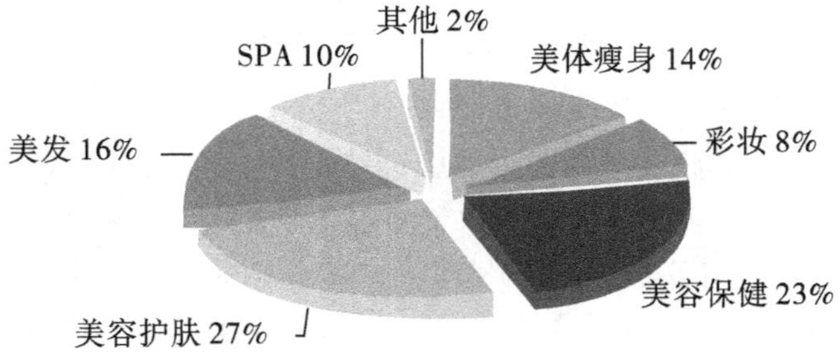

图2-1 美国行业需求结构

在美国国内，大约有80 000家美发沙龙（其中有75 000家美发中心、5 000家理发店），共产生年收入160亿美元。美国最佳连锁加盟中的顶尖连锁加盟包括Great Clips（卓越理发）、Pigtails & Crewcuts连锁加盟和SUPERCUTS等。此行业高度分散：50家最大公司大约只占市场份额15%。绝大部分沙龙都为独立经营。一家大型沙龙的年收入可达到30万美元左右，聘请10名员工。市场需求受人口分布的影响，也受人口增长的影响。个体公司的盈利取决于技术专长和营销技巧。大公司相比小公司而言并不具备多少优势，这也是行业保持分散的原因所在。小公司能够通过技术优势或优越位置而竞争成功。

1. 美容化妆品监管法律体系完善

美国化妆品的相关立法具有历史较长、法规相对单一的特点，其《食品、药品、化妆品法》（简称 FDCA）和《良好包装和标签法》（简称 FPLA），对于美国市场准入化妆品进行了明确的阐述。由于立法时间较长，该套法规经过长期实践和多次修订补充，已颇为完善，加之美国提倡法规与最新科技成果的迅速匹配，因而其法规的修订程序简单而快速。美国化妆品行业的监管均是来自于这两项法案的授权。根据这两项法案对化妆品的内容、成分、效果，以及对化妆品的包装和标签上的内容都有比较全面的规定。美国法律中有对安全的定义，在产品上市前，作为一个化妆品生产企业，如果无法充分保证化妆品的安全性，并且导致产品的实际内容和标签内容出现严重不符，最终这个企业要被追究法律责任。

2. 美容化妆品监管机构为单一机构，管理模式采取集中管理模式

在美国，隶属于卫生及公共服务部的美国食品药品监督管理局（简称 FDA），是集审批、监督、执法于一体的政府机构，也是化妆品行业的单一管理机构。FDA 对化妆品的管理权限包括：颁布化妆品相关法规、对化妆品产品进行检查和调查、对化妆品生产厂进行检查、阻止任何劣质或标签不符合要求的化妆品产品进口、取缔劣质或标签不符合要求的化妆品产品。由于 FDA 高度集权，因此，在化妆品管理方面，FDA 可以根据行业实际情况迅速下达各种管理规定，以确保较高的管理效率和良好的管理效果。

FDA 是美国唯一在化妆品投放市场之后有权进行市场管理的政府机构。对流通领域化妆品的市场监控是通过销售商对产品的承诺、生产商/进口商的明确标示以及市场内部监督机制来实施的。在流通领域对化妆品进行监管的主要是通过检查化妆品生产企业的条件、采集样品检验等。

美国对具有潜在危害或缺陷的产品采取召回程序，这是由化妆品企业自动采用的一种召回行动。FDA 可以要求相关公司实施，并监督整个召回程序，还可以审阅公司报告、对零售和批发进行审计等措施，核实召回程序的有效性。如果生产或销售商不愿意发布通知，FDA 有权在每周一次的政府刊物上发布该公共通知和健康损害分类。

知识链接

美国食品药品监督管理局（FDA）

FDA（Food and Drug Administration）是食品药品监督管理局的简称。FDA 有时也代表美国 FDA，即美国食品药品监督管理局，美国 FDA 是国际医疗审核权威机构，由美国国会即联邦政府授权，专门从事食品与药品管理的最高执法机关；是一个由医生、律师、微生物学家、药理学家、化学家和统计学家等专业人士组成的致力于保护、促进和提高

国民健康的政府卫生管制的监控机构。其他许多国家都通过寻求和接受 FDA 的帮助来促进并监控本国产品的安全。

美国 FDA 是美国政府在健康与人类服务部（DHHS）下属的公共卫生部（PHS）中设立的执行机构之一。FDA 主要分测试和注册两个内容，医疗器械、化妆品、食品、药品类产品需要进行 FDA 注册，FDA 注册可以直接在 FDA 官方网站上进行申请。

FDA 成立于 1906 年，之前美国的药品没有任何监管，药品通过广告进行销售。1938 年 FDA 要求对药品证明安全性后，才可以销售；1962 年，要求药品不仅有安全性还要证明有效才可销售。

FDA 主管：食品、药品（包括兽药）、医疗器械、食品添加剂、化妆品、动物食品及药品、酒精含量低于 7% 的葡萄酒饮料以及电子产品的监督检验；产品在使用或消费过程中产生的离子、非离子辐射影响人类健康和安全项目的测试、检验和出证。根据规定，上述产品必须经过 FDA 检验证明安全后，方可在市场上销售。FDA 有权对生产厂家进行视察，有权对违法者提出起诉。具体与美容化妆品相关的中心如下：

食品安全与应用营养学中心。食品安全与应用营养学中心是 FDA 下设的 6 个中心之一，是 FDA 对食品、化妆品行使监督管理的职能机构。食品安全与营养中心设有执行办公室、化妆品和色素办公室，执行办公室主要负责识别化妆品所宣称的药用用途，确认掺假或错误标识产品；而化妆品和色素办公室负责管理化妆品自愿登记项目，审查着色剂申请，制定化妆品标签标准，进行化妆品研究，具体负责化妆品管理工作。

药品评价与研究中心。FDA 药品评价与研究中心（CDER）负责处方药、非处方药和非专利药的分类管理。CDER 对药品和化妆品的分类、制造或进口检查、着色剂许可等工作负责。而 FDA 对化妆品和非处方药的管理偏重于标签管理。

（资料来源：美国食品药品监督管理局 FDA［EB/OL］. http：//baike. baidu. com/.）

【小思考】

请思考中国美容行业和美国美容行业在监管机制方面有哪些区别，可以从监管模式、监管机构、相关法律法规和监管制度等方面分析。

3. 行业企业自律意识比较明显

美国对生产企业的管理强调“企业自律、自我约束”，对化妆品行业的管理采取自愿注册制代替强制审批制。产品投放市场前，不需进行任何审批手续，也不需强制进行任何安全性测试，但政府鼓励企业向主管机关进行自愿注册。自愿注册厂家的信息将被记入 FDA 的 VCRP 数据库，一旦某种成分被认为是有害或被禁用的，FDA 将通过 VCRP 数据库中的通信录及时通知生产企业，从而帮助自愿注册且有安全意识的化妆品生产经营企业的产品更容易被销售商和顾客接受。

我国目前实行化妆品审批制度。由于我国化妆品企业整体生产条件较差、管理理念较落后，加之国民素质尚需提高、监管制度尚需完善，我国完全采用企业自律管理模式的条件尚不成熟。相对于美国成熟的备案制而言，我国的化妆品审批制度存在程序繁杂、从办证到产品投入市场周期较长等缺点，因此有必要根据我国国情，对化妆品审批制予以科学修订，并逐步由审批制向国际先进管理的备案制过渡。

4. 化妆品行业协会引领行业规范管理

美国化妆品行业协会在化妆品行业规范和管理中发挥着重要的作用。例如美国化妆品、盥洗用品和香水协会（Cosmetic，Toiletry，and Fragrance Association，CTFA）成立于1894年，CTFA主要职责是对化妆品行业提供涉及科学事务、政府事务、法律法规、全球发展策略等方面的支持。在科学事务方面，CTFA最具影响力的工作是组织科学家独立进行化妆品原料安全性评价，其评价结果为FDA制定政策提供技术数据，也被世界各国所认可。政策事务方面，CTFA主要代表化妆品行业与联邦和州政府的立法机构进行沟通，在政府部门和企业之间起到了桥梁和纽带的作用。

CTFA形成了很多独立的专家委员会和专家小组。CTFA曾推出一个项目来审查化妆品成分的安全性。所有可以接触到的已公布或者未公布的关于化妆品成分的数据都将被提交给由杰出科学家组成的独立专家小组进行审查。专家小组成员的选拔遵照联邦顾问委员会成员的遴选标准，接受严格的利益冲突审查。这一审查程序严格依照FDA现行的安全审查程序，还包括由消费者组织选出来的消费者联络员、行业联络员和FDA的专职联络人。在美国，从事美容行业相关岗位，必须参加美国的美容师资格考试，必须先在政府认证合格的美容学校接受600小时的培训，然后参加笔试和口试，获得美国联邦政府认可的美容师执照之后才可以上岗。并且，这个美容师执照必须每两年更换一次。由于竞争激烈，一家美容院要在长时间经营，培养大批长期客人的基础上才能赚钱。

5. 医疗美容产业发展欣欣向荣，医疗美容技术世界领先

目前，世界范围内，无论是在整形外科医生数量，还是整形手术的数量上，居于第一位的都是美国，其次是中国、巴西。根据国际美容整形外科学会2015年发布的研究报告，2014年全世界进行了超过2 000万次手术和非手术整形，而美国手术或非手术整形总量达到4 064 571次，占世界20.1%，2014年美国外科医生数量达6 300名，占全世界的比重达15.6%，排名第一。可见，美国的整形业在世界范围的领先地位无人能及。

表2-1　2014年全球TOP8国家整形手术情况列表

排名	国家名称	整形手术总量/次	所占比例/%
1	美国	4 064 571	20. 1
2	中国	21 485 00	10. 6
3	巴西	2 058 505	10. 2
4	日本	1 260 351	6. 2
5	韩国	980 313	4. 8
6	墨西哥	706 072	3. 5
7	德国	533 622	2. 6
8	法国	416 148	2. 1

（数据来源：根据国际美容外科医学会2015年发布数据统计整理）

美国整形外科医师协会（ASPS）公布了2015年全年全美整形数据统计：2015年全年美国美容治疗达到1 590万例（包括手术整形和微整形），较前年增长2%。根据数据显示，在美国整形依然受到大家的喜爱，整形人数总体上仍呈上升趋势，微创整形数量是手术整形的数倍。2015年度，全美的整形手术例数为170万例，较去年增长2%，前五位分别是：隆胸、吸脂、鼻整形、眼睑整形（包括上下睑）和腹部整形，依然集中在面部年轻化和隆胸，臀部整形的增长有些出乎意料（平均每天每30分钟有一例此类手术）。与手术类整形的170万相比，微整形类的例数太多了，接近十倍，达14 202 224例，说明非手术类还是非常受欢迎的，其中肉毒素、玻尿酸、化学剥脱、激光脱毛和微磨皮位列前五位。

（二）日本美容行业发展概述

日本美容行业随着战后经济的高速发展而日趋完善，虽然还没完全达到欧美先进国家的水平，但已经相当成熟。一些日本同行坦言：日本美容行业也是经历了许多艰难的蜕变之后才有了今天的繁荣景象。综观日本美容行业，主要有以下几大特点。

1. 美容教育系统化

日本非常重视教育问题，对于美容教育有着明文规定。美容学校的学生来自初中或高中毕业生，设有成人班和短期班。学制为两至三年，两年制的学生被称为本科生，三年制的学生被称为研究生。从去年开始，日本的教育部门又进一步改革，要求美容学校的入校生必须具有高中以上学历，并且取消了两年制教育。也就是说，美容专业的学生必须学满三年方可拿到毕业证书。这样的改革使美容学校的招生情况受到严重影响，所以美容学校对此项规定极为不满，但还是被强制执行了。这是日本政府为了提高美容师素质的一大举措。日本美容学校的学生，对美容和美发两个专业都要学习。入校第一年以学习理论课为主，包括：皮肤生理、细菌学、物理、化妆品化学、美容院经营管理等内容，这些都是政府教育部门规定的必修课。除此之外，还要学习一些简单的技能操作，例如：卷发杠和面部按摩等。在第一学年结束时，必须经过国家统一的理论考试，及格后才能进入第二学年的学习。第二学年的课程安排以技能课为主，除了要完成国家规定的学习内容外，各个学校还根据自己的情况安排一些特色课和选修课。例如：请国内外的著名美容美发师传授技艺，邀请一些成功人士主讲经营之道。开设的选修课有：插花、绘画、音乐欣赏、外语、服装设计、茶道等。在第二学年结束后，仍然要通过全国统一考试，这次的考试要求很严格，主要是针对基本功进行考查，其中卷发杠和手推波浪是难度最大的。为了能顺利通过考试，学生们在这一年里几乎每天下午都要进行练习。这样的考试看上去似乎有点过分，但对他们的未来还是很有好处的。第三学年的学习内容主要是实习，学校将学生分批派出去，实习一段时间后返回学校，教师会针对学生在实习中出现的问题进行辅导，然后再派出去实习。如此这般，一年中要重复好几次。这样的安排，可以使学生的技艺水平快速提高，也为学生走向社会奠定了良好的基础，就像是运动员比赛前的热身。

2. 严格管理从业人员上岗，人员流动率低

在日本，对于刚毕业的美容学生，无论技术多好也不能立即上岗，而是要在美容沙龙里实习相当长的一段时间，大概要3~5年。在实习期间主要是给美容师和美发师打下手，也兼做一些杂活。这个阶段的工作是非常辛苦的，工资还很低，如果表现不好或受不了苦就会被淘汰出局。只有坚持下来的人，才有希望被提升为美容师或美发师。由于对从业人员管理严格，所以日本的美容师和美发师的流动性很小，很多美容师和美发师在一个美容沙龙里一干就是十几年或几十年，直到退休。这样就保证了美容沙龙能有一个相对稳定的顾客群。也正是这种严格的用人制度，才保证了美容沙龙的服务质量和水平，增强了人们对美容沙龙的信任感，也才会有越来越多的人走进美容沙龙。这样做的结果，使美容行业的发展处于一种良性循环的轨道上，从而促进了美容行业的发展。

3. 行业协会引领行业规范运行

日本的美容美发协会是行业的龙头，有着绝对的权威性，经常组织一些考核、比赛、观摩和研讨活动。美容美发协会针对美容教师长期搞教学工作而操作能力下降的现象，每年都要举办一两次美容教师的技能考试，这样可以督促美容教师不断提高技能水平。在美容学生中也会经常举办一些小型比赛，比赛内容以基本技能为主，主要目的就是帮助学生打下扎实的基本功。协会为美容沙龙里的美容师和美发师组织的比赛，是一种技术和创意的综合性比赛，这样可以促进行业向更高水平发展。

美容美发协会还定期举办美容沙龙经理和美容学校校长的研讨会，对行业内部出现的问题进行探讨，谋求解决的办法。会后还要对部分沙龙和学校进行参观和检查，对评出的沙龙和学校颁发证章。这对美容行业的发展起到了积极的推动作用。更值得一提的是，每年春、秋两季，都要举办美容美发最新流行趋势发布会。这种举措不仅促进了美容行业向规范化发展，也增强了行业内部的凝聚力。

4. 经营体系规模化

日本的美容行业已经形成了规模化经营，有很多美容企业集学校、沙龙和化妆品生产厂为一体。这样的规模化经营有很多好处：美容学校可以向美容沙龙输送人才；美容沙龙可以为美容学校学生提供实习场所；化妆品厂可以为学校和沙龙提供化妆品。这样的经营方式避免了美容行业中容易出现的脱节问题。比如：化妆品不符合沙龙和学校的要求；美容学校培养的学生不适应美容沙龙的需要；等等。这样的经营还减少了美容产品的广告费用，因为美容沙龙和学校已经成了最好的宣传窗口，并且对产品的意见能很快地反馈给化妆品厂，可以及时地完善产品质量和品种。这样的经营就形成了一种良性循环，提高了美容行业的发展速度。

（三）韩国美容行业发展概述

韩国共有人口4 800多万人，从事美容美发行业店铺共有8万多所。韩国美容美发行业的政府管理部门是市政院的保健卫生部。从业人员须参加美容美发教育机构的专业培训后，才能持证上岗，并且每年还须接受至少一次的再教育学习培训。所以，韩国的美容美发再教育机构比基础教育学院还要多。韩国的美容美发行业较为注重行业水平的提

升，不少大学已陆续增设美容美发系专业，美容美发技术已上升为一种艺术学科，社会地位得到广泛的认可。近几年，行业的服务技能和技术水平得到迅猛发展，目前韩国美容美发行业的整体发展水平已跃居世界第五位，在亚洲首屈一指。在韩国，美容美发行业具有颇高的社会地位，是受人尊重的服务性行业。美容美发店铺内只为顾客提供头发修饰、头发修剪，面部美容、皮肤美容、纤体美体的服务，大型店铺则会把形象设计糅合到以上服务中，但收费较高。归纳来看，韩国美容行业发展有如下特点。

1. 韩国美容市场巨大，民众美容意识强烈

韩国人非常注重和讲究通过自己的形象打扮来提高个人素质，他们的审美标准也相当高，因此，韩国民众的美容意识非常强烈。女士特别注重发型和化妆，她们讲究的不单是适合自己年龄、气质的发饰、妆容，而且更在乎不同场合、不同衣着的配饰来变换发型、变换化妆技巧，一天换几个发型、几个妆容是平常事。韩国人认为：得体的装扮、时尚的形象是一种礼貌，是对自己、对别人最好的尊重。他们不仅赶潮流，而且创造潮流，目前中国流行的发饰造型、人物的形象包装大多来自韩国。因而，美容美发在韩国的确是个大市场。韩国人的观念是“美丽的人更容易找到工作，能挣更多的钱”。在韩国，美容是一件很普遍的事，去医院做美容手术就像去市场购物一般。根据跨国药企艾尔建位于韩国的分公司发布的一项调查结果显示，每 10 名韩国女性中有 6 人不满足于现在的容貌，近五成做过美容手术（注射肉毒杆菌素等）。若包括正在考虑接受美容手术的受访者，韩国女性对美容手术持积极看法的比例高达 84%。97% 的韩国女性认为保持美丽很重要，61% 不满足于自己的容貌。同时，42% 的女性做过美容手术，42% 从未做过手术，但考虑日后接受手术。只有其余 16% 既没有做过手术，也没有做手术的打算。

韩国公众非常重视外表，无论是歌手、主持人、影视明星等公众人物，还是上班族、大学毕业生和家庭主妇等普通民众，美容已经成为他们心目中高品质的生活方式，几乎所有人出门前都要化妆，否则，他们认为就像没有洗脸一样，因此，各种化妆品、生活美容和化妆等店铺林立，数百个电视频道也频繁可见生活美容或不同美容医院医生开设的医疗美容知识讲座。总之，韩国的美容行业已经与媒体广告、演出策划相辅相成，形成了一条规模巨大的“美丽产业链”。

2. 韩国医疗美容行业十分发达且竞争非常激烈

韩国医疗美容行业非常发达，竞争非常激烈。规模大小不一的整形医院遍布，尤其在首尔市江南区的狎鸥亭洞和清潭洞一带密集分布着 800 余家私立“整形医院”，即所谓“整形一条街”，甚至在一栋楼里有几家。随处可见“整形医院”独具匠心的广告。国际美容整形手术协会（ISAPS）最近发表的 2014 年世界美容相关统计资料显示，韩国整形外科医院医生的数量占全世界总体数量的 5.1%，韩国每万人就拥有一家“整形医院”。

这些“整形医院”中，几乎全部为私营性质。综合性“整形医院”相对规模较大，但数量较少，有多名主诊医师甚至 10 名以上，拥有门诊、住院、检验、手术、注射、药房和术后处理等完善的医院结构，开展颜面美和躯干美等全身性医疗美容工作；专门或专项美容医院或诊所占绝大多数，从事一个或几个部位的美容如眼部美容、鼻部美容、

口腔和牙科美容等或一种治疗方法如埋线提升、截骨增高等，一般规模较小，占地300～400平方米，只有两三名主诊医师，甚至仅有1名。这些医院虽小，但医疗技术未必比综合性整形医院差，因为很多在韩国很有名气的“整形医生”自己开有诊所，因此，韩国本地人看名医都去私人诊所。韩国及其地方政府医院或大学附属医院等综合性医院的整形外科以修复和再造整形外科工作为主，医疗美容工作为辅。

3. 医疗美容技术精湛、特色鲜明

韩国医疗美容技术先进，设备器材精细实用，服务非常人性化，极其尊重客人的隐私；医师专心医疗技术工作，诊疗十分仔细认真，其他事物和日常安排有医疗辅助人员帮助完成；护士专业水平极高，工作仔细认真；医疗服务流程科学合理，运行流畅，工作完全做到位；一旦有人出现遗漏、差错，马上有人替补，而且出现差错者会被给予不同的处理，所有人员都会为自己的行为负责，因此，所有人都彬彬有礼、仔细工作，见不到闲聊、推诿和大声喧哗等现象。

4. 韩国美容职业教育体系比较完善

韩国的美容职业教育始于1928年11月创立的京城美容学校，在初期，高级职业中学和美容职业培训学校承担了大部分美容从业人员的培训职责。随后韩国美容行业的快速发展促进了对美容从业人才质与量的需求，为此，从1991年起，韩国相继开设了美容大专教育、本科教育、硕士和博士教育。现今的韩国美容职业教育机构由高级职业中学、高等职业学院（大专）、大学（包括本科、硕士、博士）和社会职业培训学校（包括职业资格考试培训学校和继续教育学校）所组成，它们形成了一个多层次、相互衔接的终身教育体系。

无论从现行美容教育机构的数量还是所培养人才的数量来看，高等职业学院都是韩国美容专门人才培养的重要阵地。在韩国优胜劣汰的办学竞争机制下，高就业率促使高职美容专业的数量与招生人数都进入了较为平稳的递增阶段，这也反映了韩国高职美容教育进入了一个成熟稳步发展的阶段。

此外，韩国的美容美发不但注重基础教育，从业人员的再教育也得到充分的重视，韩国的美容美发从业人员每年都必须到学院接受至少一次的专业再教育的课程培训，第一美发学院是一间面向接受再教育的从业人员的学院。而Amos太平洋化妆品有限公司作为生产经营美容美发用品的专业生产商，在公司下设美容美发再教育研修院，招收在各种比赛中选拔出来，且颇具潜质的在职人员为学生，所提供的再教育培训课程是免费的。Amos太平洋化妆品有限公司这种做法一来可以对自己产品的营销起一定的宣传促销作用，二来可以培训出美容美发专业的杰出人才，达到双赢的效果。

5. 韩国美容美发协会引导行业有序快速发展

韩国美容美发行业的发展水平已跃居世界领先地位，这完全是行内人士共同努力的结果，政府部门只是支持和引导行业的发展，并没有资金的投入。行业有序地快速发展，行业协会起着重要的作用。韩国美容美发行业协会已有30年历史，是经营者自发组成的社会团体，是社团法人。会员入会时先要交纳入会费，然后按月交纳会员费。协会的主要作用是：一是调解会员之间的各种纠纷。会员之间的纠纷大多数先由协会调解，调解不成再采取其他的法律途径解决，大概50%的纠纷可由协会成功调解。二是协调价格。收费价格虽然没有固定的标准，但协会根据各种费用投入的总和设定一个合理的收费幅度，高档和中低档的店铺形成各自的服务风格和收费额度，发生价格争议时，协会进行调解。三是组织会员接受再教育，政府委托协会承担起对从业人员进行再教育的责任，为从业人员的服务技能和专业水准的提高提供了保证。四是协助政府职能部门参与对行业的管理。协会初步拟定各店铺的税收额，然后由相关部门收取税费。

6. 韩国化妆品在华消费市场占有率持续快速上升

据韩国贸易协会最新发布的数据显示，2015年韩国化妆品对华出口同比增长一倍，达10.88亿美元，创下历史新高；同期韩国化妆品出口总额27.53亿美元，同比增长53.6%。在一份韩国化妆品的喜好度和认知度调查的报告中显示，在欧美品牌、日韩品牌和民族品牌这三类化妆品中，选择日韩品牌的中国女性占到66.67%。韩国化妆品在华销售迅猛增长的原因主要有以下几点。

（1）科技含量较高。目前在韩国，生物科技方面的成果在化妆品上得到了应用，传统植物，特别是人参和海藻被越来越多的企业用在了产品配方之中。

（2）安全性高。由于韩国在化妆品立法和标准方面做得相当出色，韩国的化妆品在整体安全性方面甚至超过了欧、美、日产品，这也是韩国很多消费者选择自己本土产品的一个重要原因。

（3）外观和包装漂亮。韩国的彩妆品牌就能很明显地体现韩系产品的这些特点。像韩国的电子产品一样，擅于设计的韩国人在化妆品的外观、标志、颜色等方面都做得相当漂亮。这种优质的产品不仅赢得了本土消费者的青睐，也使得全球化妆品市场为之侧目。在化妆品行业内有这样一种说法："法国的香水，韩国的粉。"可见，韩国彩妆品牌能赢得这样的世界级彩妆品牌绝非偶然。

（4）对于中国消费者，韩国化妆品与欧美及国内产品性价比较高。韩系化妆品的消费群体一般是中端以及中高端。虽然欧美的基础护肤不乏优质品，但是相对而言，韩系的产品更加适合亚洲人的皮肤、环境。随着"韩流"的不断扩大，韩国的很多衍生品开始流行起来。

【小思考】

就美容医疗整形数量和整形技术而言，全球第一是美国，亚洲第一是日本，那为什么亚洲、欧美地区的很多爱美人士都喜欢去韩国整形？

（四）国外美容行业对中国的启示

国外美容行业已经是非常成熟的一个产业，尤其是欧洲、美国、日韩等地的美容行业产业发展的历史较长，行业发展进入了规范、健康的轨道。中国美容市场作为一个新兴的服务行业，虽然近十年来发展迅猛，但其中的教训也不少。国外的经验也是非常值得我们去借鉴的，尤其是日本和韩国，因为，日韩地处东亚，是中国近邻，交通往来便利；日韩与中国的文化相近，人种相貌相近，所以对美容的要求就有很多相似之处；日韩民族很擅长将外来先进的东西转化为自己的东西。所以，向国外学习和借鉴是我国美容行业走向世界的一条捷径。综观国外美容行业的成熟发展历程，对我国美容化妆品行业发展的启示有如下几点。

1．政府引导规范美容化妆品行业的发展，建立健全的美容化妆品审查法律法规

中国对化妆品的管理是由多个部门、多个法规和多个标准来进行的，它的管理不论是完善程度还是监管方面做得都不够到位，以至于中国化妆品市场上假冒伪劣产品盛行。我国的化妆品立法还有很大的进步空间，要坚持慢慢完善，为我国化妆品创造良好的生产环境。针对外资并购，政府应强化化妆品生产的安全治理，制定和完善化妆品行业技术标准与管理规定；构建以反垄断法为核心的有关外资并购的法律法规体系，制定明确具体的操作规程来规范外资并购中国企业的行为。

美国、韩国及日本美容化妆品行业能有今天的成就，其政府是功不可没的，尤其是韩国。20 世纪 50 年代，韩国化妆品生产刚刚起步，只是存在于一些小作坊，60 年代后，在政府的大力支持和引导下，韩国美容化妆品行业开始快速发展，2000 年以后，韩国政府在化妆品行业制定了三年规划：2000—2003 年为基础工业化改造时期；2003—2006 年为行业科技含量提升时期；2006—2009 年为品牌全面提升期。经过规范和引导，韩国大型化妆品企业陆续投入巨额的科研费用，逐步具备了与欧美化妆品相抗衡的实力。韩国政府在化妆品立法方面做得相当出色，才使得韩国化妆品有今天的成绩。

2．加大科技投入，创新产品，打造高端化妆品品牌

产品品牌的竞争力大小很大程度上取决于产品的高科技含量，科技创新是美容化妆品品牌的灵魂。国际美容化妆品公司之所以能够长期立于不败之地，最主要的因素就是其拥有高新技术，能研制出科技含量极高的产品。

中国消费者向来将本土品牌视为品质不高的廉价产品，不能承载自己对社会地位的向往。若只要给在本土生产的化妆品贴上外国品牌的商标，或者中国生产的化妆品去国外“走一遭”，有了进口标签，这样就会卖出好价钱，并且很畅销，反映了国内化妆品品牌产品技术水平低下，信誉度低，难以取得消费者的信赖和认可。这严重阻碍了我国本土化妆品的发展。中国化妆品企业已经认识到了这一点，从 1998 年起，上海家化公司陆续与国内重点科研单位和大专院校建立起 7 个联合实验室（联合研究中心），与法国 2 个实验室建立起合作伙伴关系，长期且稳定地持续开展项目合作和技术交流。技术中心加强在产品储备和应用基础方面的研究，通过产学研结合和国际合作，积极开展技术与产品创新工作。2008 年开展的项目研究达 33 项，其中产学研合作项目 5 项，国际合作项目 3 项。技术中心 2008 年完成各种产品开发项目共 295 项，其中新产品开发达 91 项。除了上海家化公司，我国其他发展得不错的化妆品公司，也开始致力于以高科技生产打造高质量的新产品，并且取得了可喜的成绩。

创新除了开发研制新产品外，还要对本企业原有的产品进行更新，在原有产品的基础上，对该产品进行深加工、深开发，提高其功效，使其更上一层楼。对产品的包装、原料、配方等一个或者几个方面进行改进，紧随市场潮流，观察市场动态，对消费者进行分析和研究，充分考虑消费者意见和潜在需求，进行产品的研发，如上海家化根据原

有花露水的特点寻找新的市场切入点，相继研发出一系列沐浴露、香皂等。

3. 文化润色，打造民族品牌，增加产品附加值

美容化妆品的特性决定了其本身就是一种“文化”。法国欧莱雅化妆品集团前总裁曾经说过：“在一定概念上讲化妆品品牌竞争实际上就是文化元素和历史积淀的博弈，时尚文化和人文历史的角逐，其构成了未来化妆品企业的核心竞争力。”

国际化妆品牌无一不是代表着民族特色，用本民族的文化来打造属于自己的美誉和魅力。如雅芳的英文为“AVON”是莎翁故乡一条河的名字；创立于1872年的“资生堂”（SHISEIDO）则典出中国《易经》：“至哉坤元，万物资生，乃顺承天”意为“赞美大地的美德，她哺育了新的生命，创造了新的价值”。创始品牌名称本身就蕴含着一定的文化底蕴。

中国是茶的故乡，早就因茶而闻名于世，中国的中药文化也备受人们信赖，本土化妆品企业可根据我国这些传统文化，开发打造属于我国自己民族特色的产品。

4. 保证产品质量，杜绝假冒伪劣产品

产品质量是企业生存和发展的基本保证，消费者对美容化妆品质量的要求和关注远远大于其包装等，它直接与皮肤接触，且是爱美的体现，一旦选择不慎，将会导致中毒或者毁容的风险。如韩国本土化妆品受韩国本土消费者的欢迎，市场占有率高的一个很重要的原因就是韩国的美容化妆品立法严格，质量安全有保证。

一个品牌的声誉再高，也抵不过质量问题，甚至导致品牌的灭亡。如宝洁旗下SK－Ⅱ是一个高端的化妆品品牌，对皮肤的修复作用既明显又迅速，在化妆品市场反响巨大，但却因其被查出含有有毒成分，致使该品牌出现了前所未有的品牌危机，产品销量急剧下降。品牌是产品的灵魂，所以只有保证了质量才能永保品牌的清誉，让企业长久地发展下去。

5. 开发多种市场

（1）关注中小城镇以及农村市场。

我国农村人口占全国总人口数量的2/3，随着经济水平的发展和人们爱美意识的加强，越来越多的农村人开始使用化妆品，农村市场前景广阔。高档美容化妆品的消费人群，一般是白领或者收入较高的工作者，农村人口一般是中低档美容化妆品的消费主力军。我国本土中小美容化妆品企业可以推出专门针对农村消费者的美容化妆品，这也是维持其长远发展的良策。

（2）重视彩妆、男性、儿童和老年人市场。

中国是发展最快的新兴彩妆市场之一。随着中国消费者收入的增加以及基本生活质量的显著提高，中国女性在彩妆等非必需用品上花费更多的金钱。2010—2015年中国彩妆行业保持了10%以上的增长，2015年达到了266亿元的零售额，追求个性、时尚成为一股新生力量，中国的女性消费者正在逐步地迈向广泛使用彩妆的行列。我国彩妆市场发展潜力巨大，但是我们见到的彩妆品牌基本是欧美或者韩国品牌，如美宝莲唇彩、法兰琳卡BB霜、韩束CC霜之类，冲击着消费者的眼球，我国本土品牌只有卡姿兰能与其抗衡。所以本土企业要把握市场潮流，加大资金技术的投入，研制适合消费者需求的彩

妆，为我国彩妆化妆品事业的发展开辟新天地。

随着“韩流”的影响以及社会发展和生活水平的提高，男士们对自己的外在形象和身体的保养越来越重视。与欧洲的男性美容化妆品市场一开始就很繁荣不同，我国的男性美容化妆品市场规模在2005年之前为零，到2010年，经过5年的发展，男性美容化妆品市场已经成为我国美容化妆品市场的重要组成部分。2011年中国美容化妆品护肤产品市场销售额为723.9亿元，其中男性护肤品消费额为26.4亿元，2012年男性市场增长率为24.4%，远远高于中国护肤品总体市场11.5%的增长率，男性护肤品市场发展劲头强势，然而男士护肤品牌却未见本土品牌踪影，外资品牌独领风骚，但男士美容化妆品市场和女性市场相比，男士美容化妆品规模远不及女性的5%，男士化妆品的种类和功效产品细化上也不丰富，只是简单的控油、收缩毛孔等产品，市场远未成熟，化妆品市场发展空间巨大，这对中国化妆品企业来说是一个很好的机会，我们应该采取以下策略。

（1）核心产品专门化。

根据男士们日常习惯及皮肤毛孔粗糙及出油多等特点，生产效果佳且使用起来方便简单的产品。

（2）价格策略。

价格定位尽量定位在中档层次，如若定位太低，会让消费者觉得质量不高等问题。

（3）途径策略。

可以尝试在理发店、美容院或健身俱乐部等地方陈列化妆品等，选择多种途径吸引男性对化妆品的注意力。

（4）宣传策略。

加强对男士护肤的宣传和教育，在专属男士的节日开展活动或讲座或者请男明星做代言，让男士护肤的观念深入人心，扩大男士护肤品的影响力。

由于社会生活水平的提高及观念的转变，儿童护肤品市场也越来越繁荣。因为儿童护肤品生产和审核的力度非常严格，儿童产品具有无添加、无毒害的特点，所以儿童护肤品深受成人的青睐，如儿童润肤皂、润肤霜和沐浴露等，且这种现象会持续很长时间。随着社会的进步，人民生活水平的提高，老百姓精神文化风貌的改观，老年人的思想也在转变，越来越多的老年人开始有了自我保养的意识，他们主要热衷于抗皱、防衰老等功能性护肤品，对化妆品的需求量逐年增加，老年人化妆品市场空间潜力很大。

另外，受中国台湾地区和日本等的影响，口服美容品在我国正在迅速升温。由于使用方便、效果迅速显著等特点，面膜在我国市场上销售非常火爆，我们应抓住机遇，迎合市场潮流，积极参与竞争，使我国的化妆品市场大放异彩。

任务小结

任务1结构如图2－2所示。

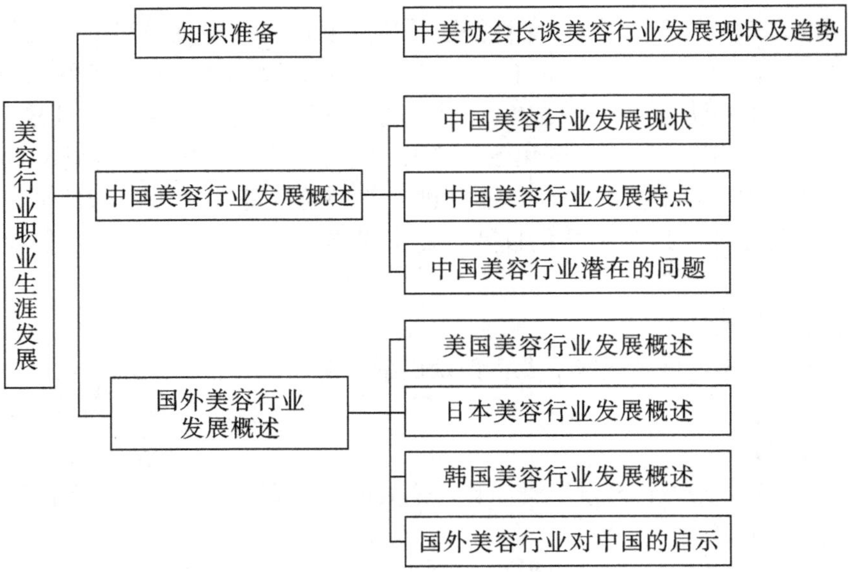

图2－2　任务1结构图

拓展训练

发达国家美容化妆品行业发展情况案例分析

训练目的：让学生了解、熟悉和比较各个国家美容行业发展的历程、特点、优势、劣势。

训练步骤：

（1）选择一个美容化妆品行业发展水平较高的国家作为典型案例，通过期刊、报纸、网络等渠道对这个国家的美容行业发展情况进行调研收集。

（2）调查和分析内容，主要包括该国美容化妆品行业发展的历程、现状、特点、优势及劣势。

（3）运用SWOT分析方法对该国家的美容化妆品行业发展情况进行分析，并将其美容化妆品行业发展特点及优劣势与其他竞争国家行业发展情况对比分析。

训练方法：以小组为单位，合理进行分工。

训练成果：小组提交案例分析报告，以PPT的方式进行汇报，教师和其他小组进行点评和归纳。

拓展阅读

《2015年中国美容美发行业发展报告》

目　录

一、行业发展基本状况

（一）行业规模分析

根据商务部2014年美容美发典型调查企业数据统计以及中国美发美容协会推算，截至2014年年底，全国美容美发行业活动单位数共计316 900个，同比增长26.8%；营业面积共计731 415.7平方米，同比增长22.7%；从业人员总数为133.1万人，同比增长23.0%；营业额29 746 510万元，同比增长12.4%。见表2－2。

表2－2 美容美发行业规模统计表

比较项	活动单位数/个	营业面积/平方米	从业人员/万人	营业额/万元
2013年	2490 990	596 321.7	108.2	26 455 570
2014年	316 900	731 415.7	133.1	29 746 510
增长率	26.8%	22.7%	23.0%	12.4%

（二）行业结构分析

截至2014年年底，在全国31.7万家美容美发行业活动单位中，专业美容企业（含美甲、美体）数量为13.7万家，专业美发企业数量为18.0万家；在133.1万从业人员中，专业美容企业（含美甲、美体）从业人数为74.2万人，专业美发企业从业人数为58.9万人；在活动单位共计2 974.7亿元营业收入中，专业美容企业（含美甲、美体）营业收入为1 687亿元，专业美发企业营业收入为1 287.7亿元。见表2－3。

表2－3 全国美容美发行业数据表

比较项	活动单位数/万家	从业人员/万人	营业额/亿元
美容美发业	31.7	133.1	2 974.7
专业美容（含美甲、美体）	13.7	74.2	1 687.0
专业美发	18.0	58.9	1 287.7

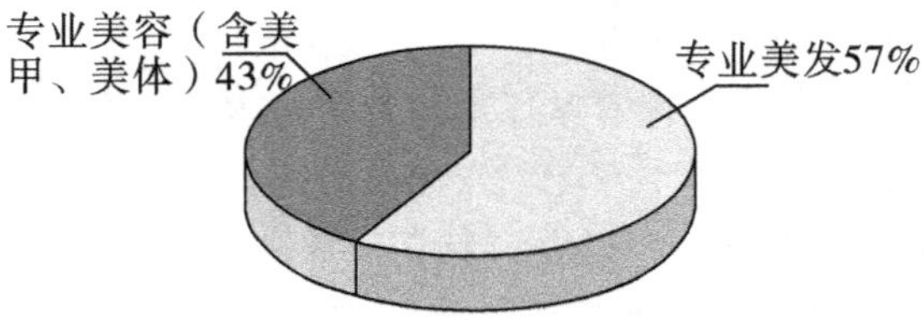

图2－3 2014年美容美发行业活动单位数据结构比例

（三）行业效益分析

随着美容美发业消费需求和投资热度的进一步提升，加之美甲、美睫等新兴业态的快速发展，2014年全国美容美发行业资产总计1 828亿元，同比增长69.9%。由于行业整体发展、扩张速度较快，加之经营成本的大幅增加，负债合计341.9亿元，同比增长58.3%。主营业务收入1 033.4亿元，同比增长24.6%，其中主营业务收入占总营业额86.4%，其他业务收入占总营业额13.6%；2014年全国美容美发行业实现利润总额192.5亿元，同比增长17.7%。见表2－4。

表2－4　全国美容美发行业效益数据表

比较项	资产总计/亿元	负债/亿元	主营业务收入/亿元	利润总额/亿元
2013 年	1 076.1	216.0	829.4	163.5
2014 年	1 828.0	314.9	1 033.4	192.5
增长率	69.9%	58.3%	24.6%	17.7%

近年来，随着房地产、能源等市场价格上扬，美容美发行业经营成本增加，主要表现在店面租金、人员成本、水电费、物料价格等不断提高，全部费用占营业额比重由过去的60%升至80%以上。特别是人工成本，因属劳动密集型行业，随着近年来社保费用增长，人工成本逐年加大。另一方面，美容美发企业逐渐回归理性，重视产品设计、综合服务和成本控制，并利用互联网技术提升客户管理和用工效率，在成本普遍提升的背景下，行业整体利润依然表现出快速增长的势头。

（四）行业现代化程度

消费者对服务品牌化需求的提升，企业愈发意识到连锁化、品牌化的重要性。相反，行业单店模式竞争力下降、盈利愈发困难，行业连锁化、品牌化趋势更加明显。2014 年全国美容美发行业连锁企业数为 34 086 家，同比 2013 年 28 101 家增长 21.3%；连锁企业门店数 165 432 个，同比 2013 年 128 179 个增长 29.1%，连锁企业营业额 307.7 亿元人民币，同比 2013 年 248.8 亿元增长 23.7%。见表2－5。

表2－5　全国美容美发行业现代化程度数据表

比较项	连锁企业数/家	连锁企业门店数/个	连锁企业营业额/亿元
2013 年	28 101	128 179	248.8
2014 年	34 086	165 432	307.7
增长率	21.3%	29.1%	23.7%

（五）行业贡献度分析

随着美容美发行业整体经济效益的提升，行业总纳税额随之大幅增加。2014 年全国美容美发行业总纳税额 4.0 亿元人民币，同比 2013 年 2.9 亿元增长 38.3%。同时随着行业整体薪酬上涨以及从业者流动率加快，2014 年全国美容美发行业工资总额 1 136.7 亿元人民币，同比 2013 年 837.2 亿元增长 35.8%。2014 年全国美容美发行业新增从业人员 24.8 万人，行业的快速发展吸收了大量新增就业人口，对于促进国家经济发展的贡献显著。见表2－6。

表2-6　全国美容美发行业贡献度数据表

比较项	总纳税额/亿元	工资总额/亿元
2013年	2.9	837.2
2014年	4	1 136.7
增长率	38.3%	35.8%

二、存在的问题及原因

（一）服务意识及专业化程度有待提高

目前，中国美容美发产业实际上已经形成包括美容、美发、美甲、化妆品、美容器械、教育培训、专业媒体、专业会展和市场营销等九大领域的综合服务产业，已形成了良好的行业发展前景和发展空间。美容和美发服务业是产业组成的重要部分，带动美容、美发、美甲、化妆品及相关行业在探索中生存、在竞争中发展。但由于企业规模小、实力弱，从业人员门槛低等特点，市场监管难度相应加大。市场上存在部分诚信缺失的企业，从业人员存在服务意识不高、专业技能不强等问题，较日本、欧洲等发达国家仍有较大差距。

（二）经营成本持续增加

近年来，随着房地产、能源、人力等市场价格上扬，美容美发企业经营成本逐年增高，主要表现在：店面租金、人工成本、水电费、物料价格不断提高，全部费用在营业额中的占比由过去的60%左右增至80%以上。特别是人工成本，因属劳动密集型行业，人工成本问题较为突出，工资、社保以及培训成本等居高不下，特别是培训成本在总成本中的比例逐年增加，这与消费者需求提升和互联网平台服务标准化的冲击不无关系。全球经济形势仍然十分严峻，中国经济增速回落，经济增速下行压力和物价上涨压力并行，导致未来几年各项成本的负担还将继续加重。

（三）行业招工难问题凸显

目前行业招工难的问题依然显著，其主要原因为人口红利逐渐消失，从业人员收入不稳定，工作时间长、强度大。其次，据中国美发美容协会统计，目前近六成美容美发企业没有给员工缴纳社保，从业人员流动性较大；同时，随着教育水平的提高，年轻人对工作环境的要求也越来越高，而目前美容美发行业的用工制度并不完善，对年轻人吸引力不高。

近年来，美容美发企业花费了大量的人、财、物等资源用于员工招聘，影响了经营的专注度。尽管如此，在美发和美甲行业员工平均跳槽频率为1.5~2年，而美容师因为社会地位不高，特别是女性美容师恋爱结婚后大多选择转行。因此，员工的高流动性已成为制约行业发展的重要问题。

（四）高技能人才稀缺

制约行业快速发展的另外一个核心问题是高技能人才的稀缺。目前行业内通过中、高等职业教育走上工作岗位的从业人员比例不到10%，而大多数人都是零基础，经过社会短期培训后直接上岗。而后者选择美容美发行业的初衷更多是为了解决自身就业问题，缺乏对于行业的热爱。加之文化素质整体偏低，企业的管理和培训跟不上，制约了行业的发展。

（五）推销预付卡、价格欺诈等问题依然存在

高成本的压力导致部分企业在经营过程中使用了虚假宣传、价格欺诈、无节制推销预付卡等无良经营手段，扰乱了市场秩序。其短期获利使得部分缺乏道德约束力的从业者竞相效仿，导致恶性循环以及消费者对于行业的信任危机。事实证明，这类企业最终都因客户流失和资金链断裂等问题而被市场淘汰。企业在一轮轮的洗牌中逐渐意识到诚信经营的重要性，失信容易立信难，重塑行业在消费者心中的形象需要较长的过程。

（六）部分传统企业受到互联网冲击

以美甲行业为例，美甲可以说是除了美发市场外，消费者接受程度最高的服务类别，目前国内美甲行业已经有了非常广泛的市场基础。源于上述特点，很多互联网公司投资美甲行业，出现了河狸家、嘟嘟美甲等O2O平台，进一步加深了行业的用工危机。由于部分O2O平台不收取中介费，收入全部归美甲师所有，同时平台方给予技师较好的补贴政策和培训机会，导致在2014年下半年大量的美甲师从实体店转移至线上平台，使得传统美甲店的经营更加困难。这种现象在美发、美容等行业也有发生，但冲击尚未凸显。

（七）教育培训市场招生难，结构混乱

目前无论是教育部下设公办职业院校，还是社会短期培训学校，美容美发专业招生困难，招生量不断下滑。主要原因是社会对于美容美发专业存在较大偏见，导致学生在选择专业时存在扭曲的认识和理解，择业者对于未来收入、福利保障以及职业发展存在担忧。另外，院校、培训机构和商家都在瓜分职业教育这块蛋糕，教材教案标准不一，授课水平参差不齐，加之商家内部人才的管理与培养机制缺失，学员进入岗位后没有职业归属感和清晰的职业发展目标，从而加剧了行业人才的供求矛盾。

（八）境外美容服务抢占部分国内市场

近年来，韩国、中国台湾、中国香港等国家或地区的美容服务业逐步进入我国，得到了部分消费者的认可，部分消费者前往境外消费。值得一提的是，韩国政府为了加大美容行业对境外消费者的吸引力，出台了针对进行整形美容消费的游客给予退税的优惠措施，预计这一举措将进一步加大我国消费者赴韩国进行美容服务消费的比重。

三、行业趋势预测

（一）高端美容行业受到抑制，大众化市场前景广阔

随着中央“八项规定”和厉行勤俭节约的要求出台后，美容美发行业转型趋势明显，大众化逐渐成为行业发展趋势，高端美容美发消费遇冷。行业转型步伐加快的同时仍稳步快速发展。行业发展主要体现在连锁化、个性化以及社区化服务的大量出现，尤其是美容、美甲等小众消费市场已经逐渐成为百姓的习惯性消费。针对消费者不同需求而新开发的服务种类层出不穷。例如在北京、广州、厦门等地涌现出大量针对男性和老年人群的快剪店（10 分钟内完成美发服务），该模式已经成为众多美发店大众化转型的主要方向。同时，传统美容美发行业的模式也在发生改变。以美发为例，目前已经形成了传统门店、写字楼店、商场店、上门美发、个人工作室等多模式并存的格局。写字楼店作为一种新方式，以低成本、低价格、高满意度为切入点，把传统门店的烫、染、护的价格拉低，迎合了消费者追求低价高品质服务的需求。

（二）三、四线城市市场潜力无限

随着中国城镇化进程的加快，以及居民可支配收入的增加，三、四线城市的消费者对提高个人外在形象、获取最新美容美发潮流趋势的渴望丝毫不逊色于一、二线城市居民。这为美容美发行业终端下沉，开拓更具消费潜力的三、四线市场带来更多机遇。目前大型品牌化、连锁化企业对于三、四线城市的开发依然存在较大空间。随着大、中型城市经营成本的激增，以及受到互联网的冲击较大，三、四线市场的发展前景被普遍看好。

（三）“互联网＋”融合发展模式为行业带来新动力

尽管部分跨界创业者在搭建 O2O 平台时与传统企业形成了竞争，但美容美发行业拥抱互联网的趋势已不可逆转。其模式以客户为本，符合互联网时代去中间化的整体思维，并为服务者和被服务者提供了全新的体验，改变了多年不变的收入结构和定价机制。同时从消费者角度考虑，它搭建了对服务质量和价格横向比较的平台，对于服务标准化的推动作用也显而易见。最重要的是无论哪种 O2O 模式，其结果都是使消费者受益，无论是在消费价格，还是在服务选择方面，客观地说，美容美发业 O2O 不过是刚刚迈出了艰难的第一步，未来还有很长的路要走。尽管资本市场对于美容美发业已经愈发紧缩，投资人也更加谨慎，但 O2O 和其他的新兴互联网商业模式在美容美发业的应用才刚刚开始。同时，除了 O2O 平台，传统企业也开始使用互联网技术实现客户管理，通过技术手段提升工作效率，提供个性化服务，并降低运营成本，提升客户体验。

（四）回归诚信经营，预付卡模式将有望被取代

多年来美容美发行业推崇的预付卡模式令很多消费者苦不堪言，企业通过预付卡模式快速收回前期投资并实现扩张，虽然保证了资金来源，但行业赖以生存的根本——技术、服务、品质却越发无法适应消费者的需求。由于预付卡的泛滥，企业大多积累了巨大的财务风险。这也导致出现了部分无良商家圈钱跑路的现象，被媒体广泛报道，成为损害行业整体形象的毒瘤。央行和商务部在2012年出台了《商业预付卡管理细则》，表明了政府严格监管预付卡市场经营行为，防范廉政、金融风险的决心。目前市场出现部分“零推销”产品和预付卡门店，通过提升消费品质适当提高价格，受到消费者的普遍欢迎，这或将是一个趋势。同时随着互联网技术的普及，企业在支付环节开始寻求改革，根据中国美发美容协会不完全统计，有87%的行业经营者认同“预付卡给消费者带来了困扰”，73%的经营者“在考虑或已改变预约和支付方式”。如预付卡模式被取代，如何通过优质和创新服务来抵御成本提升带来的经营困难，以及维持客户的忠诚度将是美容美发企业的新命题。

（五）继续职业教育将成为人才培养突破口

目前我国美容美发职业教育体系与日、韩等邻国还存在较大差距，尽管已有开设“美发与形象设计”和“美容护肤”专业的中职学校75所、高职高专院校112所，各类短期培训学校共800余家，同时企业也定期举办内部培训活动，但人才供给与实际需求相差悬殊，供小于求，导致了行业“招工难”与“用工贵”的现象。建立成熟的继续职业教育体系将成为解决人才缺失问题的重要手段。无论是公办职业院校还是社会短期培训学校，提供的课程既应包括技术技能的提高，也应涵盖综合素质和能力的提升。尤其美容美发业涉及的造型、色彩等流行元素日新月异，继续职业教育领域将拥有广阔的市场前景和空间，将成为人才挖掘和培养的突破口。

四、促进行业发展的主要对策及建议

（一）通过税费改革进一步减轻美容美发业的负担

一直以来，国家对美容美发业实行定税制的政策，即由地方税务部门根据店面面积和人员数量设定不同的固定税额。近年来，一些企业开始公司化进程，除了要缴纳营业税及附加税（全部营业收入的5.65%）以外，还要缴纳25%的企业所得税，税负较重。建议税费改革，能将员工工资支出列入抵扣范围，从而提高企业的竞争力，扶持小微企业发展，以此鼓励更多的大众选择在美容美发行业就业和创业。

（二）加大“互联网+”模式的有效引导

整体上来看，在美容美发行业中美妆、美甲、美发、美容四个细分行业已经出现众多“互联网+”模式的互联网服务企业。几乎每个细分领域都有典型应用，发展势头良

好。对比覆盖率，美妆类最高，美甲和上门美容次之，美发较少。面对"互联网+"时代互联网技术在行业各个领域的渗透，传统从业者明显准备不足，特别是缺乏对于行业发展的预判，专业知识和技能储备不够，出现措手不及或消极抵抗。建议加大对传统从业者对于互联网应用方面的教育及引导，扶持、鼓励传统企业与互联网模式结合，从而真正推动行业整体转型升级，更好地服务消费者，以带动消费。

（三）完善教育和培训体系

目前，行业人才紧缺，各职业院校和社会短期培训机构普遍存在招生难的情况，与社会对于行业的偏见不无关系。而美容美发行业并非人们普遍认识中的低端服务业，而是一门涉及皮肤学、医学、生理学、心理学、营养学、美学、物理学、化学、营销学等多学科知识的行业，但目前从业人员知识技能水平与行业发展脱节，从业者总数虽然在增加，但技术能力和综合素质有下降趋势。因此，建议有关部门给予美容美发职业教育机构更大的支持，鼓励互联网创业者搭建美容美发行业线上教育平台，为从业者提供更多的学习机会，提升从业者的整体能力和素质。

（四）大力扶持民族品牌企业，增强国际竞争力

综观我国美容行业近年来的发展，除有限的产品和设备引进外，自己的研究成果和专利技术寥寥无几。即使是传统的中医美容领域，因受中医学的固有局限，尚未在美容领域中形成完整的、系统的理论，美容效果难以明晰、量化，产品生产规模和工艺较为落后，在国际竞争中处于弱势。行业缺乏具备国际影响力的品牌企业，建议应加大对民族美容美发企业的扶持力度，在企业研发、税收方面给予政策支持，并通过境外推广等形式加大我国美容行业在国际上的宣传，拓宽国际市场，增强我国美容美发行业的国际竞争力。

（资料来源：商务部服务贸易和商贸服务业司. 2015年中国美容美发行业发展报告［EB/OL］. http：//fms. mofcom. gov. cn.）

任务2　美容行业市场环境及影响分析

一、任务布置

1. 任务主题

美容行业市场环境调查分析。

2. 任务步骤

（1）以小组为单位，请结合当地某一知名的大型美容会所连锁机构，调查分析该美容会所机构所面临的宏观和微观环境。

（2）用SWOT分析方法来分析该会所面临的市场环境。

（3）各小组形成书面的调查汇报材料（PPT 或微视频）进行汇报。
（4）教师和其他小组同学针对同学的汇报进行提问、点评，教师进行总结。

二、知识准备

波特竞争理论下的美容行业分析

波特竞争理论，重点内容是：三大一般性战略、五力模型、价值链、钻石体系、产业集群。产业集群是指在特定区域中，具有竞争与合作关系，且在地理上集中，有交互关联性的企业、专业化供应商、服务供应商、金融机构、相关产业的厂商及其他相关机构等组成的群体。

在美容行业迅猛发展的 30 多年间，中国已经渐渐成为世界上最大的美容行业新兴市场。在世界名牌大举进入及中小企业雨后春笋般出现后，市场上的竞争越来越激烈，中小企业在此竞争过程中如何发展，下面我们通过波特的三大战略和五力模型对中小企业的美容行业进行分析，阐明目前中小美容企业的竞争状况。

波特提出的企业三种一般竞争战略，即成本领先战略、差异化战略和目标集中化战略，对我们研究中小企业如何提高自身竞争力、持续发展，具有相当重要的指导意义。值得注意的是，企业选择竞争战略只能选择这三种战略中的一种，如果选择超过了一种，那么将造成企业在三个方面都没有特别的优势。

1. 成本领先战略

若想成为整个行业中成本最低的制造商，那么成本领先战略则是首选的竞争战略。成本领先战略适用于：大量价格敏感客户存在的市场；消费者不是特别关注品牌；产品不容易实现差异化或是实现差异化的代价过大；消费者转而购买其他产品的转换成本较低。

成本领先战略可以通过下列方法实现：采用设计简单的产品，即所使用的产品只需满足消费者的基础需要，如只使用基础护肤产品；采用连锁经营模式，实现规模经济；采用新技术、简化美容流程、降低劳动力成本，降低办公成本，例如无纸化办公、降低管理费用；加强业务人员议价能力从而获得更优惠的供应价格。

2. 差异化战略

正如社会分工不同，将劳动者区分为脑力劳动者和体力劳动者，差异化战略主要的贡献者就是脑力劳动者，好的创意、独具新意的设计往往更容易成为企业的核心竞争力。差异化战略主要适用于：消费者对产品的需求是多样化、差异化的；产品有足够的发展空间从而实现差异化，并且能够获得顾客的认同；该行业发展迅速，变革时常发生，创新是竞争的有力武器。

运用差异化战略需要有强大的研发和设计能力及市场支持。一般而言，应先从终端市场收集信息，区分消费者的基本需求和额外期望，充分了解消费者的未满足需求，从而考虑什么可以成为产品的附加价值。例如现代社会女性更注重养生，那么可以考虑设计纯天然的，甚至可以食用的化妆品。

3. 目标集中化战略

这种战略是很适合中小企业的竞争战略。它可分为集中成本领先战略和集中差异化战略。运用这个战略的前提就是要进行产品、市场等的细分，进而对细分市场实施成本领先战略或是差异化战略。

例如，目前中国的美容行业缺乏独创性，也欠缺行业监管，多引入国际品牌，盲目跟风，针对这种情况，中小企业对美容化妆品进行应用细分后，综合市场调查，认定药妆类化妆品将独具最广阔的发展前景及大量的市场需求，可以对药妆类化妆品运用差异化战略。例如可以结合我国传统的中医理论，运用中药调理身体的理念，以经济合理的方式开发、设计、制造该类化妆品及其包装。

波特于 20 世纪 80 年代初提出了五力模型，对企业战略的制定具有重大影响，用于发展竞争的分析，可以有效地分析出美容院的发展竞争环境，“五力”包括：新进入者的威胁、同行业竞争者的竞争程度、替代品的威胁、供应商的议价能力、购买者的议价能力。五种力量不同的组合会给企业带来重大的变化，下文就这五种力量对美容行业中小企业竞争进行分析。

1. 新进入者的威胁

近年来，越来越多的商家将投资的眼光转向美容市场，而世界一线品牌的美容院也相继进入中国，娇韵诗、思妍丽、雅诗兰黛等著名化妆品品牌，凭借着在化妆品市场的强大优势及其品牌效应，很快打入内地市场。同时，一些想要走多元化经营的企业和风险投资企业也将目光投向美容行业，很多著名的和新兴的品牌如雨后春笋般遍地开花。对于这些新进入者来说，著名品牌在一线城市获取成功后，就想要进入二、三线市场。相比之下，由于新兴品牌进入一线市场的难度及房租等各种居高不下的费用，所以进入二、三线城市显然成为一个很好的选择和机遇，二、三线城市成为该行业竞相争夺的宝地。

由于美容行业的发展空间大、利润高、政策限制少，资金要求低，筹备时间短，进入壁垒较小，所以许多把创业的第一桶金都投放在了美容行业。这就导致了美容行业各个层次参差不齐，大街小巷的美容院鳞次栉比，造成竞争加剧、利润减少的局面，甚至出现行业间的不良竞争。这对于美容行业的健康发展造成了非常不利的影响，但是以下几个方面也会对潜在的进入者构成限制因素。

（1）很多美容项目质量的高低取决于美容技师的手法和口碑。美容行业因其产品特性，很容易使既有公司借由过去的促销、服务、形象、品质、特色、口碑甚至是因最早进入市场等差异化因素而在顾客心中建立强烈的品牌认同，赢得顾客忠诚度，而使新加入者必须投入大量资金去打破这种现有顾客忠诚的关系，造成开办初期损失，提高其进入障碍。

（2）消费者在选择品牌的同时也在选择品质，中医养生美容符合中国的传统观念，对于现代各大品牌化妆品相继爆出含铅等有害物质过高的都市女性来说是种返璞归真，具有很强的吸引力。

（3）通过一段时间的合作，经销商对品牌的认可可以为企业争取到最优惠的折扣和最新的产品，与经销商荣辱与共可以增强与经销商的合作。

（4）美容院占有区位优势。地理位置优越，位于市中心的美容院更容易赢得周边的高品质客户群。

2. 同行业竞争者的竞争程度

美容市场中很多现有竞争对手实力相当，各家美容院都各有千秋，造成现有竞争非常激烈的局面，竞争主要体现在以下几个方面。

（1）价格方面的竞争。在美容院的价格竞争中，优势的关键主要是看现有技师的技术水平和顾客的忠诚度。

（2）服务质量方面的竞争。这方面的竞争主要体现在产品的广告、功效及技师的手法上等。

（3）品牌和宣传。无论是价格还是产品方面的竞争，都会增加企业经营的成本，加重企业经营的难度。

美容行业名目众多，国际著名品牌想要进入二、三线城市，打入中低端市场，在资金、技术和品牌方面，他们的竞争力无疑是最强的。中低端厂商与前者相比，这就使得现有的新兴品牌美容院的处境相当尴尬，进退两难。但是值得庆幸的是，国内美容市场空间开发潜力相当大，既然高端市场比不上别人，那么就集中力量做中低端市场。开发新市场，务必走在市场的前面，做到人无我有，人有我优，如开拓男士美容市场、美容咨询市场等。

3. 替代品的威胁

美容院的作用主要起保养、淡化、修复等功能，想得到明显改善就需要使用相当长的时间，这与药品的功效性与即时性相比无疑是软肋，而药品成为替代品似乎是一种必然。另外，一些辅助美容器械，如前几年热销的"再清椿"美容面具等，随着科学技术的日新月异，通过器械来改善皮肤的外观可能很快就成为一种现实。美容院与替代品的竞争将日益加剧。而竞争的加剧、科技的创新、顾客的新需求、产品生命周期的压力都会促使替代品的形成。目前，美容院主要已经出现了以下几种替代品。

（1）化妆品牌的美容工具。由于现代都市女性工作压力大，上班时间长，使得很多女性没有足够的时间进美容院做护理，现在很多一线的化妆品牌在推出天然化妆品的同时也推出了相应的美容工具，让人们在家就可以进行简单的美容护理，为消费者提供了更多的选择。

（2）运动养生。运动加快新陈代谢，对身心健康颇有好处。这是一种绿色的、环保的养生方式。很多商家也开始注重这方面的研究及开发。无论是化妆品还是器械，都会对人的身体机能造成一定损害，但运动养生不会，这是它的最大吸引之处。

4. 供应商的议价能力

由于美容院的供应商企业为比较知名的品牌，其具有稳固市场地位而不受美容行业市场激烈竞争困扰的企业所控制，其产品的买家很多，所以单个买家都不可能成为供应商的重要客户。因此美容院对供应商的议价能力较低，主要有以下原因。

（1）供应商提供的产品和服务具有一定特点，所以美容院一旦加盟就难以退出或退出成本太高。

（2）供应商能够轻易地实行前向联合或一体化，采取直营的方式，而美容院难以进行后向联合或一体化。由于美容行业潜在进入者的增多，必然加大对美容原材料的需求，美容院化妆品的很多原材料的生产都是需要高端技术的，如油性原料的加工提取，粉质原料、胶质原料、表面活性剂等的生产都需要一定技术及高端设备，也必然造成对热销产品的限量供应。这无形增加了供应商的讨价还价能力，结果使美容院议价能力降低。

5. 购买者的议价能力

近年来，中小美容院如雨后春笋般出现，美容行业规模不断壮大。就目前美容行业市场统计数据来看，美容市场已经趋于饱和甚至供过于求。由此出现的状况就是顾客由于选择越来越多而提高了顾客的讨价还价能力。顾客是美容院产品和服务的购买者，是我们的“上帝”。我们为了更好地吸引顾客，就需要不断地推出优惠活动，这样时间一长，顾客就会形成一种心理，他们会等待下一次更优惠活动才来购买，并且在美容院提供方的赠品方面会有更多要求。这无疑使得购买者的议价能力大大提升，对美容院的日常销售和利润的增长造成巨大的损失。

三、美容行业市场环境因素分析

美容企业的市场经营活动是在一定的社会经济环境中进行的。市场环境的变化，既会给企业提供机遇，同时也会给企业带来威胁。因此，美容企业要对市场环境进行研究，识别影响企业经营活动的各种环境因素，掌握其发展趋势。了解环境因素对企业经营活动的影响机制，以便充分利用环境给企业提供的机遇，避开环境给企业造成的威胁，趋利避害，扬长避短。

（一）美容行业市场环境的含义和内容

1. 美容行业市场环境的含义

美国著名营销学家菲利普·科特勒认为市场营销环境是影响企业的市场营销管理能力，使其能否卓有成效地发展和维持与其目标顾客交易及关系的外在参与者和影响力。因此，美容行业市场营销环境是影响企业营销活动的不可控制的参与者和影响力，也是与美容行业企业营销活动有潜在关系的所有外部力量和相关因素的集合。

2. 美容行业市场环境的内容

美容行业市场营销环境的内容广泛而复杂，不同因素对营销活动各个方面的影响和制约也不尽相同，同样的环境因素对不同企业的影响和制约也不同。一般来说，美容行业企业的营销环境由宏观环境和微观环境构成。

宏观环境是指间接影响和制约美容行业市场营销活动的各种因素的总和，这些因素对美容行业的发展和经营有较大影响力，包括人口环境、经济环境、自然环境、技术环境、政治法律环境和社会文化环境。宏观环境对企业的营销活动虽是间接影响，但它却是给企业带来市场机会和造成环境威胁的主要因素，它对美容行业营销活动的影响是广泛而深远的。宏观环境通常以微观环境为媒介去影响与制约美容行业企业的营销活动，在某些场合下可以直接影响企业的营销活动，因此微观环境要受限于宏观环境。

微观环境是指直接影响和制约美容行业企业服务其目标市场能力的各种因素，包括企业本身、消费者、供应商、营销中介、顾客、竞争者以及社会公众等。微观环境对美容行业企业的营销活动具有直接影响，微观环境中的各种行为者都受宏观环境影响。

（二）影响美容行业市场环境的因素及分析

1. 宏观环境因素

（1）人口环境分析。

人口是市场的第一要素。人口数量直接决定市场规模和潜在容量，人口的性别、年龄、民族、婚姻状况、职业、居住分布等也对市场格局产生着深刻影响，再加上人口流动及人口构成等因素，影响着美容行业的营销活动。首先来看我国2013—2015年人口的总量及构成（见表2－7）。

表2－7 中国2013—2015年人口总量及构成

年份	总人口/万人	按性别分				按城乡分			
		男性		女性		城镇		乡村	
		人口数/万人	比重/%	人口数/万人	比重/%	人口数/万人	比重/%	人口数/万人	比重/%
2015	137 462	70 414	51.2	67 048	48.8	77 116	56.10	60 346	43.90
2014	136 782	70 079	51.2	66 703	48.8	74 916	54.77	61 866	45.23
2013	136 072	69 728	51.2	66 344	48.8	73 111	53.73	62 961	46.27

（数据来源：根据2013—2015年《中华人民共和国国民经济和社会发展统计公报》数据统计整理）

表2－7所示男女人口比例差距逐渐减少，女性人口数量逐年增加，这对美容行业的发展无疑是很有利的，相对来说，美容行业对于女性的吸引力要强一些，但是我们也将致力于对男性美容的宣传，开发男性护肤市场。

（2）经济环境分析。

①国民经济发展水平。

美容行业企业是在国民经济大环境中生存和发展的，其发展不可避免地要受到国民经济发展水平的制约和影响。国民经济发展速度快、国民收入水平高，则消费者的人均收入高、社会购买力强，美容行业的营销机会则多；反之，国民经济的发展速度缓慢，社会购买力下降，美容市场就会受到影响。

②消费者收入水平。

消费者的收入水平是影响美容行业企业市场活动的重要因素。消费者收入是指消费者个人所得到的各种货币收入，通常包括消费者个人的工资、奖金、其他劳务收入、红利、租金、馈赠等。消费者从总收入中减去个人或家庭生活支出必不可少的费用，剩余才是个人可以任意支配的收入，这部分收入是影响消费者需求变化最活跃的因素，也是影响美容市场营销机会的重要因素。美容行业属于服务行业，也可以说属于消费比较高的行业，个人可支配收入直接决定消费水平。

③消费者支出模式。

随着消费者收入的变化，消费者支出模式也会发生变化。恩格尔定律指出，一个家庭的收入越多，其总支出中用于食物支出的比重下降，而用于其他方面的开支（通信、交通、娱乐等）和储蓄的支出比重将会上升。恩格尔定律阐述了消费者收入水平和消费者支出模式的内在关系。随着中国经济的发展、居民生活水平的提高，中国的恩格尔系数在不断下降，美容化妆品的消费占总支出的比重也将大幅度提高，这为美容行业企业的市场营销活动提供了极好的机会。

（3）政治法律环境分析。

政治环境包括政策及环境。在政策方面，国家重视第三产业的发展，服务业在三大产业中的比重明显提高，而美容行业是典型的服务性行业，在这方面也得到国家政策的大力支持。再者，国家政局稳定，这是企业立足的根本基础。它是企业营销活动的准则，企业只有依法进行各种营销活动，才能受到国家法律的有效保护。对从事国际营销活动的企业来说，不仅要遵守本国的法律制度，还要了解和遵守国外的法律制度和有关的国际法规、惯例和准则。化妆品公司的日常运营，是在工商行政管理、质量与技术监督、卫生监督、食品与药品等政府部门的监管下进行的，并且这些部门对于特殊用途的化妆品实施审批，审批合格后才能生产，特殊用途化妆品是指用于育发、染发、烫发、胎毛、美乳、健美、除臭、祛斑、防晒的化妆品。

国家还制定了若干个标准来规范审批后企业在生产、销售环节的行为。如《化妆品卫生标准》用于规范化妆品的成分、卫生学等指标；《中华人民共和国国家标准：消费品使用说明化妆品通用标签》用于规范化妆品的包装标注及说明书。这对消费者对产品的信任感又加了一个砝码。

（4）社会文化环境分析。

任何企业都处于一定的社会文化环境中，企业营销活动必然受到所在社会文化环境的影响和制约。为此，企业应了解和分析社会文化环境，针对不同的文化环境制定不同的营销策略，组织不同的营销活动。

①教育状况分析。

受教育程度的高低，影响到消费者对商品功能、款式、包装和服务要求的差异性。通常文化教育水平高的国家或地区的消费者要求商品包装典雅华贵，对附加功能也有一定的要求。因此企业营销开展的市场开发、产品定价和促销等活动都要考虑消费者所受教育程度的高低，采取不同的策略。

②宗教信仰分析。

宗教是构成社会文化的重要因素，宗教对人们消费需求和购买行为的影响很大。不同的宗教有自己独特的对节日礼仪、商品使用的要求和禁忌。某些宗教组织甚至在教徒购买决策中有决定性的影响。为此，企业可以把影响大的宗教组织作为自己的重要公共关系对象，在营销活动中也要注意不同的宗教信仰，避免给企业营销活动带来损失。

③价值观念分析。

不同文化背景下，人们的价值观念往往有着很大的差异，消费者对商品的色彩、标识、式样以及促销方式都有自己褒贬不同的意见和态度。企业营销必须根据消费者不同的价值观设计产品，提供服务。俗话说："爱美之心，人皆有之。"自古就有美容养颜，长沙马王堆汉墓出土了大量医学典籍，就有药物美容、针灸美容、饮食美容等的记载；《新唐书》上记载武则天"虽春秋高，善自涂泽，虽左右不悟其衰"。武则天所用的美容秘方后来俗称"神仙玉女粉"，这些美容价值观念无疑对人们产生了深远影响。

④消费习俗分析。

不同的消费习俗，具有不同的商品要求。研究消费习俗，不但有利于组织好消费用品的生产与销售，而且有利于正确、主动地引导健康的消费。了解目标市场消费者的禁忌、习惯、避讳等是企业进行市场营销的重要前提。

（5）自然环境分析。

对营销管理者来说，应该关注自然环境变化的趋势，并从中分析企业营销的机会和威胁，制定相应的对策。自然资源是有限的，对于美容护肤行业来说，产品的提取物很多都是不可再生资源，所以从日常生活的蔬菜和水果中提取护肤成分逐渐发展起来。

环境污染也是很大的问题，包括化妆护肤品的提取物以及包装给环境带来的影响也是需要考虑的。各国政府加强了对环境保护的干预，颁布了一系列有关环保的政策法规，这将制约一些企业的营销活动。企业要制定有效的营销策略，既要消化环境保护所支付的必要成本，还要在营销活动中挖掘潜力，保证营销目标的实现。但同时也为企业提供了新的营销机会，促使企业研究控制污染技术、兴建绿色工程、生产绿色化妆品、开发环保包装。主要从药品、化妆品的设计、生产和使用上进行全方位的控制，从最初的设计开始，就要考虑对环境有益的纯天然产品，要让产品尽可能在自然环境中能完全分解，对环境无害。如果从事的是健康美容，崇尚健康之美，则很有营销战略优势。

（6）科技环境分析。

美容行业与科技发展密切相关，各种最新科技成果和先进技术迅速应用于美容行业，美容行业的高科技竞争也非常激烈。我国美容科技实力相对落后，行业发展面临较大挑战，且由于缺乏相应的规范和标准，美容市场上鱼目混珠、虚假宣传、市场不规范的现象也比较严重。关于建设美容科技认证机构、开展美容高新技术认证宣传的建议也非常重要，有必要在有关部门的指导下，切实加强管理和认证等工作，严格规范市场，确保美容产品的安全合理使用。

近年来，中国的化妆品在电子商务领域陆续已经有一些个人网店向正规企业过渡，并且拥有自己的品牌。比如2008年年底，自网络诞生的新生化妆品品牌——宝莲妃玥，仅仅三年的时间，这个品牌的化妆品不仅从无到有，而且迅速完善自己的产品线，目前已经有20多个单品面世。

限于国家经济实力和有限的科技资源，目前，美容行业中的科技问题尚不能直接列入国家科技计划作为国家重点予以支持。在我国现阶段条件下，美容行业的科技发展将主要依靠市场机制，以企业投入为主体推进发展。通过高新技术企业、中小企业创新基金等方面工作，搭建有利于企业创新和成果转化的平台，促进企业成为科技创新投入的主体，积极推进企业创新和成果转化。

2. 微观环境因素

美容行业企业微观营销环境一般包括企业、供应商、营销中介、消费者、竞争者、公众等，如图 2－4 所示。

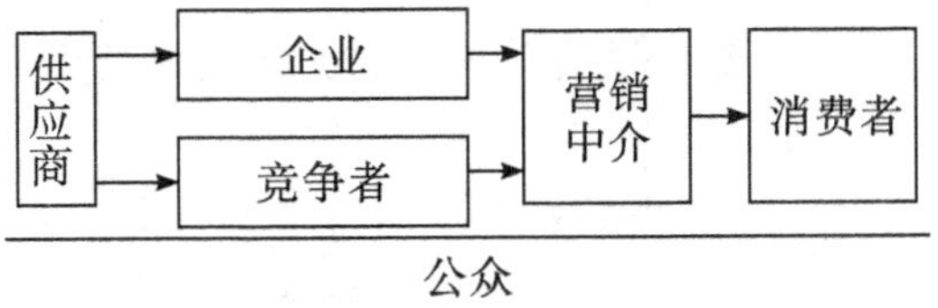

图 2－4 美容行业企业微观环境示意图

（1）美容行业企业。

美容行业企业包括市场营销管理部门、其他职能部门和企业最高管理层。美容行业企业的市场营销活动主要是由营销管理部门负责的，营销部门主要负责市场研究、制订企业的营销计划、新产品开发、品牌的制定和管理、广告、产品销售及售后服务等工作。营销部门在制定营销决策时，不仅要考虑外部环境力量，还要考虑企业内部环境的影响；不仅要考虑企业最高管理层的意图，以最高管理层制定的企业任务、目标、战略和政策为依据制订营销计划，并呈报最高管理层批准执行，还要与企业的其他职能部门密切配合，相互协调。

美容行业企业内部所有部门对营销管理部门的计划和行动都有影响，这就要求各个部门应以企业整体目标为重；同时对各个部门间的利益冲突，高层管理部门必须出面进行调节。而营销管理部门在制订和执行营销计划的过程中，应该主动与公司的其他部门协商，从而使公司在激烈的市场竞争中占有一席之地。

（2）供应商。

供应商是指向美容生产和服务企业提供包装材料、原材料、仪器设备、化妆产品以及服务等资源的组织或个人，它是影响美容市场营销微观环境的重要因素之一。供应商对美容生产和服务企业营销活动的影响主要表现在以下几个方面。

①资源供应的可靠性直接影响到美容企业的生产和服务能否顺利进行。化妆品包装材料、原材料、美容仪器设备、化妆品以及其他资源等稳定并及时地供应，是美容企业生产和服务营销活动顺利进行的前提。供应量不足，供应延迟，都会影响企业按期完成任务。

②资源供应的价格及其变化趋势直接影响美容产品或服务的成本，最终影响美容企业产品或服务在市场上的竞争力。如果供应商提高原材料价格或有关服务的收费水平，则美容企业也将被迫提高其产品或服务价格，由此可能影响到企业的销售量和利润。

③供应资源的质量水平直接影响到美容企业产品或服务的质量。美容产品或服务的构成实体是化妆品材料和仪器设备，因此，供应货物的质量直接影响到美容产品或服务的质量。

由于资源供应对美容企业营销活动有着重要的影响，因此，企业要处理好与供应商之间的关系：重视与供应商之间的合作。一是要坚持“双赢原则”，与优秀的供应商建立长期关系，从而获得稳定可靠的物资供应，降低外部交易成本，避免两败俱伤；二是加强双向信息沟通，协调双方立场；三是采取多渠道采购策略，避免过分依赖一个或少数几个中间商，使企业在市场中始终处于主动地位；四是采取后向一体化策略，自己生产或开发某些原材料和美容产品，降低美容产品或服务成本，从而获得竞争优势。

（3）营销中介。

营销中介是指协助美容生产企业将产品销售给最终购买者的中介机构，包括中间商和辅助商。中间商是指在销售渠道中参与交易活动或者协助交易活动完成的中间机构，中间商按其是否拥有商品所有权分为经销商和代理商。经销商对其经营的美容产品拥有所有权，他们从美容生产企业购进美容产品后再转售，从中赚取差价。代理商对其经营的美容产品不拥有所有权，只是为美容企业寻找消费者，从中赚取佣金。

辅助商不直接经营美容产品，但对美容产品的经营起促进和服务作用，包括会展商、广告代理商、市场营销研究机构、市场营销咨询企业、教育培训企业等。美容生产企业必须借助营销中介的协助才能有效地开展市场营销活动。

（4）消费者。

从企业的角度来看，消费者是企业产品的购买者和企业服务的对象；从市场的角度来看，市场由消费者所构成。对于一个企业而言，消费者是最重要的微观营销环境，可以表现为个人、家庭、组织、政府等形式。

美容市场对消费者的分析与了解可以从量和质两个方面来进行，市场规模是量的指标，消费者需求是质的指标。市场规模直接影响美容企业营销活动的成败，过低估计会使企业失去有利的时机，过高估计会造成产品的积压，因此需要对其进行准确的预测。

美容市场是一个复杂的多元化市场，企业只有充分认识消费者需求的层次性和差异性，正确选择目标市场，制定营销策略，才能充分满足消费者的需求。

（5）竞争者。

竞争是市场经济的基本特征，竞争对手是美容行业企业进行营销活动所不可避免的。竞争者的营销战略和营销手段的变化直接影响到企业营销活动的开展，因此美容行业企业必须识别出竞争者，并对竞争对手进行认真全面的能力分析，密切注视它的营销策略的细致变化，采取适当的对策和措施才能保证企业在市场竞争中立于不败之地。

美容企业的竞争对手主要包括以下四种类型。

①愿望竞争者。

愿望竞争者是指提供不同美容产品以满足消费者不同需要的竞争者。如基础护肤品、美白产品、祛斑产品、彩妆产品的生产商之间就是愿望竞争者。

②一般竞争者。

一般竞争者是指提供能满足消费者同一种需求的不同美容产品的竞争者。如日化线产品和专业线产品的生产者之间就是一般竞争者。

③产品形式竞争者。

产品形式竞争者是指生产同一种美容产品，但不同价位、不同功效、不同成分的竞争者。如同是生产面膜，但其功效、成分、材质及使用方法等方面均有所不同的生产商之间就是产品形式竞争。

④品牌竞争者。

品牌竞争者是指生产同种化妆产品，而且其产品的材质、成分及使用方法也基本类似，但品牌不同的竞争者。谁的产品形象好、品牌知名度高，谁就能在竞争中占据有利地位。

（6）公众。

公众是指对美容行业企业实现其经营目标有实际或潜在影响的群体。公众对美容行业企业的态度，会对其营销活动产生巨大的影响，它既可以有助于企业树立良好的形象，也可能妨碍企业形象的建立。所以企业必须处理好与主要公众的关系，争取公众的支持与偏爱，为自己营造和谐、宽松的社会环境。企业所面临的公众主要有以下几类。

①媒介公众。

媒介公众是指报纸、杂志、广播、电视、互联网等具有广泛影响力的大众媒体。新闻媒介信息传递迅速、影响力大、威望度高，因而被某些西方国家称为除立法、司法和行政三大权力之外的“第四权力”，又被称为“无冕之王”。

新闻媒介对美容行业企业经营业绩的报道能提高企业的知名度，树立良好的企业形象，扩大企业产品的销售；相反，媒介公众对企业经营管理中存在问题的曝光会使企业信誉降低，形象受损，从而影响产品的销售。因此，美容行业企业在努力搞好生产经营活动的同时，要与大众传媒建立良好的关系，促使传媒做出对企业有利的宣传。

②政府公众。

政府公众是指负责管理美容行业企业经营活动的各有关政府机构。主要有卫生监管部门、商务部门、工商行政管理部门、税务部门和物价管理部门等。政府公众是美容行业企业营销活动的一个重要环境因素。政府之所以重要，因为它是拥有权力的公众，是宏观调控、综合协调的权力机构。美容行业企业要遵纪守法，在生产活动中要取得良好的经济效益，要承担社会责任，积极参加各种公益事业，经常与政府沟通信息，以此赢得政府的信任与支持。

③市民行动公众。

市民行动公众是指各种消费者权益保护组织、环境保护组织和其他团体组织。市民行动公众可能会对美容行业企业的某些经营行为提出疑问，企业要给予及时的解释或解决，赢得这些组织的理解和好感。市民行动公众对企业的赞扬胜于企业的广告。

④地方公众。

地方公众是指美容行业企业所在地附近的居民和社团组织。因为地理位置相邻，企业不可避免地要与当地公众发生接触，企业要协调和处理好与当地公众的关系，取得他们对企业的理解、支持和好感，避免与当地公众发生冲突。

⑤一般公众。

一般公众是指与美容行业企业经营活动无关的公众。虽然一般公众不能以有组织的方式对企业采取行动，但他们对企业产品及其生产经营活动的态度却会影响企业在公众心目中的形象，因此，美容行业企业要力争在一般公众中树立良好的形象。

⑥企业内部公众。

企业内部公众包括股东、经理、员工等。员工和顾客同是企业的上帝，企业只有采取各种物质激励和精神激励手段，使员工心情舒畅，努力工作，服务周到，最终才能使顾客这个上帝满意。

任务小结

任务 2 结构如图 2－5 所示。

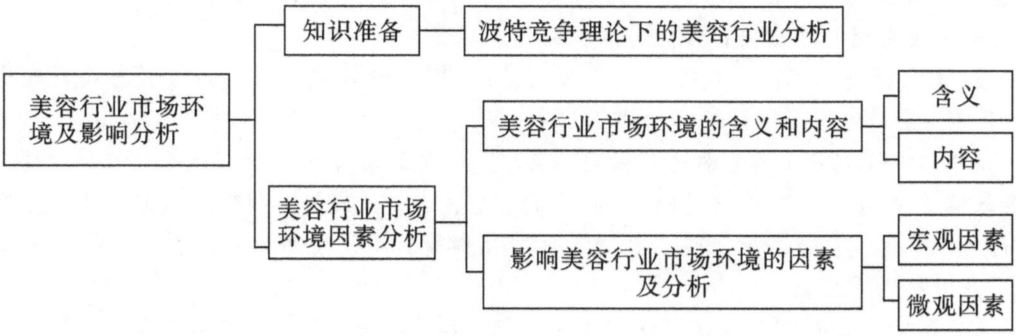

图 2－5　任务 2 结构图

拓展阅读

2014 年美容行业最具影响力的十大政策法规

美容行业经历了璀璨辉煌的发展，创下高增长的业绩，亦有不少企业被曝出违法违规、产品不合格的消息。美容行业的持续发展离不开行业标准的规范，政策法规的制定及执行将推动美容行业更稳定快速地前进。岁末年终，回顾 2014 年，盘点美容行业最具影响力的十大政策法规，与美业同仁重温这些政策法规，共同推动美业企业的规范经营和发展。

1. 洗面奶和护肤液国家标准条例于 8 月 1 日实施

经国家标准委和质检总局批准，GB/T 29680—2013《洗面奶、洗面膏》和 GB/T 29665—2013《护肤乳液》两个国家标准于 2014 年 8 月 1 日起正式实施，至此，基础化妆品无国家标准这一尴尬境地将在中国化妆品行业中被成功摆脱。

解读：

原有《润肤乳液》行业标准已经制定 14 年，原《洗面奶（膏）》行业标准亦有 7 年之久，其技术指标与目前市场上产品的现状严重不符，无法在规范市场和引领行业发展上发挥有效的作用。新标准将让我国的化妆品行业有了新规范，至于是否能够更有效地推动市场和行业的发展，且看市场的反应。

2. 2014 年非特殊用途化妆品备案新政出台

由广东省美容美发化妆品行业协会主办的 2014 化妆品新法律法规宣讲会解读了非特殊用途化妆品备案新政策：（1）2013 年 12 月 16 日开始，美白产品纳入特殊用途化妆品注册管理；(2) 2014年6月30日开始，国产非特未经备案产品属于违法；(3) 2015年1月1日开始，市售国产非特产品未经总局平台备案一律按照非法查处；(4) 2015年7月1日开始，无特化注册证生产美白产品一律非法。

解读：

中国化妆品总体消费水平已超越日本，成为世界上仅次于美国的第二大化妆品消费国，在这种市场需求激增的大环境和国家对化妆品行业的规范下，化妆品企业与日俱增，但也不乏鱼目混珠、唯利是图者扰乱市场，对非特殊用途化妆品的市场监管、调控、规范还得有关部门重拳出击，加大力度。

3.《化妆品监督管理条例（征求意见稿）》新原料需观察4年，造假者最高可罚货值10倍

2014年11月8日国家食品药品监督管理总局通过官方网站就《化妆品监督管理条例（征求意见稿）》（以下简称《条例》）公开征求意见。《条例》明确，国家对化妆品原料实行目录管理，化妆品新原料须经过4年的观察期，不得使用禁用原料，不得超量或超范围使用限用原料。

《条例》明确规定了法律责任。违法生产、经营化妆品将被最高处以货值金额5倍以上10倍以下罚款。违法生产企业将被吊销化妆品许可证件，负责人和相关责任人员5年内不得从事化妆品生产经营活动；违法经营企业的负责人和相关责任人员3年内不得从事化妆品生产经营活动。

解读：

化妆品原料成监察重点，同时造假者最高可罚货值10倍，最高5年不得从事化妆品生产经营活动。重点惩罚，明确法律责任，只为还原一个更安全、健康、良性的化妆品行业发展环境。

4.《广州市未成年人保护规定》未成年人实施医疗美容需经法定监护人同意

2014年1月1日起施行的《广州市未成年人保护规定》明确规定，不提倡未成年人实施医疗美容项目，未成年人确因特殊原因需要进行医疗美容的，须经其法定监护人同意。医疗机构及其医务人员为未成年人实施医疗美容项目前，应当向未成年人及其法定监护人书面告知治疗的适应证、禁忌证、医疗风险等事项。

解读：

广州率先立法限制未成年人整形，业内人士建议规范整形美容行业，对商业医疗进行单独立法。若整形美容能够有法可依，合法规范，监护人又何须替未成年人整形担心呢？

5. 广东拟定新规：经营者不得制售分装化妆品

公开征求意见的《广东省化妆品安全条例（草案）》拟规定不得制售分装化妆品，同时规定第三方网络交易平台应承担化妆品安全管理责任。据悉，针对化妆品生产及销售行为，该条例规定13种情形为禁止经营销售的化妆品，除却未取得化妆品生产许可证明文件企业生产的化妆品、无检验报告及质量合格标记的化妆品外，《条例》同时将化妆品经营者分装制售的化妆品、使用不符合要求的直接接触化妆品的容器和包装材料生产的化妆品都列入禁售范围。此外，对作为促销赠品、有奖销售活动奖品的化妆品，如

违反上述情形，也禁止销售。

解读：

第三方网络交易平台应承担化妆品安全管理责任对于广大消费者来说又是一大福音，严格的规范将更有助于推动化妆品行业健康、安全地发展。新规还对分装、包装、赠品、促销活动的化妆品做了更完善的列明，为消费者维权提供了有力的法律依据。

6. 广州立法限制化妆品过度包装

广州市人民政府办公厅正式印发《广州市限制商品过度包装管理暂行办法》（以下简称《办法》），《办法》第十五条明确规定，从2014年10月1日起，化妆品的包装禁止使用木材、纺织物，包装空隙率不得超过45%，包装层数必须在3层或以下，包装成本总和不得超过商品销售价格的15%。《办法》中的包装空隙率、包装层数、包装成本的定义及计算方法按照《GB 23350—2009 限制商品过度包装要求　食品和化妆品》的相关规定执行。

解读：

化妆品包装缺乏标准和管理，如今化妆品过度包装要求出台，且看执行和监管。新规除了要看企业的自律和执行，更看有关部门的监管力度。

7. 3月15日“新消法”7天反悔权为网购美妆产品护航

“新消法”与时俱进地明确了网络购物“无理由退货制度”，网购拥有7天“反悔权”，完善了“三包”规定，终结“霸王条款”，并加重对违法经营的惩罚。其中特别提出“网交平台承担先行赔付责任”，即如果在网络上购物，商品出现问题，消费者可以直接找网络交易平台交涉，而网交平台需要先行赔付。

“新消法”还规定，网络交易平台提供者明知或应知销售者或服务者利用其平台侵害消费者合法权益，未采取必要措施的，依法与该销售者或服务者承担连带责任。随后的新规也规定网购化妆品出问题，所购平台需要担责。

解读：

在网购化妆品真假难鉴、退换货及售后服务保障不足的今日，“新消法”的正式实施具有重大意义。业内人士认为，“网购7日无理由退货”是“新消法”最大亮点之一。“新消法”的正式实施，从法律和行政规章上明确了消费者的“网购后悔权”，消除了消费者的网购疑虑，提升消费者信任度，更利于电商行业的健康发展。

8. 中韩自由贸易协定完成实质性谈判，韩国化妆品进口关税将取消

中韩自由贸易区协定完成实质性谈判。当自由贸易协定（FTA）生效之后，中国对韩国制造的化妆品征收的6.5%的进口关税将取消，韩国石化企业和化妆品公司对中国的出口额将迅速增长。

解读：

韩国化妆品在中国的火热早已众所周知，自由贸易协定一旦生效，由于关税减免，韩国化妆品价格将更具优势，无疑会提高韩国化妆品在中国市场的竞争力，销量自然上升。在为消费者带来福音的同时，本土化妆品将面临更大挑战。

9. 我国将制定化妆品中48种物质检测国家标准

2014年9月，国家标准委发布了2014年第一批国家标准制修订计划的通知，通知中

提出将制定化妆品中11种青霉素类抗生素、15种喹诺酮类抗生素、5种重金属、7种性激素，以及黄芪甲苷、芍药苷、连翘苷和连翘酯苷A等48种物质的测定方法。

解读：

我国制定化妆品中48种物质检测国家标准将有助于规范我国化妆品生产经营，淘汰不合格企业，促进化妆品行业的良性发展和运行。它不仅给了消费者一个保障，还给行业发展树立了正确的方向标。虽有规定，但检测难是规范化妆品行业的一大难题，希望标准的测定方法能够广泛实施，并积极拓展更多类似面膜荧光剂检测标准等相关方法。

10. 欧盟限制多种防腐剂使用，9月出台两项限制化妆品防腐剂使用指令

2014年9月26日，欧盟委员会通过了两项限制化妆品防腐剂使用的指令，指令规定，将丙对苯和对羟基苯甲酸丁酯两种防腐剂的最大浓度限制从现行的0.4%（单独使用条件下）或0.8%（与其他酯类混合使用条件下）降低至0.14%（单独或混合使用条件下），并禁止在专为3岁以下婴幼儿皮肤敏感部位设计的免洗型产品中使用上述两种防腐剂。

另一条指令规定，禁止甲基氯异塞唑啉酮和甲基异塞唑啉酮在诸如护肤霜之类的免洗型产品中混合使用，以减少皮肤过敏风险。

除此之外，欧盟还对化妆品中对羟基苯甲酸酯类物质的使用进行限制。欧盟委员会发布官方公报修订了欧洲化妆品法规附件Ⅱ，限制物质清单新增尼泊金异丙酯、羟苯异丁酯、羟苯苄酯、4-羟基苯甲酸苯酯、戊烷基对羟苯甲酸酯5种对羟基苯甲酸酯类物质。

解读：

安全是化妆品的首要前提，2014年3月法国消费者协会曾指出部分儿童化妆品和乔装用品中检测出有害物质，转眼9月欧盟就出台两项限制化妆品防腐剂使用指令。这一举动对广大消费者来说无疑是一大福音，尤其是对婴幼儿的保护上。

新规定也将对我国化妆品出口企业产生一定的影响和限制。一方面使企业对产品质量引起重视，对儿童化妆品更加严格把关，另一方面也能更好地规范市场，所以与欧盟合作的企业，务必要保持积极的态度，加强对产品质量的把关并紧跟进出口国家和地区的最新法规。

（资料来源：www. chinabgao. com. ）

任务3　美容行业未来发展趋势分析

一、任务布置

1. 任务主题

美容行业发展趋势调查。

2. 任务步骤

（1）请通过在校专业教师、行业前辈了解，或者通过网络平台搜索了解美容行业的发展趋势。

（2）将了解到的相关信息以小组为单位进行梳理后汇总。

（3）教师针对学生的汇报进行点评和总结。

二、知识准备

近几年来，我国的服务消费快速增长。2016 年，我国城镇居民人均消费达 3 351 美元。按照国际惯例，人均消费在 1 000 ~ 3 000 美元，居民消费结构将会发生重要转变。中国传统意义上的吃、住、行消费结构已不能满足人们的消费需求，开始由生存型向享受型方向转变，新的结构应该是：吃、住、行、美、文化、娱乐。因此，美容行业的发展将随着国家经济的发展、人们生活水平和消费水平的不断提高，有着更加广阔的发展空间。未来，中国美容行业的发展走向将循着以下几个轨迹。

（一）市场的专业化细分越来越明显

消费者对形象工程的日益关注，需要服务消费领域提供相应的产品和服务予以满足，另一方面，美容行业竞争日趋激烈，企业要想在竞争中赢得一席之地，只有将专业细分进行到底，才可能发现市场存在的空白点，找到新的发展空间。市场需求和行业竞争加剧了美容产业的细分。市场的特色化细分将成为行业发展的主要路径之一。

在化妆品零售方面有：女性产品、男性产品、婴儿产品，其种类涵盖：美白类、保湿类、去皱类、消斑类、祛痘类、塑身类、药妆类等产品；其中的药妆产品将是未来发展趋势。

在专业美容服务方面有：传统美容、中医养生美容、时尚美容、休闲美容、保健美容、SPA 水疗、香薰美体、专业美甲、专业男士护理等服务项目；其中的中医养生将是未来发展趋势。

随着人们工作节奏的加快，生活压力越来越大，都市女性的亚健康现象也越来越严重，经常会出现便秘、头晕、失眠、内分泌失调、腰酸腿痛等症状。而这些问题并不是通过普通的美容方法就能得到解决的，只有靠养生学的“通、排、补、固”方能缓解。近两年来，以中医养生为主题的美容概念开始出现，目前，美容市场上的“中医”式减肥，中医按摩调理头痛、月经不调等亚健康状态，受到不少女性的喜爱。21 世纪的现代美容时尚，单一“治表不治里”的美容方式已经落伍。随着国民经济水平的不断提高，消费者的健康意识的增强和经营者经营模式的创新，美容行业形成了“调内养外”的理念，升华到了改善外观的美与重振内在的活力并重的整体境界。

在专业美发服务方面有：专业美发、专业烫染、专业头皮的护理、专业儿童理发等业务；其中的专业头皮护理将引领美发新时尚。

自 2004 年以来，日本、韩国、中国台湾等国家和地区兴起了头皮护理业务，其理论依据是：头皮是头发的土壤，健康的头发源自于健康的头皮。在日、韩，几乎看不到干枯受损的头发，除了因为他们的洗护用品过关因素外，就与他们重视头皮的护理有关。近两年来，头皮护理业务在中国开始由南至北发展，并有增速的趋势，相信未来专业头皮护理将引领美发新时尚。

在专业高科技仪器方面有：检测型、调理型、治疗型。其作用不再局限于护肤、祛斑、隆胸、减肥，已引申到对软组织僵硬度的缓解、对内脏的调理。在美发美容用品展会上，美发美容仪器生产商与医疗设备生产商展开了对决。台湾的某高端美容企业，将预防医学的概念引进企业，用最先进的医疗诊断设备，为顾客做常规健康体检，根据诊断结果，对顾客给出健康调理方案，对患者则给出治疗医院和科室的名单建议。高科技带领行业将走在亚健康之前。

（二）“80 后”“90 后”将引领个性服务消费

个性美容的概念已经在市场上炒得异常火热，但由于市场需求量等各种因素，一直未能成就大气候。而未来，“80 后、90 后”这个绝对追求个性化的青年群体，无论在单位、家庭，还是在社会，都将逐渐扮演重要角色，将成为美发美容市场的消费主体。由于他们思想活跃、个性张扬，一定会给这个行业带来真正意义上的个性化的需求和变革。同时，伴随着日韩时尚潮流风的盛行，一些非主流的个性美容潮流也随着进入，成为一个新的个性流派。因此，个性美容将成为未来市场的消费趋势，个性化服务将成为行业发展的必然趋势。

（三）专卖店增加美容服务，加剧服务领域的竞争

2009 年下半年，在个别地区出现了化妆品专卖店增加美容服务的现象。顾客在前面店铺买产品，可免费或打折到后面美容室做美容，行业称之为前店后院。在浙江省，有化妆专卖店 3 万家，其中 40% 的专卖店增加了美容服务。专卖店的服务收入占营业额的 30%，随着未来竞争的日益加剧，将会有更多的专卖店通过增加美容服务的方式来增加企业的盈利。

（四）化妆品网购将成为化妆品销售的主要渠道

5 年前，对中国“网购”再乐观的预测都无法想象到现在的市场规模；同样，现在再乐观的预测可能也无法想象未来 10 年的中国“网购”的市场规模。

以化妆品行业为例：化妆品零售巨头雅芳，2005 年拥有数量最多的专卖店 6 000 家，遍布全国 74% 城镇，全年销售额达到 17 亿元；2007 年，淘宝网化妆品销售额达 26 亿元。在“一个网站”与“6 000 个专卖店”的对决中，“一个网站”胜出。

由于网上购物具有购物便利性、选择丰富性、决策自主性、服务个性化、价格优势化、全天候服务等优点，网购日渐成为社会主流消费方式之一，其中女性网民为最活跃的人群，占到 61.5%。而备受女性青睐的化妆品也自然成为网上热卖产品，2009 年上半年，化妆品及珠宝的购买数量占全部销售数量的第二位。随着社会消费主体的年轻化，年轻人的主流消费模式网络购物必将成为化妆品一个主要的新兴渠道，化妆品网购将会成为绝对主流。

（五）传统经销渠道面临严重的冲击

“网购”这个新兴的渠道正在逐步向传统消费渠道发起挑战。而制造商的介入又如同在经销商的伤口上撒了把盐。传统经销商严重受挫，未来的日子不好过。

近年来，化妆品制造业发展迅速，一些企业有了剩余资金，同时，由于前几年通过邀约终端服务企业参与经销商大会的方式，基本掌握了美容服务加盟店的网络及运营管理，本身的销售基础基本具备。他们通过大额提高销售业绩的方式，迫使经销商主动放弃或以未完成合同销售任务为由，取消地方代理权，进而建立自己的分公司。制造商拿走了经销商苦苦经营数年的网络，吞食了从经销商至终端店的利润，传统经销商严重受挫。

（六）美容产业升级利好消费者

国民经济的快速发展，消费者消费理性的增强和消费知识的积累，行业竞争的白热化，无不对美发美容企业提出新的挑战，企业全面升级迫在眉睫。

目前，国家为全面适应市场经济发展，适应经济结构调整、加快技能型人才的培养，大力推进职业教育改革与发展，提出了职业教育坚持以就业为导向，走产教结合、校企合作的路子，这一方针适应了美发美容企业升级的需求。现在，企业与教育的通路正在打开，为企业的人才升级奠定了基础。

另外，由于传统经销渠道受挫，使经销商的日子越来越不好过，他们开始重新审视“终端为王”的深刻含义，开始重视企业自身建设，重视对于下游企业的技术服务和管理服务，这对美发美容服务企业的升级来说不无益处。

而上游的化妆品制造业，也在不断为终端提供技术和管理服务。来自自身的努力，来自教育领域、生产领域、经销领域的附加服务，这些共同促进美发美容服务业的产业升级。

中国在不断发展壮大，随着中国对服务业的重视，随着中国加入世贸，化妆品关税政策的不断松动，随着全球金融危机之时，中国却逆势而上的发展态势，外国的企业将更加关注中国的美发美容行业，未来，将赋予这个行业新的内涵，我们看到的将是一个行业的质的飞跃。

三、中国美容行业发展趋势与前景预测

经过多年的发展，美容行业无论从内涵还是外延都发生了相当大的变化，美容行业积累了很多经验，企业的软硬件方面都有了很大提高，正在朝着规范化、市场化、国际化的格局迈进。但同时也存在着诸多不足，行业发展并未成熟。未来的发展该何去何从?本书结合美容行业的发展历史、现状及国际发展趋势来进行分析，认为未来的美容行业的经营管理模式与业务内容选择将呈现出以下发展趋势，如表2－8所示。

表 2-8　美容行业的发展趋势

经营管理发展趋势	连锁化经营
	电子化、互联网化
	服务专业化、个性化、高附加值
	经营规范化
	经营方向多元化
业务内容发展趋势	形象设计成潮流
	医学美容蔚然成风
	男士美容市场扩大
	心理美容受到关注
	中医美容势不可挡

（一）经营管理发展趋势

1. 美容连锁品牌快速扩张

目前，中国的美容市场仍然处于逐渐规范和成熟的发展阶段，行业弊端不断凸显，行业规范和制度还不完善，监管缺乏力度，从业人员素质参差不齐。这些因素都制约着美容行业的可持续发展，规模经营难以实现，品牌难以深入人心。怎样才能使美容行业更好地发展，让整个美容行业的市场变得更加兴旺起来，我们需要从多个方面进行考虑。对于任何一个项目来说，单靠一个企业和一个公司的努力是不够的，需要整个行业共同努力，充分发挥各自优势，让每个客人都能放心地来，开心地走，从而刺激再次消费。

连锁经营模式具有规范化、标准化的特点，具有强大的生命力与迅速扩张力，因此，在美容行业推广和实行连锁经营理念，为顾客提供优质的产品和服务，规范好行业的运作秩序，形成良好口碑的经营运作模式势在必行，连锁经营将是未来发展的主流。根据众达朴信《2014 年美容行业薪酬现状》的调查数据显示，当前美容行业连锁经营的比例达到了 90% 以上，以后这种趋势将会继续保持下去。

2. 管理模式和经营模式朝电子化和网络化发展

计算机和互联网的蓬勃发展大大改变了美容行业传统的管理模式和经营模式，让管理更加高效，让经营模式实现了前所未有的突破和创新。计算机的应用，不仅让美容会所有效地进行客户基本档案及消费信息管理、物品库存管理、商品销售情况管理、财务管理等，而且电子化管理可以实现企业大数据收集及挖掘，一方面可以帮助企业找出经营的规律和消费者需求的痛点，寻找商机；另一方面可以帮助企业找出经营管理的问题，从而规避或降低经营风险。

在网络化方面，美容企业通过和高科技互联网企业合作，有助于实现全国美容机构各连锁门店的信息互通、线上预约、在线支付、免费推广宣传及店面运营等服务，极大地方便了消费者，提高了企业经营效率。此外，互联网对美容行业的发展模式也产生了巨大的冲击，很多美容商家积极抓住互联网时代的契机，在行业内率先实现企业发展模式的转型升级，实现传统行业和互联网的完美结合，许多新兴互联网美容企业像雨后春笋般快速发展起来。有专门销售美妆产品的电子商务平台，如聚美优品、美丽说等；有在微商领域独树一帜的广州思埠集团；有提供上门美容服务的O2O平台，比如河狸家、美道家、小美到家等。

3. 经营规范化，重视管理和培训

目前，欧、美、日、韩等发达国家的美容行业发展已进入了规范、健康的轨道。经营规范，重视管理，严格要求，对从业人员的要求较高是这些国家的鲜明特点。与之相比，我国相当一部分美容企业的表现仍为小、乱、散、差，行业内并没孕育出多少家像样的经营规范的品牌企业，因此，在竞争日益激烈的今天，生存周期都不长。如何改变这种现状，与国际接轨，是我国美容行业今后亟须解决的问题。值得欣慰的是，目前国内已有不少企业先行一步，一方面聘请专业的美容管理咨询机构参与企业的经营，帮助企业建立一整套行之有效的管理机制，进而强化企业自身的管理能力；另一方面加强对员工的培养与培训，提高企业自身的素质，这种举措将是今后我国美容行业发展过程中的一个工作重点。

4. 服务朝专业化、个性化、高附加值方向发展

一些规模较小的店将朝着专业化、个性化经营的道路发展。过去，绝大多数的店是综合经营性的店面，大约占90%，现在综合经营店减少到80%，这组数据说明了专业店有不断增加的趋势。美容专业店的流行使美容专业的服务得到了更好的细化，比如专业美容、专业美发或专业美甲等。每个专业的技术和服务特点是不一样的，专业细化更容易做出自己的特色。温馨的布置、人性化的服务融入企业文化建设，这将是小规模专业店赢得市场、赢得顾客的法宝。另外，现在顾客不但对美容美发师的技术服务和水准有一定要求，并且还希望经常能够得到许多有关消费的资讯，如新潮的服饰、流行的妆容、热卖的化妆品、时尚的休闲方式等，都是顾客感兴趣的话题，越来越多进入美容、美发店铺消费的人都希望享受到这种高附加值的服务，这也是未来美容行业发展的一个趋向。

5. 经营方向多元化

未来美容行业的经营方向不该只局限于某个特定的范围，应朝着多元化的方向发展，让顾客在店里就能满足各种需求，方便又省时，符合现代人高效、快捷的消费需求。将商务、休闲、形象设计等融入美容行业是大企业发展的一个新特点。可以在美容美发后接受专门的形象设计，把自己打扮得更加亮丽多彩。这种一应俱全、多元化的美容美发店，以全方位的经营服务策略必定能在竞争激烈的市场中脱颖而出。

（二）业务内容发展趋势

1. 形象色彩设计成热潮

个人形象咨询服务在国外已蔚然成风。在欧美及日韩，了解自己的形象规律就像了解自己的身体、性格、情商一样重要，有越来越多的社会精英，将个人形象视为重要的

课题，他们知道，为了早日实现人生目标，做好个人形象管理刻不容缓。个人形象咨询服务为顾客提供专业的形象咨询技术服务，帮助顾客找到先天的色彩组合、款式风格、形体特征及妆面定型等规律，同时教会顾客掌握实用的专业扮靓技巧，让顾客避免“买错”衣物造成的时间、金钱、精力的浪费，避免“做错”发型、“化错”妆容、“搭错”服饰、“穿错”场合而造成的尴尬与损失，提升顾客的审美品位与整体形象气质，为顾客的情感生活、职场竞争、社会交往等带来深远的影响。目前，虽然形象和色彩设计消费量并不算太高，这和费用、观念以及专业人士职业素质密切相关。不过，女人追求美不再停留在漂亮脸蛋上，更需要从发型到着装，从气质到色彩的整体美感，因此，消费者的更大需求正在形成。

2. 医学美容蔚然成风

时代不断在进步，人们对于美的追求也到了更高的层次，人们期待一种健康、安全的美容技术出现。医学美容技术在这种时代背景下应运而生，简单来说医学美容技术就是依靠医学的方法来保养人的身体及皮肤。

近年来，我国医疗美容行业得到了极大的发展，医疗美容已经被人们熟知并接受，医疗美容行业在近几年迎来了重大的发展突破，数据显示，医疗美容行业的年发展速度呈40%的增长态势，医疗美容行业的从业人员已经接近3 000万人，2015年，中国医疗及整形美容服务的营业总收入达到622亿元，整容手术每年以超过20%的速度增长。也出现了很多问题，这其中的主要原因是医疗美容机构不够规范，医疗设备和从业人员良莠不齐。随着市场竞争的加剧，国家开始对医疗美容市场进行整顿规范，这都将加速医疗美容行业的洗牌，医疗美容从业人员必将迎来一次“大换血”，市场和行业都急需真正的技术型人才。从国际美容行业的发展趋势来看，美容师的美容技术与医生的治疗方法相结合的医学美容的推广与实施，能够更有效地解决许多长期困扰顾客的影响美观的难题，医学美容在今后必将得到更深入、更广泛、更规范的发展。

3. 男士美容市场继续扩大

近年来随着人民生活水平的提高，现在养生理念无处不在，男士的观念也在不断发生着变化。随着商务交往的发展，越来越多的男士认识到外表形象的重要性，而在此之前只注重衣服包装的男士们，开始求助化妆品或者美容护理来提升自身的品位及改变自身的形象。让自己由内而外、由身体到心灵的双重舒适感受，这也是展现男士生活品质追求的新时尚。现在美容养生馆也有了男士的身影，特别是赢得成功男士的青睐。而针对男士设立的特色服务项目，如排毒SPA系列、筋络保健、远红外低温排毒、肾部保养等，更是为男士引入了风行欧美的前卫健康文化。一项调查显示，在国外，男士美容已经不是新兴行业了。在美国，平均每4个进美容院的人中就有一个是男子。日本的男士特别是年轻人，已不再只是随便找家理发店刮胡子或理发，而是选择适合自己的美容院和美容师，以便给人留下一个整洁得体的好印象。而在国内北京、上海、广州三地被调查的男性中，对男士进行美容保健持支持态度的北京最高，占60%～70%；上海占50%～60%；广州占40%～50%。男士的这种消费倾向，立即引起了一些有眼光的商家的注意。于是，国内许多大中城市的美容、美发店开始为男士提供专业的美容服务。在广州、上海、北京、成都等白领聚集较多的城市，男士美容院以及许多为男士服务的美容休闲中心从仪器设备等硬件设施到产品、环境等软件包装，其价位档次都普遍高于女性美容院，而且经营情况非常稳定。SOQI亚健康调理中心负责人分析，现在男士需要美容并不是简单地局限在面部修饰，而是侧重在皮肤保养、排毒等保健调理方面，希望通过调理减轻工作压力带来的紧张心情，延缓衰老。

英敏特最近发布的研究报告称，中国男士面部护理市场将在5年内实现成倍增长。到2019年，市场总值将增至154亿元人民币。相比中国女性面部护理市场2009—2014年间11.7%的年复合增长率，男性面部护理在同期的数字则达到20.1%。业内人士分析认为，由于男士美容意识的提高，越来越多的男士加入美容消费中，目前除了北京、上海、广州、深圳等一线城市的部分男士商务会所设置有一些男士养生保健的美容项目外，其他城市专门从事男子美容保健的养生馆比较少，凸显出供求矛盾。对于商家而言，男士美容市场就像一个待开发的“金矿”，蕴藏着无限商机。商家应该从男士消费心理及消费特点入手，积极开发针对性产品，完善配套服务，满足男士对时尚美容的需求。

知识链接

男性美容意识提高，蕴藏无限商机

谁说美容只是女性的专利。随着人民生活品质的提高和消费观念的改变，越来越多的人愿意花钱“扮靓”和养生。如今，有男士美容养生馆为保健美容行业注入了新血液，“美容”不再是“女性专属”的享受，男性也可以“明目张胆”地享受美容养生服务（见图2-6）。

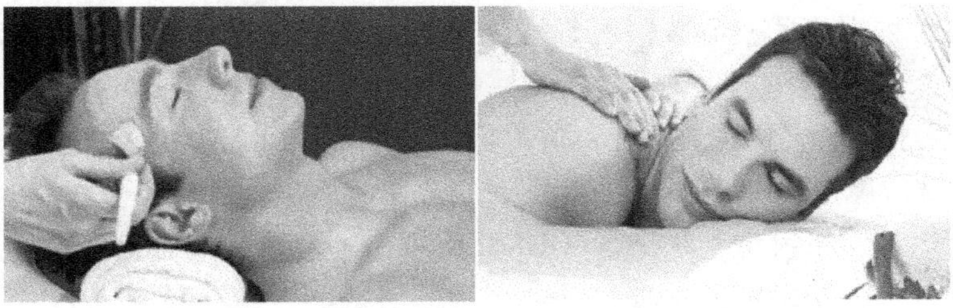

图2-6　男士美容养生图

（图片来源：http：//meirong.3158.cn/20160918/n59283103793017.html.）

抓住男人美容意识提高的商机

2012年，一项在北京、上海和广州三地展开的调查显示：58%的被调查者支持男士美容，其中20~29岁的年轻人中，认为男士应该美容的占到61%。在实际的消费行为中，一部分男性，特别是20世纪七八十年代出生的年轻人，他们越来越注意个人卫生和个人形象。由于男士美容意识的提高，越来越多的男性加入美容与保健消费中来。对于商家而言，男性美容市场就像一个有待开发的“金矿”，蕴藏着无限商机。“如果有一个健康项目，不用吃药就可以让人们增加睡眠的时间，这一定是具有广阔的市场空间的。”LOOKSEE（鹭珂鸶）名士会男士养生馆（下称“LOOKSEE 男士养生馆”）创始人李志广对自己人生的第二事业充满信心。

首次试水半年已收回成本

开一家稍为上档次的美容会所或者保健养生馆，低者成本几十万元，高者成本可达数百万元。李志广说，他们的养生馆于2011年开始营业，仅半年就收回成本。生意好的时候，当周就已约满下周的服务了，熟客的回头率据说达到82.3%，有些客户表示来养生馆之后，好像“上瘾”了一样，每天睡眠可以增加1~2个小时。

全球性调研公司英敏特的市场调查员经过研究发现，男性美容产品2012年的销售额为5 800万英镑，增幅为3.6%。据宇博智业市场研究中心了解到，LOOKSEE 男士养生馆目前总共有四个加盟店，主要分布在广州、深圳和佛山，每天还有不少电话咨询加盟的，目前也正在四川筹备新的加盟店。

李志广表示，凭借自身的特色可以更好地取得市场的主动权，而专业化、有特色、面向特定群体的休闲养生馆，未来也将让更多的人受惠。

李志广向记者透露，目前 LOOKSEE 男士养生馆发展态势良好，基本上天天都客满，下一步将计划面向全国招商加盟。

“实际上加盟商所需做的工作并不多，因为开业的产品、仪器以及系统的培训我们都准备好了，连财务报表和店面管理的各种表格我们都有统一的模板了，他们只需准备场地、资金，以及招人就行了，我希望以后能有更多人参与到这项健康事业里面来。”李志广表示。

美容养生被称为第五大消费热点

从一位媒体人到“中国男士内衣掌门人”，李志广用16年的时间创造出一个倡导时尚、健康新生活方式的民族品牌，而男士健体美容养生馆的出现也正是扩展延伸着品牌健康阳光的理念。

“我相信男士养生馆对我们已有品牌的再扩张延伸和补充有挺大的帮助，可以让品牌更加健康、阳光，对会员来说多了一些更好的增值服务。”李志广介绍，和传统的健身俱乐部、SPA 等运动、休闲场所相比，LOOKSEE 男士养生馆最大的特点在于全程导入中医点穴健体、美容的医学理念，不仅仅是一个放松神经、舒缓疲劳的场所，更是了解传统中医养生理念，改善亚健康状态的好去处。

根据美国权威财经类杂志《财富》对中国消费市场调查的结论：中国健康产业在未来5年内将扩大10倍，美容养生是继房地产、汽车、电子、旅游之后的第五大消费热点。中国品牌营销学会秘书长李易洲也对记者表示：“将中医养生添加到男士美容中，是绝对正确的，因为美来自健康的身体，无论皮肤、身材的美都靠内在健康的体质支撑。”

（资料来源：http：//www.52hellobody.com/wap/news/show/28.html.）

4. 中医养生美容势不可挡

随着人们养生观念的深入和人们对绿色美容的追求，中医美容越来越受到广大消费者的信赖和认可。中医养生保健美容历史悠久，实践丰富，可追溯到2 000年前，中医美容的各种方法，被无数人反复运用、筛选，日臻完善，其精华将为现代中医养生美容及世界美容提供行之有效的天然药物及自然方法。与西医美容方法相比，中医美容则完全选用纯天然的药物，具有使用安全、无明显毒副作用、纯天然绿色的特点，并且中医美容手段多种多样、安全可靠，大致可分为中药、食膳、针灸、艾灸、推拿按摩、气功六大类，此外还有心理、养生等方法。伴随着中医美容养生的稳定效果，中医美容养生将越来越受到更多爱美人士的认可，综观美容行业多年的发展，中医养生美容发展势头势不可挡，并将逐渐引领美容行业的潮流，而且我国的中医美容已逐步与世界接轨，中医养生美容新时代的到来，将成为全球美容的焦点。

5. 心理美容日益受到关注

在物质条件日益丰富的今天，美成为人们生活中的必然需求，但是光有物质还是不够的，人们还要追求更高层次的心理需求，这样美才能与时俱进，如果说生物医学美容改变的是人的形态，那心理美容改变的就是人的心态。人的心态是以语言、情绪、行为和个性特征等综合信息表达出来的气质特征，心理美容是一种气质、风度的美容。心理美容就是将心理学的理论知识融于美容服务之中，塑造出医学美容无法达到的气质美和风度美。现今激烈的社会竞争，让紧张工作的人们在生理和心理上承受着或多或少的压力和负面影响，这些往往又会影响到一个人的精神状态，即一个人呈现在众人面前的气质或者美感。因此，这些城市高压人群需要的美容服务不仅是身体上的，还有心理上的，而心理美容的目的就是通过疏导与暗示，使处于紧张工作状态下的都市人得到很好的压力释放，使人心情愉快、精神饱满、心态平和，促进血液循环，激活面部和全身肌肤细胞的代谢，使面容富有光泽和弹性，青春就能得到最大限度的延续。而目前这种能提供有效心理干预的美容机构比较少。一方面是美容机构经营意识的问题，另一方面是从业人员的素质问题。如果美容会所将来能在这两方面尤其是心理美容方面有所突破的话，给予顾客提供心理支持，帮助顾客调整心态，让其保持正能量心态，这将会进一步提升美容行业的技术含量和社会认可度。

任务小结

任务3结构如图2－7所示。

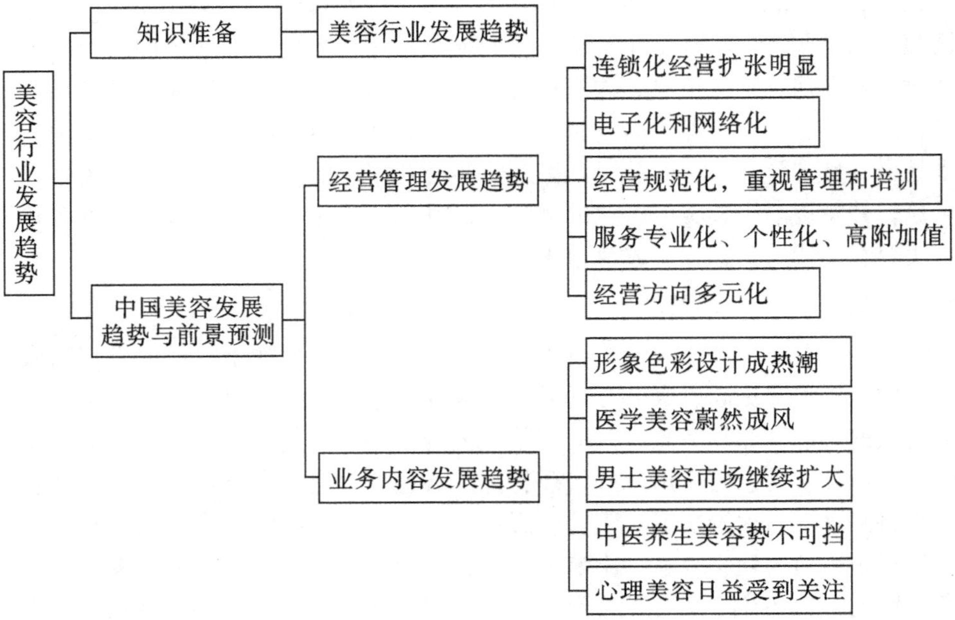

图2－7　任务3结构图

拓展训练

美容机构连锁发展

训练目的：了解美容中医养生机构的未来发展趋势。

训练步骤：

（1）从网络渠道进行关键词搜索"中医养生"，进行各因素对比，选择当地学校附近一家知名度高、实力强、连锁门店较多的中医美容养生连锁机构。

（2）在选定的中医美容养生连锁机构中进行养生项目体验，同时跟门店工作人员和店长进行访谈调查，了解中医美容养生机构当前的发展现状和未来发展趋势。

（3）总结美容院店长的相关访谈信息，并结合上网收集的中医美容养生机构的发展特点、经营模式及发展趋势等信息，撰写一篇关于中医美容养生机构发展现状及趋势的调查报告。

训练方法：以小组为单位进行调研，合理进行分工。

训练成果：小组提交调研报告，以PPT和微视频的方式进行汇报，教师和小组进行点评和归纳。

拓展阅读

美业O2O如何用移动互联网撬动线下美容行业

O2O，是近年来移动互联网最火热的词汇，也是投资界热烈追捧的方向！从洗衣到洗车，从餐饮到旅游，从社区到影院，O2O似乎已经渗透到了人们生活的方方面面。资金更是疯狂，业界几乎每过几天就能看到某某O2O融资上千万美金的消息。所谓美业，简单来说就是美容、美发、美甲、养生等行业。

美业O2O也在这一轮热潮的后半段开始浮现。目前中国线下美业专业店的市场容量，已经达到上万亿元的规模。作为前阶段风头最劲的美甲，其市场规模不过800亿~1 000亿元，仅占美业市场不到十分之一，却已有多家O2O公司多次获取了数亿的融资。但作为美业O2O最主体的线下专业店，如美容美发、SPA、美体减肥、祛痘祛斑、健康养生等主要市场，像是埋在地下的金矿，正待被发掘出来。

其实O2O也并非完全像表面那样风光，叮咚社区、饿了么先后蒙受了资金断裂的阴影，意味着O2O与以前的互联网或多或少有些区别，不是说用钱砸出用户就一切都搞定了！归根到底，O2O是个线上线下并重的市场，用户属性、业务行为模式，与单一线上是完全不同的，不深入行业垂直领域，没有线下实打实的推进，妄图一夜间出现一个O2O的巨头是不可能的！即使像饿了么、土巴兔这样看似在O2O风生水起的公司，他们早几年的辛苦耕耘，有谁看到？只是后来遇到了O2O的热潮，看上去仿佛一夜间就起来了。

那么，美业O2O现在关注的人非常多，市场的容量也非常大，到底应该如何来做，才能真正地利用移动互联网来撬动整个行业呢？这需要深入这个行业来做具体分析。

一、O2O，特别是美业O2O，决不仅仅是去中介“懒人经济”

O2O之所以这么热，是受到前期互联网电商的影响，因为电商充分利用了互联网的优势，也即一个人能做全国甚至全世界的生意。由于电商产品的交付可以用物流实现，所以中间商（如商场）就被彻底颠覆了，而逛商场就成了在家逛网站（懒人）。

到了O2O的崛起，有相当的创业者也看到了这一点，也取得了一定程度的成功，比如上门美甲、上门洗衣等。但这种模式只是O2O中的一种，由于这种模式的线下行业切入不是太深，所以能在较短的时间出现规模效应，引爆了一个去中介O2O的高潮。然而，很多创业者在诸如美容、汽车保养等领域也做起了去中介上门的O2O，这个就只能说对线下行业的认识完全不到位了。

美甲只是美业线下专业店的一个量级非常轻的一项服务，也是客单价偏低的项目。美甲用户对服务的环境体验要求不是太重，的确有一部分能以上门的形式实现。但作为线下美容店最主要的客户消费内容，其目标客户一部分看重的是服务质量、客户体验，消费环境、舒适性、享受性，另一部分顾客看重的是效果、疗程（依赖仪器设备、护理要周期化），这些都不可能去掉店铺这样的服务中介，否则这些服务也就不存在了。

所以做线下美业O2O，必须要考虑的是如何将线下美容店服务好，为线下美容店带来移动互联网O2O的好处，让线下美容店因O2O受益，让整个行业发展得更好！而绝非是去掉美业线下的店铺！做线下美业O2O一定要从平台方面想办法。

二、强LBS属性的O2O，特别是美业O2O，核心绝不是导流量、拉新

团购算是O2O的一种早期模式，走的就是量大低价策略，为店铺导流量、拉新，此模式有其市场空间（但显然不足以支撑千团大战），却引发了不少看O2O的定向思维，那就是要低价、要拉新、导流量。

尝试过团购的美容院美发店老板估计都很有体会，团购对线下美容店来说，无异于饮鸩止渴。甚至对于一些餐馆来说，团购更多也是作为新店打宣传、淡季拉人气的手段，真正的店面业绩靠团购用户是没戏的！

所谓强LBS属性的店，就是指服务半径有限（通常是周边几公里范围内）、接待规模也很有限（比如美容院一般只有几张床）的线下实体店。这样的店面，短期为其带来大量低价的顾客，显然是消化不了的！就美容院来说，目标顾客都是预储值消费的，而这些低价的顾客根本不可能被转化，同时还将未来很长一段时间的店面资源全部占尽，导致老顾客服务无法满足！这样的拉新，对美容院来说，有百害而无一利！

美容院拓客的最核心到底在哪？那就是服务好老顾客，让老顾客持续消费。有经验的美容院老板都清楚，一家店面，有几个忠实的老顾客，这家店就生存无忧了！如果口碑好，老顾客能偶尔介绍一两个朋友到店，那这家店生意就好得很了！

综上可知，线下美业O2O要做的，应该是帮助店铺提高店面管理层次，分析挖掘顾客的消费潜力，提升顾客的消费满意度；利用移动互联网完善店面对顾客的客服关怀，让顾客能利用手机感知到店铺对其无微不至的关注；只有这样才能让顾客在店持续消费甚至带新客。同时如果能有效地将店铺这些好的服务加上顾客的点评，分享到店铺周边的有效线上目标用户手中，就非常完美了。这样带来的客户不多，但效果却会远远好于导流拉新来的无效低价用户。

三、美业O2O，对顾客来说，绝不是低价这么简单

前面已述，美业O2O如果靠拉新，那么拉来的肯定不是目标顾客。因为对于美业的目标顾客而言，价格有优惠固然好（比如顾客都是开卡消费，就是因为开卡实惠），但绝对不是第一位的。为什么一个顾客会忠诚地在一家美容院持续消费，很显然不是价格，而是服务质量，服务效果，是信任感！

目前整个线下美业是极度混乱、良莠不齐的，极度缺乏行业诚信。频频见诸报端电视的开卡跑路、不能退卡、虚假宣传等，严重地影响了整个行业的诚信度。直接结果就是美容院要说服顾客开卡的难度越来越大，而转手、倒闭的店铺也越来越多！

顾客在整个美业消费过程中是处在极度信息不对等的位置，不要说相关的专业知识不了解，就连最基本的透明消费都没法享受到！顾客开卡后，护理做了几次，还剩几次，卡里还有多少钱都是在店家的本子上记着的，顾客根本不清楚。

对顾客来说，美业O2O需要做到：让顾客对店铺产生信任感，顾客的消费能够透明随时查询，顾客能通过打分点评将服务的满意度反馈给商家！同时，美业的顾客大多是爱美女性，如何让这些爱美女性能够分享自己变美历程，秀出自己的美，获取美丽专业知识，与爱美同好交流，则是线上要做的重中之重！

如果你是一家线下美容店的店主，那么你一定要了解一下“美丽加”，因为它带给

你的是梦寐以求的服务，将帮助你的店铺一步实现O2O化，是未来开店必备的东西。“美丽加”做的是平台，不会向店家和顾客收取任何费用！

（1）“美丽加”为店家量身定做了一套全免费的店铺云管理系统，来提高店面管理效率，提升顾客消费体验。该系统涵盖顾客管理、员工管理、营业管理、卡项和护理、财务管理等店面所有功能，能让店长一手掌握店铺的方方面面。此系统是通过浏览器一键申请开通，不需要安装任何软件. 更重要的是，“美丽加”承诺这套系统是永久免费的。

（2）“美丽加”真正为店铺打通了线上到线下（O2O）。顾客通过美丽加App便能实现店铺服务预约、打分点评，还能随时查询自己的消费记录。同时，店长能通过App随时了解店面运营情况，哪怕你不在店里。

（3）“美丽加”App上的美丽圈将是店长分享专业知识、顾客分享美丽经验的热门社区。在这里，店长通过分享专业知识建立自己的粉丝群（当这个粉丝碰巧是你周边用户时，便有可能转化为真实顾客）。同时，顾客可以将在你店消费后变美的信息分享到美丽圈，这样如果周边的用户看到这样的信息，将会是非常好的宣传！“美丽加”App上线不到1个月，社区内便涌入了超过10万的爱美女性。

（4）“美丽加”上的美丽秘诀有大量用户阅读，而她们在阅读这些分类的知识时（比如减肥秘诀），能同时看到周边店铺同类别的有担保（“美丽加”提供三大店铺服务担保，打造美丽诚信平台）、有点评的服务项目，这样就能达到吸引有效顾客的目的。顾客来就是冲着你家店的服务效果来的，而不是低价用户。当然，要吸引顾客的前提是店家能用好“美丽加”管理系统，提高顾客对你家店的好评率。

（资料来源：http：//news. 138job. com/info/215/95521. shtml.）

项目 3

美容行业业态模式

学习目标

知识

- 了解美容行业的业态模式
- 了解美容日化线与专业线区别
- 了解美容行业专业线项目及其分类

技能

- 掌握美容行业日化线模式，加强专业知识能力应用
- 掌握美容行业专业线特点，加强专业知识能力应用

案例导入

美容专业毕业的小黄想自己创业，找到了导师朱老师咨询美容创业的相关信息，经过与导师的沟通，发现自己只是听过一些广告比较出名的化妆品品牌，而对于美容行业其他的化妆品品牌却分不清来源，导师建议如果要准备在美容行业创业，要先清晰知道美容行业的业态发展模式。于是，小黄就按照导师的指导建议，对美容行业业态发展情况进行了初步的调查了解。

思考延伸

1. 请思考小黄的困惑为什么会产生。
2. 美容行业业态发展模式有哪些？

任务1　美容行业的业态模式与区别

一、任务布置

1．任务主题

美容产品销售渠道调查。

2．任务步骤

（1）调查生活社区周边的美容产品都是通过什么方式、方法进行销售的。

（2）以小组为单位，将收集的信息进行归类整理，并撰写调查报告和汇报PPT。

（3）以小组为单位汇报调查结果，教师和其他小组进行提问，小组成员回答。

（4）教师和其他小组成员针对每组的汇报进行点评和打分，教师评价占50%，小组互评占50%。

二、知识准备

业态是指在商业活动中，营业的形态和效能，是商品销售商向确定的顾客群提供确定的商品销售和服务的具体形态，就是指商品、服务卖给谁、卖什么和如何卖的具体经营形式。随着国内经济高速发展及消费者习惯，我国的美容行业发展形态具有多元化。

美容行业根据消费者购买美容产品、服务的渠道及其销售渠道的差异，中国美容化妆品市场在行业内可分为日化线和专业线两种业态。日化线就是在超市、商场可以买到的美容化妆产品，如雅芳、大宝等；而专业线则主要通过美容院这个渠道进入市场，通过美容专业人员，对皮肤进行准确分析后使用的具有针对性较强的养护改善作用的美容化妆产品。因日化线和专业线美妆产品整体的业态不同，因此其市场消费价格也有差异。

三、日化线

（一）日化线概述

日化，是日用化学的简称。由于中国化妆品市场细分、规范及销售渠道的差别，“日化线”称谓多见于中国化妆品市场。日化线是指在超市、商场、精品店的柜台上及批发市场，大流通渠道中售卖的，以日常护肤为目的的一类美妆产品。日化线的产品覆盖面广，主要靠广告推动（电视、平媒、杂志、报纸），从业人员主要以销售为主。日化类产品功效大同小异，同质化倾向明显，所以消费者的选择主要通过厂家巧妙的营销策略拉动、刺激消费者的购买，日化线品牌的价格战十分普遍，因品牌的综合定位不同，价格也具有层次化。

（二）美容行业日化线常见业态模式分类

1．日化店

在生活小区、商业街市的临街零售美容用品、化妆品及生活用品的店铺，通常为个体工商户注册。产品从代理商处采购，售卖的产品种类较多。较为低端的美容品牌，普遍使用该业态模式。

2．品牌专柜

在商场专区以岛柜形式，展示销售品牌产品。通常是品牌代理商直接与商场建立销售关系。较为高端的美容品牌，普遍使用该业态模式。

3．日化连锁

在商场中，搭建自己的经营场所，拥有自己的管理销售模式，为其他产品提供品牌货架，统一管理。较为中端的美容品牌，普遍使用该业态模式。

4．电商平台

随着科技信息的发展，人们美容消费习惯也在发生变化，日化线产品也从实体店铺、柜台，走上电子科技平台。这种美容产品的销售模式扩大了品牌区域营销的弊端，减少了消费者选购时间花费，在节省了店铺运营成本的前提下，也给消费者一些优惠与实惠，可谓是一种双赢的模式。

日化线作为美容化妆品基础的模式，改变了国人对美的认知，随着我国居民收入的快速增加，美容化妆品日化线带动了国家经济增长。

知识链接

根据艾瑞《2015 年中国网络购物市场分析报告》统计，2015 年中国网络购物市场交易规模为 38 000 亿元，化妆品占据 3.2% 份额，大约为 1 200 亿元。2015 年中国化妆品市场销售额为 3 156.29 亿元，2020 年时中国化妆品市场规模将达到 4 950.05 亿元，2012 年到 2015 年年复合增长率为 7.7%，最高年份达 10% 以上。根据国家统计局数据，2015 年，我国城镇居民人均可支配收入为 31 195 元，人均化妆品支出仅为 229.6 元，人均化妆品占可支配收入比例相对较低，相比化妆品市场非常成熟的美国和日本，我国的人均化妆品消费额未来亦存在较大的提升空间。

伯恩斯坦研究公司预计，未来 3 年，中国将贡献该行业全球增长的 1/5，从而在这个总规模达 1 800 亿美元的市场上占据更大的份额。权威数据显示，截至 2014 年年底，微商护肤品市场容量将破 100 亿元，占比化妆品市场总量的 6%，同时，年增长率达到惊人的 500%！微商护肤品渠道已成为百货、KA、CS、直销、电商之外的全新销售渠道。更多日化线美容化妆品电子商务的发展情况，欢迎关注联商网 App，扫描上面的二维码下载即可。

四、专业线

（一）专业线概述

1. 概念

专业线是相对于美容行业中的日化线而言，主要通过专业的美容院销售的产品，以产品和服务为核心，对皮肤护理针对性比较强，一般很少打普及性的广告，产品在市场上比较少见。

产品主要经过厂家（生产、研发）、代理商（厂家的合作伙伴，共同推广品牌产品）、美容院（利用品牌产品、项目服务终端客户），是产、销、服三方目标一致，达成市场营销目的。此种模式，要求从业人员对产品和服务必须经过专业培训；产品较突出护肤的效果，分为院装（美容院项目中，需要在美容师的专业操作下使用的美容产品）和客装（美容院卖给客户，在美容师指导下，客户自己带回家使用的美容产品）。

2. 作用

专业线产品主要集中在美容院销售，从业人员在服务中使用为主，同时可向顾客推荐及试用后产生销售。在国家产业转型的就业市场中，美容专业线提供了大量的就业机会。截至2015年年末，全国美容企业单店达180多万家，从业人员超过1 600万人，其中女性占绝大多数，比例为78%，平均从业人员的年龄为26岁，营业额达到10 000亿元，美容业在提升人民生活品质、扩大服务消费以及吸纳社会就业等方面发挥着重要作用。

3. 特点

专业线产品相比日化线产品，针对性强、要求十分严格是其主要特点，不靠广告推动，主要以口碑营销和过硬的技术、产品有效的功能作用赢得消费者的青睐，价格相对日化线较高，消费群体占比率较日化线低，但消费力较强，美容护理意识高。

4. 专业线业态模式发展历程

目前，我国美容院主要的业态模式有商业中心的商场型、超市型、社区商业配套型、专注于高级酒店美容SPA的酒店型，美容会所（店、院）逐步成为多元化的美容院形态。我们看到的美容会所（店、院）不管从规模还是经营都在不断地发展，在这个背后，是经历了从无序到有序，几代美业人共同的努力结果。起初，我国美容院的模式是依托在美发店的，是为了招揽客人，在美发店开设美容服务，也是以简单的洗脸为主，产品单一不成体系；2000年后，陆续出现了专业的独立的美容服务场所，主要以面部护理为主，项目从基础的简单的洗脸到根据顾客需求的改善性护理，后期随着美容店院开设增多，客户有更多的消费选择时，更将护理延伸至眼部、唇部、颈部等部位，同时也有一些较为高端的仪器配合项目使用，以增加顾客的客单量。

不论是日化线还是专业线，国家鼓励全民创业，美容行业带动了创业及再就业发展，随着微信的普遍应用，“微商”新的职业群体中，大都首选美容产品和相关服务。美容创业解决了大学生就业问题及失业人员、家庭妇女再就业问题。

（二）美容专业线常见业态模式分类

1. 生产研发型企业

主要服务于品牌销售企业，有专业的产品研发人员、生产线及技术人员，为品牌企业进行贴牌、代工或产品理念设计等全套服务的一种业态模式。主要形式包括：

OEM：原始生产商，狭义认知的贴牌生产：即护肤品品牌不直接生产其品牌产品，而是委托具有化妆品生产资质的企业，帮其生产品牌产品，是现代美容化妆品行业最为常见的一种生产方式。

ODM：原始设计制造商，不仅包含了基础的 OEM 贴牌代工，还把服务延伸到产品研发、设计制造甚至产品后期维护，客户只要把产品的功能、性能或产品构思向 ODM 服务商做出阐述，ODM 服务商即可生产出产品。

OBM：原始品牌制造商，具有创立自有产品品牌的生产、经营销售的服务商。

在当今人们的生活中，美容消费逐年增长，美容产品终端消费竞争激烈，一个好的品牌不能光靠广告等营销手段来提升品牌知名度，更要寻找具备化妆品研发与生产能力的生产企业，才能保证美容产品的品质，让消费者使用放心、安心，对于品牌企业才是企业永续发展的王道。

2. 销售管理型企业

（1）品牌型企业。

品牌型企业主要是指通过一些营销模式，通过专业的美容导师、业务人员在全国不同的区域，与认同品牌理念的代理商合作，共同开发区域市场，达成共赢互利的一种业态模式。

（2）管理型企业。

管理型企业主要是指通过系统、完善的管理体系服务品牌企业或美容院，帮助客户解决经营、管理方面问题的一种业态模式。常见的有美容院托管机构、品牌模式营销机构。

3. 服务培训型企业

（1）服务型企业。

服务型企业主要是通过加盟或代理某个品牌，通过美容院、养生馆、SPA 水疗中心等平台，服务终端客户提供专业美容、保健、养生、化妆等项目服务的一种业态模式。常见的有美容院、养生馆、保健中心、芳香 SPA 会所、形象设计中心等。

（2）培训型企业。

培训型企业主要是通过美容相关的职业能力，为行业工作人员及有意向进入美容行业的人员，通过符合国家职业技能鉴定要求的相关职业课程开展专业培训的一种业态模式。常见的有美容相关培训考证机构、品牌旗下的培训部门、美容化妆培训学校等。

五、日化线和专业线的区别

根据销售渠道的差异这一市场细分变量，中国美容化妆品市场在行业内可以划分为日化线和专业线，日化线就是在超市、商场可以买到的东西，所以只要打电视广告的，基本都是日化线化妆品，如雅芳、大宝等；而专业线则主要通过美容院这个渠道进入市场，所以专业线一般很少打普及性的广告。但对皮肤护理针对性比较强，为专业人士所熟知，所以专业线产品价格也比日化线高。专业线与日化线产品主要区别详见表3-1。

表3-1　专业线与日化线的区别

项目	专业线产品	日化线产品	备注
销售地点	专业的美容会所、美容院	商场、超市、专柜、专卖店	现在竞争激烈，开始出现整合趋势，相互渗透
推广方式	不靠广告推动，美容院人士的推荐、顾客体验、会议销售	广告推动，口碑宣传	单品宣传费用比较大
产品功效	针对皮肤、体质，强调功效，使用前均有较明显的效果、变化；功能划分细致	注重保养和简单基础护理为主，功效针对性不强，功能划分不够精细，适合大众消费者使用	产品功能的细分，对于从业者技能要求更高，专业线人员是经过专业培训并有相关技能证书，日化线人员美容专业知识较为薄弱，重销售轻服务
产品效果	解决皮肤、体质问题，使用效果快速，对于达到持续性良好状态，需要根据肤质、体质定期养护	见效较慢，适合长期日常保养与护理	使用美容、美体养护产品，是预防为主，减缓机体衰老过程，在经过10年、15年后，保持机体年轻状态
安全性	正规专业线产品效果取决于专业的成分配方，较为安全，除非个体有某些疾病倾向时，会出现某些自体修复表现，非过敏	国内企业较为重视产品安全性，一般情况，正规生产厂家不会添加违禁成分；欧美或日系品牌要符合我国产品配方安全	美妆产品初期的功效产品含有汞、氢醌、激素等成分，对健康有较大危害
检验方式	产品要求全送检，在不同营销策略期，产品送检程序时间长	产品要求全送检，并且质检部门会经常性地在各卖场抽检	生产企业对安全性非常重视，一般不会添加违禁成分，要到正规美容院、商场购买，不能光凭广告
价格	根据品牌定位且含有服务费用，价格偏高	根据产品生产成本定价，价位中档偏高	—

续上表

项目	专业线产品	日化线产品	备注
服务	注重服务水平，根据服务水平来制定收费标准，以消费者需求为主提供适合的美容相应服务	注重销售，服务较少，售后服务水平不高，消费者消费较有保障	相互渗透，不断改进提高
产品成分说明等	全成分标注，每单品都有单独的产品识别条形码 正规品牌产品成分均可在国家食品药品监督管理总局核实		国家在规范严管，同时消费者也要转换观念，不能一味追求低价产品

【小思考】

美容日化线或专业线的从业者，在职业技能需要上有区别吗？具体体现在哪些方面？

【小练习】

通过美容市场商圈调查，总结一下，日化线与专业线的市场推广方式分别是什么？

任务小结

任务 1 结构如图 3－1 所示。

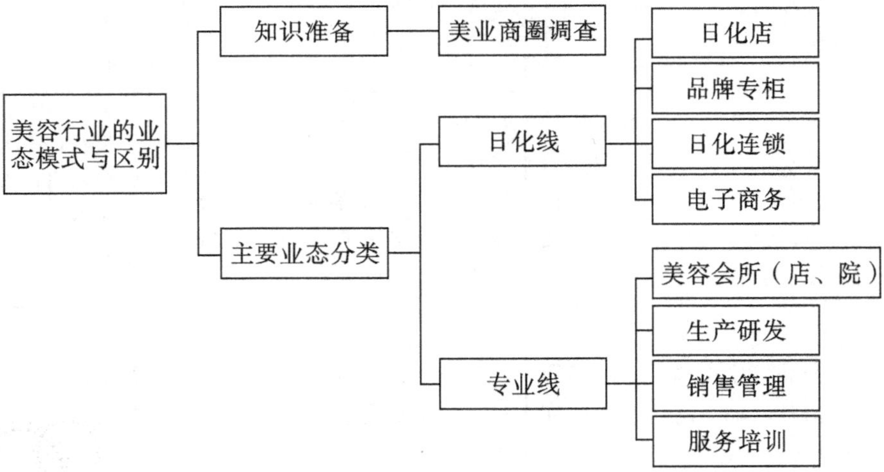

图 3－1　任务 1 结构图

拓展训练

训练项目：探讨日化精品店、美容院的产品推广模式区别。
训练目的：了解生活美容模式经营特点。
训练组织：
（1）以小组为单位进行项目分析。
（2）通过课程中相关任务知识，整理归纳日化线、专业线模式特点。
（3）总结几类模式的优劣与同业的差异化。
（4）作为一个项目管理者，你认为日化线、专业线产品推广侧重点有何不同。
（5）以 PPT 方式提交，教师进行点评和归纳。

拓展阅读

中国 SPA 美容业发展蓝皮书（节选）

美容美发行业（通称“美容业”）作为一个新兴产业，经过不断摸索，逐渐形成一个以美容、美发、化妆品、美容器械、教育培训、专业媒体、专业会展和市场营销等八大领域为主体的综合服务流通产业。早在 2008 年，中国的美容美发化妆品需求量已超过日本、韩国，跃居亚洲第一位，在世界范围内仅次于美国、法国，排名第三位，发展势头非常乐观。

落实科学发展观，改善民生，扩大内需，是以胡锦涛同志为总书记的党中央在新形势下做出的全面建设小康社会、开创和谐社会新局面的重大战略部署和明智举措。近五年来，党和政府对美容美发行业的关注较之以往明显加强，把美容美发产业的发展视作改善民生的重要环节之一。

为了落实科学发展观，促进生活服务业发展，总结美容美发行业快速发展的有效途径和宝贵经验，2010 年年初，商务部为完成关于生活服务业的课题研究任务，联合相关部门及专家组成了“美容美发专题研究子课题组”，先后到北京、上海、天津、重庆、广州、武汉、成都、西安、沈阳等地进行了实地调研。

中国美容业正处于市场发展的较快增长期，业已发展为一个初具竞争力的成长型产业。它成长为一个以美容美发服务为产业主体，集合美容研发和美容商贸，以用品辅料、专业仪器、化妆品生产等为产业支持，以饰件、色彩服务、形象设计等为产业配套，以展览业、美容报刊及新闻传播、信息咨询等为产业媒介，以美容教育为产业人才资源基础的综合产业链。近几年来美容经济一直保持着平均每年 15% 左右的增长速度。

中国美容业宏观数据、微观数据、“民生数据”均证实美容消费市场前景无限。未来的美容业发展模式，将朝着两极化发展。一方面是多元化的经营模式，某些美容院向高档大型休闲会所发展，皮肤护理、SPA 水疗、健身跳操、商务会谈、客户课程……以多元化来彰显自身优势，获得横向的发展和壮大。另一方面，未来美容业也将向着专业化的经营模式深入，会有相当部分的美容机构，与国内外的权威美容品牌机构及医学、皮肤学研究机构进行深度合作，在专业化、细分化的战略思想指导下，从某一个具体领域进行纵向的深入与强化，如专业抗衰老美容、专业美体塑形、专业眼部护理等。

美容美发行业之所以能迅速发展，关键在于把人民日益增长的需求视作行业的使命，努力把传统产业改造成为具有持久竞争力的高效产业，把有限的资源通过有效的整合实现单一经济的复合增长，把普通从业人员培养成为适应市场经济发展要求的有文化、有技能、有诚信的新型从业者。因此，美容美发行业探索出一条具有中国特色的全面发展、协调发展、可持续发展、和谐发展的"民生产业"之路，它的发展对于推动生活服务业和整体"民生经济"具有重要的理论价值和实践意义，而它在创造就业和拉动内需方面发挥了不可忽视的作用，美容产业对经济的持续发展和社会的安定繁荣具有极为重要的意义，值得政府重视和支持。

（资料来源：http://blog.sina.com.cn/s/blog_4862ee4c0100ngte.html.）

任务2　生活美容模式

一、任务布置

1. 任务主题

调查我们身边的美容实体店。

2. 任务步骤

（1）在生活区周边有哪些美容店（会所），请选择1~2家，通过访谈或进店体验等形式了解他们的经营模式、经营规模、主要经营项目类型等信息。

（2）以小组为单位，将收集的信息进行归类分析，撰写调查报告和汇报PPT。

（3）学生汇报调查结果，教师进行点评和总结。以小组为单位汇报调查结果，教师和其他小组进行提问，小组成员回答。

（4）教师和其他小组成员针对每组的汇报进行点评和打分，教师评价占50%，小组互评占50%。

二、知识准备

目前，国内专业线美容，根据从业人员的美容专业能力、技能特点及对顾客体感、美容效果等不同，还可分为生活美容和医学美容。下面将从专业线业态模式的角度对生活美容行业模式进行介绍和说明。

生活美容是指运用化妆品、保健品和非医疗器械等非医疗性手段，对人体所进行的皮肤护理、按摩等带有保养或者保健型的非侵入性的美容护理。生活美容是我们日常生活中自己能做，或到美容院可以让美容师操作的护理性工作。主要为美容养颜及身体保健。

三、生活美容

（一）美容养颜概述

美容养颜护理，是通过卸妆、洁面、去角质、熏蒸等专业美容方法进行面部护理，具有畅通毛孔、加速新陈代谢、促进营养吸收、维护皮肤健康、预防问题性皮肤产生的一种面部美容服务。常见的服务类型有以下两种。

1．基础护肤

基于皮肤性质开设的面部护理项目，如适合中性皮肤护理的保湿、补水；适合干性皮肤护理的保湿、锁水；适合油性皮肤护理的控油、补水。

2．皮肤调理

调理皮肤出现的问题，进行调理改善的面部护理项目，如适合衰老性皮肤护理的活化细胞、补充营养；痤疮性皮肤护理的消炎祛痘、淡化斑印；适合色斑性皮肤护理的补水美白、淡斑防晒；适合敏感皮肤护理的镇静舒缓、安抚修护；适合眼部护理的去黑眼圈、去眼袋、去眼皱。

现阶段，社会和行业对美容院的环境要求、硬件服务设施的要求越来越高，加大了美容院行业投资的资金门槛。同时，美容院作为一个人力劳动密集型的服务行业，还面临着很多企业连锁经营的扩张和发展，美容行业人才属于技术经验混合型工种，无论是服务还是管理，对人员的行业经验要求都比较高，从业人员文化水平整体偏低等行业特性也加剧了人才需求供给的针对性矛盾。从美容行业的整体发展来看，生活美容满足顾客多方面的需求，挖掘顾客的消费潜力的商业空间无限。

（二）身体保健概述

身体保健，是通过按摩、刮痧、艾灸、拔罐等专业保健方法进行身体各部位的保健理疗，具有促进全身气血循环、增强身体机能、提高自身免疫力、预防亚健康问题发生的一种身体护理服务。常见的服务类型有以下两种。

1．舒压护理

缓解因压力导致的身心不适症，如头部舒压护理、肩背舒压护理、情绪舒压护理、芳香排毒护理。

2. 养生保健

改善已经出现的亚健康症状，通过刮痧、拔罐、艾灸帮助身体恢复健康状态的一类康体项目，如女性生殖护理、胃肠调养、乳腺养护等。

知识链接

2003 年，“非典”过后，人们增强了对健康的意识，美容会所（店、院）也逐步涉及身体护理的项目，初期只是简单的手足、背部基础按摩护理，更有些是为辅助面部护理开卡率，作为赠送项目在经营中使用；后期，随着人们对健康意识的增强，美容院为拓宽经营项目，稳定老顾客及开发新顾客，各类养生保健产品、项目、概念如雨后春笋般在全国各大省市、地县风靡火爆。

在美容行业竞争细分与融合并行发展的行业态势下，以生活美容为平台的美容会所（店、院）开始进入细分化竞争的阶段。针对经营场所或顾客群体个性需求，美容会所（店、院）经营模式的定位在细分，重点突出养生保健服务，部分美容会所（店、院）在原有传统美容院综合服务类型的基础上细分出来，专业性差异和定位使其在占领美容市场上取得成功。一些专业美体瘦身机构、专业美胸机构、专业产后恢复美容机构、专业 SPA 芳香水疗馆、专业养生驻颜机构、中医保健养生馆等在专业细分的优势下，美容效果更为明显，让美容会所（店、院）的经营模式更加具有市场的商业价值。但在行业细化发展的同时，对养生保健从业者的要求也越来越高。

【小思考】

你认为，从事美容美体工作的职业者应具备哪些基本的职业技能？

【小练习】

查找资料，了解在我国美容行业发展历程背景下，美容机构的演变发展过程。

（三）造型设计概述

1. 发艺造型设计概述

当代中国的美发行业，从业者经过了剃头匠到美发设计师身份的改变，经营场所从走街串巷、剃头铺到美发专业沙龙，技术也从由清朝的剃头到现代的理发、发型设计，烫发演变到现代美发的变革。现代生活中，发型发式不仅是个人卫生清洁层面的生活要求，也是劳动生产、社交礼仪等方面的需求。目前，美发店（沙龙）的美发项目包括以下三种。

（1）基础美发。

基础美发是人们日常生活中对头发进行清洁、修剪的必要的护理，包括洗、剪、吹等基础的生活美发形式。

（2）美发养发。

美发养发是人们在头发健康意识和个性美需求下的一种特殊的护理，包括焗油、烫发、染色、拉直等一些养护发质、造型的美发形式。

（3）发型设计。

发型设计是在基础美发或养发护发的基础上发展起来的一门综合的美发艺术。发型设计涉及的技能广泛，需根据顾客的头型、脸型、五官、身材、年龄、职业、肤色、个性、发质等，设计优秀的发型，遮盖缺点，使人自我感觉良好，让他人耳目一新，又具有一定的审美情趣和时代性。发型设计项目包括新娘发型设计、新郎发型设计、时尚发型设计、影视明星发型设计等。

【小思考】

你认为，从事美发工作的职业者应具备哪些基本的职业技能？

【小练习】

查找资料，了解在我国美容行业发展历程背景下，美发机构的演变发展过程。

知识链接

中国美发业的发展历程与现状

我国的美发行业，最初从业者被称为“剃头匠”，走街串巷主要以剪发为主的服务模式，随着社会进步、经济发展、人们对外在美有明确的需求后，美发就进入了商业化的市场模式，其服务涵盖洗、剪、吹、染、烫等美发技艺。在我国美发行业的发展过程中，已经经历了三次转型。

20世纪80—90年代，随着改革开放浪潮，发廊经营形式应运而生，个体发廊开始出现，但都是一些非专业店，店面较小，只有几张椅子、一把剪刀、一个推子、简单的电发工具，使用的发品单一，不成品牌和系统，有种落地开花，开门即挣钱的社会效应。

1992—2005年，美发行业第一次转型，进入技术营销时期，国外美发技术体系进入中国市场，各种洗、剪、烫、染等较为先进的美发技术进入发廊，专业技术带动了美发店的品牌效应。

2005—2008年，美发行业进入第二次转型，中国经济快速增长，发廊进入扩张期，较有实力的美发店扩张店铺经营面积、完善设备设施并形成连锁经营模式，出现专业技术连锁店，这一阶段进入美发品牌扩张时期。

2008—2012 年，美发行业进入第三次转型，进入发型营销时期（以日式商业发型为主），做发型如同流水线，出现了各种发型款式，此时的美发店似乎进入“抢钱期”。但在美发行业看似火爆的背后，行业自身的发展却隐藏着很多危机，同时随着中国经济波动，美发业即将面对第四次行业调整与转型。2013—2015 年，美发业的发展进入瓶颈时期，进入品质时代，未来的美发业不仅卖美感，还要能为顾客需求量身定制合适的发型，形成真正意义上的专业美发品店，重美发效果、产品品质将是美发店塑造品牌影响的机会。

（资料来源：www. meifashalong. com）

2. 美甲造型设计概述

（1）概念。

美甲是一种对指（趾）甲进行装饰美化的工作，又称甲艺设计。美甲是根据客人的手形、甲形、肤质、服装的色彩和要求，对指（趾）甲进行消毒、清洁、护理、保养、修饰美化的过程。具有表现形式多样化的特点。

（2）发展历程。

美甲业是继美发美容之后迅速崛起的时尚产业，西方源于 20 世纪 30 年代的美国好莱坞，迄今已有 90 多年的历史。我国的美甲概念缘起于 1994 年，经过多年发展，渐渐地被一部分现代女性所接受和认可，美甲行业正式被认可并走上发展道路，应该说是从 2013 年开始。目前，美甲业正处于蓬勃的高速发展阶段。据测算，我国美甲产业的市场容量为每年 500 亿元，而目前每年的实际产值却不到 50 亿元，目前正以每年 20% 的速度快速发展，前景无限。目前，美甲店经营的美甲项目包括以下两个。

①指（趾）甲护理。

利用美甲相关工具和产品，针对指甲进行甲型修剪，手足皮肤护理，涂指甲油。

②指甲造型。

在指甲护理基础上，利用一些特殊美甲产品、饰品、绘画技巧，对指甲进行美化造型。美甲店经营的指甲造型项目类型多样，各具特色，详见表 3 - 2。

表3-2　指甲造型的项目类型及特点

项　目	特　点
指甲美饰	利用贴花纸、钻石、珠片、丝绸等饰品饰物进行指甲美化造型
指甲彩绘	用专用美甲颜料或甲油使用甲艺彩绘笔，在甲面上描绘图案的指甲美化造型
指甲喷绘	用喷绘机和专用喷绘颜料，在甲面上喷出各种渐变颜色效果的指甲美化造型
贴片甲	用指甲专用胶水，将全贴或半贴甲片贴在甲表面，达到本甲延长的效果
水晶甲	用水晶粉和水晶液，使指甲颜色晶莹剔透、粉白自然的指甲美化造型
光疗甲	利用天然树脂聚凝胶，在紫外线照灯下，与真甲紧密贴合，使指甲坚韧、光泽的指甲美化造型
甲油胶	又叫芭比甲，最新的美甲潮流象征。利用软性胶状甲油，在紫外线照灯下，与真甲紧密贴合，使指甲呈现色泽饱满的指甲美化造型

【小思考】

你认为，从事美甲职业的从业者应具备哪些基本的职业技能？

【小作业】

查找资料，了解我国美甲行业的发展历程及美甲店的演变过程。

知识链接

世界各地美甲职业的发展及产业现状

在美国，美甲师的国家培训、考核体系比较健全，所有从业者必须先获得州政府培训资格认定的美甲学校的毕业证后，方可申请各个州政府的美甲执照考试，对于美甲师从业的基础教育最低不得少于400学时，通过该项考试后，美甲师可以获得国家承认的经营执照，并可独立营业，目前，美国已有35个州使用统一的考试系统，在不同的地区开业，必须使用本州的美甲执照。

在日本，美甲师没有政府主持的国家资格考核制度，而是由美甲协会代替政府施行考核职责，美甲从业者必须经过协会认证的美甲培训学校培训，毕业后再参加由美甲协会主持的鉴定考试，通过后方可从事美甲工作。在日本，美甲考试分春、秋季两次进行，每次参考人数超过千人，从而形成了具有行业凝聚力的职业规范，对专业美甲师的职业规划有较为明确的准入制度。

在韩国，美甲考核体系全部参照美国体系，由美甲协会主持考核，每年两次，每次人数过千人。美甲协会承担了规范行业的重要责任，美甲项目形成了具有发展前景和潜力的服务行业。

在我国，美甲职业与教育处在初级发展阶段，美甲从业人员接受专业的美甲教育较少，美甲服务操作不规范。从业人员却每年以近10%的速度递增，年龄在20～50岁之间，80%为下岗待业人员，文化程度不高，60%以上为初中文化，20%为初中以下文化，仅5%左右为大专以上。接受的培训主要来自一些美容学校开设的美甲培训或美甲产品公司培训。

（资料来源：http：//wenku. baidu. com/view/9411f00b763231126edb11e6. html.）

3. 化妆造型设计概述

化妆是运用化妆品和工具，采取合乎规则的步骤和技巧，对人体的面部、五官及其他部位进行渲染、描画、整理，增强立体印象，调整形色，掩饰缺陷，表现神采，从而达到美化视觉感受的目的。化妆能表现出人物独有自然美；能改善人物原有的“形”“色”“质”，增添美感和魅力；能作为一种艺术形式，呈现一场视觉盛宴，表达一种感受。

化妆是一种历史悠久的女性美容技术。古代人们在面部和身上涂上各种颜色和油彩，表示神的化身，以此驱魔逐邪，并显示自己的地位和存在。后来这种装扮渐渐变为具有装饰的意味，一方面在演剧时需要改变面貌和装束，以表现剧中人物；另一方面是由于实用而兴起。如古代埃及人在眼睛周围涂上墨色，以使眼睛能避免直射日光的伤害；在身体上涂上香油，以保护皮肤免受日光和昆虫的侵扰；等等。如今，化妆不仅是满足女性追求自身美的一种手段，也是一种职业。

在现代社会，化妆能表现出女性独有的天然丽质，焕发风韵，增添魅力和自信；体现一个人的素养，是维系和拓展人际关系不可缺少的一种能力。成功的化妆能唤起女性心理和生理上的潜在活力，增强自信心，使人精神焕发，还有助于消除疲劳，延缓衰老。

（1）生活化妆。

生活化妆是日常生活中常用的一种化妆类型。生活化妆要突出妆面的自然柔和，操作程序要符合妆型的特点。生活化妆表现范围广，可根据化妆的不同目的和表现环境，进行面部的整体化妆或局部修饰。

生活美容化妆用来美化生活中的个人，是近距离观赏的，所以要求在真实、细致的基础上略加夸张，扬长避短以增添神采，但并不要求大幅度改变自己原来的面貌。

有时由于照明条件不同，妆色的浓淡也有差别。一般在自然灯光下，需要淡些，称为日妆；晚间在钨丝灯和荧光灯的照明下，需要浓些，装饰性强些，称为晚妆。

根据色彩运用，可分为淡妆、浓妆；根据生活的场景，还可分为职业妆、主妇妆、旅游妆、宴会妆、新娘妆等。

（2）艺术化妆。

艺术化妆指在戏剧、电影等表演艺术或娱乐场合中，塑造剧中人物外部形象的手段，如涂油彩、施脂粉、勾脸谱、变换服装、戴假面具等。分为影视妆、舞台妆、摄影妆、梦幻妆。

技术高超的化妆师，不仅需要对色彩有很强的感知，还必须具备对头部生理结构认识及对脸部肌肉生理结构的认识，了解脸部五官整体比例的关系、局部比例的关系及化妆技能。

【小思考】

你认为，从事化妆职业的从业者应具备哪些基本的职业技能?

在我国，因生活美容的相关模式均从传统的师徒相传模式中慢慢形成较为专业的职业，国家对相关从业人员的职业技能有相关的等级执行标准，但从业者受传统职业意识影响，对职业相关要求并没有真正意义上的理解，持证上岗在我国并未做到职业约束。同时，相关职业从业人员整体文化水平偏低，也是制约相关职业发展的重要因素。

知识链接

化妆师的行业前景分析

化妆师近年来已经成为一个蓬勃发展的职业，各种形式的化妆培训纷纷出台，那么在这样的大形势下，许多化妆师就出现了一种困惑，这么多的化妆师是否会造成职业泛滥，甚至就业问题，乃至于学生目前的求学方向在哪里等问题，作为一名从业多年的璀尚化妆师，现简单介绍一下化妆师职业及其前景。

一、化妆师的职业定义

化妆师狭义定义：根据《中华人民共和国国家职业分类大典》对该职业的分类和说明可以看出，化妆师的职业定义主要是指从事影视、舞台演出等演员造型设计并完成造型工作的人员。

随着社会的发展，化妆师的服务对象不再局限于演艺人员，普通人也可以成为化妆师的服务对象。一方面，随着生活艺术化、艺术生活化的趋势日趋明显，人们在追求感性美的同时也非常注重形式美、个性美与知性美的统一；另一方面，化妆的多样性应用也非常明显，化妆不再局限于艺术表演范畴，已经扩展到了婚纱和时尚摄影、体育表演、广告制作、影视生产、舞台、音乐制作、中外合拍片、模特时尚、服装服饰、期刊出版、化妆产品形象代言、公众人物形象顾问、明星私人化妆师等广泛领域。

化妆师广义定义：化妆师是指为达到更好的表演和舞台效果，服务于演员的造型设计人员，以及运用化妆品和工具，对普通顾客的头、面部等身体局部采取合乎规则的步骤和技巧（如对人的面部、五官及其他部位进行渲染、描画、整理，增强立体印象，调整形色，掩饰缺陷，表现神采等），从而达到美丽容颜的目的，并以此为职业的专业人员。

二、成为化妆师的条件

1. 普通人也可以成为化妆师

对于普通人来说，都可以通过到正规的化妆培训学校学习，实现做化妆师的梦想。

山东璀尚化妆艺术培训学校以其短、平、快的培训模式，专、精、准的教学内容，以“快乐学习，实战创业，轻松就业”的教学理念，为摄影化妆美容美发行业输送了大量的专业对口、实效多能的精英时尚人才，有着独特的教学理念及培训模式，是普通初学者不错的选择。当然，要成为一名优秀的化妆师还需要加上个人的努力，有较强的适应能力，能建立起良好的人际关系，努力把握机遇。个人的品格、风格及诚信也相当重要。只有具远见、懂得把握及创造机会，并不断学习取得进步的人，方可迈向成功。

2. 关于化妆师资格证书

目前我国的化妆师国家职业资格证只有三个等级，即初级化妆师、中级化妆师、高级化妆师。取得这三个等级的化妆师国家证书都需要参加国家化妆师职业资格考试，申报国家化妆师职业资格考试必须经过正规职业培训学校的培训，达到标准学时数，并取得正规职业培训学校毕（结）业证书。

建议想从事化妆师工作的朋友到正规的化妆职业培训学校学习，由学校统一组织参加考试，统一领证是比较好的途径。需要提醒的是，一般学校考证是需要另收费的，但像山东璀尚化妆艺术学校这种比较有实力的学校是免费让学员参加考证的。所以选择一所正规的培训学校是很有必要的。随着中国对化妆行业管理越来越严格，化妆从业人员持证上岗成为必然，化妆师的资格证对个人就业和将来自主创业都是必需的。

三、化妆师的就业状况及前景

在中国，化妆行业作为新兴产业发展迅猛，随着现代人对美的不懈追求，影楼的蓬勃兴起、各种选秀活动、时尚发布会的举行、电视剧的需求，化妆师可谓越来越吃香，成为不可或缺的职业角色。化妆师的需求量也迅速增长，特别是经过严格培训，掌握深厚理论功底和高超专业技能，具有时尚和创新理念的高端化妆技术人才尤其吃香。

不同企业的化妆师薪资水平基本相差不大，所以我们参考了一家比较有代表性企业的工资水平来说，下面借鉴山东璀尚化妆艺术培训学校的薪资水平：根据个人技术水平和经验（这个最重要）、地域、工作年限、职业资格及学历，一般的化妆师月收入为2 000 ~ 5 000 元，级别高的比较知名的化妆师月收入在万元左右，给 T 台秀模特化妆出场费在 5 000 元左右。

化妆师以其时尚、收入高、社会需求量大、易就业、受人尊重甚至崇拜的职业特点，受到时尚人士尤其是年轻人的热烈追捧，化妆师已成为时尚人士最佳的职业选择！

（资料来源：http：//wenku. baidu. com/view/205b0530a98271fe910ef9af. html？ from = search. ）

在新美容经济发展时期，生活美容模式未来如何赢得竞争并生存下去，对于从业者首先要根据自身的优势和特长，在符合美容行业发展潮流的基础上进行清晰的定位，不能再像过去靠坑蒙拐骗和概念炒作，必须要以美容相关专业为依托，靠专业深度和品牌定位去赢得稳定的顾客群体的青睐。由于各种原因，现代人对健康的重视程度比以往大大增强，亚健康修复、心理舒缓与传统养生成为现代人在美容消费中的新需求，健康在美容尤其是生活美容中越来越重要，从产品、技术手段、服务环境、美容效果都要以身体健康为前提，美容服务的理念更要符合健康生活的习惯。

随着互联网络的大众化普及程度越来越高，传统的生活美容经营模式，除了设立自己品牌的网站或者网页以方便顾客和员工了解公司信息外，其他的基本没有涉足和利用互联网络。目前与生活美容消费最主要相关的是网上美容产品购物，对于生活美容服务业如果可以真正利用好网络的优势，或将是未来美容会所（店、院）营销的新出路之一。

任务小结

任务2结构如图3－2所示。

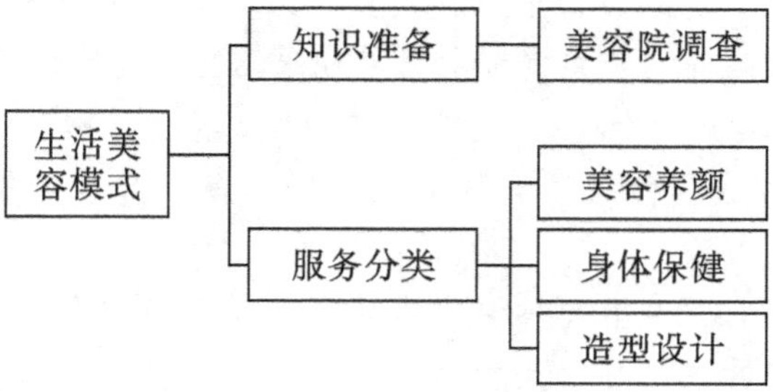

图3－2　任务2结构图

拓展训练

训练项目：探讨生活美容模式创新。

训练目的：了解生活美容模式经营方式，感受预创业者的前期成长。

训练组织：

（1）以小组为单位进行，合理分工设计规划。

（2）通过课程中相关任务的调查，整理目前各类生活美容模式都有哪些。

（3）作为一个准美业创业者，你如何设计自己的美容事业规划。

（4）以PPT方式提交，教师进行点评和归纳。

拓展阅读

"互联网＋"与美业

什么是美业？我们业内人都习惯性地把涉及美容、美发、美甲、化妆等形象设计领域，以及化妆品产业链的多种职业生态，宽泛地认同为"美业"，一言以概之，"美业"可以包含所有与美相关的产业，美业之"美"字是行业内核心的主题，是职业内涵的主体，更是专业发展的主心骨。美业从来就是一个以美的技术为核心的传统行业，讲求技术传承，推崇技术实践，重视技术研发，关注技术创新。在目前"互联网＋"的背景下，美业不仅要接受传统思维方式的更新乃至颠覆，并面临着现实的挑战。

"互联网＋"是创新2.0下的互联网发展的新业态，是知识社会创新2.0推动下的互联网形态演变及其催生的经济社会发展新形态。"互联网＋"推动经济形态不断地发生演变，从而带动社会经济实体的生命力，为改革、创新、发展提供广阔的网络平台。

2014年11月，李克强总理出席首届世界互联网大会时指出，互联网是大众创业、万众创新的新工具。其中“大众创业、万众创新”正是此次政府工作报告中的重要主题，被称作中国经济提质增效升级的“新引擎”，可见其重要作用。

“互联网+”对美业有何改变与触动？我认为既有巨大的推动作用，也有现状中存在的问题。我总结“互联网+”对美业而言，有三个方面的推动作用。

其一是从消费者而言，“互联网+”推动了美业消费方式的变化。从消费时间、消费地点、服务方式、预约与服务人员选择、产品选择等传统的消费习惯，都发生了颠覆性的变化。从原有的单客、单店、单品牌消费模式，变化为多客、多店、多品牌消费模式，并衍生跨行业与跨产业的多元消费融合与贯通，这直接导致消费者选择美发、美容、美甲、化妆等服务时，有更丰富和更个性化的选择。“互联网+”在潜移默化中，改变了美业消费者的消费方式，养成了新的美业消费习惯，这些是需要服务者的改变来配合的。

其二是从服务者而言，“互联网+”推动了美业服务方式发生变化。传统的美业服务方式决定了服务内容的单一性和呆板性，限制了美业技术的更新与发展，消费者的消费行为对服务内容与方式的推动是有限的、单一化的，而“互联网+”多种载体与平台的沟通和交流方式，对服务态度、服务水平、服务内容都能够通过大数据和平台管理响应准确、反馈迅速，并及时提供最贴心、最满足消费者需求的服务，也对美业服务者的良性竞争起到积极的促进作用。在服务的核心竞争力——技术上，更是可以借助互联网的优势，准确地进行技术研发与探索。

其三是推动了消费者与服务者的关系，使原有的单一消费服务关系，变为多元化立体商业关系的基础。李克强总理说过，“互联网+”发展必须要消费者来选择，这充分体现了消费服务行为与关系中的消费者主体地位。在以往的美业服务过程中，一般出现问题的，大部分是由于美业服务者与消费者信息不对等，个别不良商家利用消费者急于求美的心理，使用了不过关的技术或有缺陷的处理方法。而在“互联网+”的推动下，大数据使消费行为完全透明，相信假以时日，资质优秀且技术先进的美业企业会脱颖而出，技术缺失或更新乏力的美业企业则会被淘汰，消费者的选择对美业市场的有序化、美业企业发展具有决定意义。

当然，目前美业与“互联网+”也面临着一些问题，其本质就看身处其中的运作者们是把“互联网+”与美业结合当作产业融合发展、共同提升的长远之计，还是为了短时间获取大量客源的涸泽而渔、急功近利之举。对于“互联网+”，美业人给予了新常态下友好的拥抱和充分的合作，但我们需要的和欢迎的是充满善意、看好美业良好前景的互联网企业践行者们，愿意与他们共同分担美业发展的风险与成果，积极推动“互联网+”在美业中的发展。而一些以短期盈利为终极目的的互联网弄潮儿、资本运作者，其目的不是为了美业的技术提升与进步，而是打破美业的有序良性发展，在短期内积攒客户吸引风投，尤其在企业特点为单店数量多、经济体量小的美业，只掠夺不建设，其行为无异于涸泽而渔、焚林而猎，恰如布赖恩·伯勒所说的“门口的野蛮人”。

（资料来源：http：//www. chba. com. cn/article. aspx？ id =2936&kind_ id =23.）

任务3 医学美容模式

一、任务布置

1. 任务主题

调研我们身边的医学美容实体店。

2. 任务步骤

（1）在生活区周边都有哪些医学美容机构，请选择1~2家，通过访谈或资料收集等形式了解他们的经营模式、经营规模、主要经营项目类型等信息。

（2）以小组为单位，将收集的信息，进行归类分析，撰写调查报告和汇报PPT。

（3）学生汇报调查结果，教师进行点评和总结。以小组为单位汇报调查结果，教师和其他小组进行提问，小组成员回答。

（4）教师和其他小组成员针对每组的汇报进行点评和打分，教师评价占50%，小组互评占50%。

二、知识准备

在国内，随着人们生活水平的提高，追求美丽和展示美丽的效应使整形美容的需求也与日俱增。各大医院的整形美容科和各医疗美容医院也“门庭若市”。随着国民经济结构的升级，享受高品质生活日益成为更多人的追求。像汽车、住房、旅游和健康服务产业的高端消费一样，医疗美容行业也是一种方兴未艾的“朝阳产业”。

据美国医疗整形外科学会SAPS数据，2011—2014年全球整形美容三年均复合增长率达18.4%，中国整形美容行业长期保持20%以上的增长率。而据SAPS发布的2014年相关数据，2014年，美国拥有整形外科医生6 300名，排名全球首位，占总数的15.6%，而中国拥有整形外科医生数量为2 800名，排名全球第三位，占总数的6.9%；就整容手术总量来看，美国国内整形美容消费共计406.4万例，排名全球第一，占全球总量的20.1%，而中国整形美容消费共计214.9万例，仅次于美国，占据了总量的10.6%，成为名副其实的整容大国。

据国家统计局数据显示，2015年我国美容整形市场规模达到了150.4亿元，同比2014年的122.8亿元增长了22.5%，行业从业人员超过3 000万人。其中，女性消费者占90%以上，而又以20~45岁女性为主，占到80%以上。

近20年来，我国医学美容行业已发展成为涵盖医疗整形、医疗美容、注射美容等领域，同时涉及包括外科、骨科、妇科、口腔等学科在内的许多专业。这些领域和专业与医疗整形美容相关的器械、产品、药品的研发、生产、销售为一体，形成了一个庞大的综合产业链。

三、医学美容

（一）医学美容概述

医学美容，即我们狭义认知的整形美容。医学美容区别于生活美容，凡是有一定创伤的美容治疗，一定是医学美容的范畴，在我国医学美容只有医疗机构才能开展。

在选择医学美容时，要对美容机构及从业人员技术水平进行资质核对，避免出现不良美容后果。

1. 定义

医学美容是通过医学手段，包括药物、仪器及手术等，以达到改变人体外部形态、色泽及改善部分生理功能，增强人体外在美感为目的，而进行的一系列的治疗。

2. 发展历程

早期，医学美容用于烧伤、烫伤等外科。目前，随着消费者不断追求美容效果持久性，医学美容开始盛行，在我国开展医学美容主要有两个平台，一是医院，二是专业的美容会所。北京、上海、广州等城市部分大型会所由很多专业的国家执业医师来具体操作。

我国的医疗整形美容起源于20世纪80年代，虽然资历尚浅，但发展势头不容小觑。据中国广播网数据显示，2015年我国美容机构市场规模已超过6 420亿元，业内发布的《2013—2018年中国医疗美容行业投资前景分析报告》预测，2018年市场规模将超过8 500亿元。

在我国，从事医学美容的职业者，必须具备医学专业毕业背景，必须具备医生的技能和审美观念，须通过整形美容主诊医生资格的考试，具备扎实的医学美容基础，坚实的外科基础，美学修养，事业为重，医德第一的综合职业能力。

3. “医学美容”和“医疗美容”的区分

（1）概念区别。

医学美容的概念更宽泛，指的是所有与医学相关的美容方式，包括那些借助医学原理的生活美容、整形美容、微创美容、激光美容、注射美容等都属于医学美容的范畴。

医疗美容，以人体的形体美理论为指导，采用手术和非手术的医学手段，来直接修护人体美，属于新兴的医学技术。

医学美容与医疗美容，必须在专业的医疗机构接受专业医生进行治疗，必须由医护人员来进行操作。在进行治疗之前，有问诊的过程，即使是使用药妆品，也因为其特殊的成分而令使用过程具有一定的风险，必须在医生指导下使用。

（2）特点区别。

医学美容是以改变形体结构或用于外伤性损害修复为目的的手术技术，修复期较长；医疗美容是借助药物和医学仪器修护或预防损美性问题为目的的技术。医疗美容属于商业医疗的范畴，带有消费性质。医疗美容作为一种消费，最大的特点就在于它的

"选择性"。

不管是医学美容还是医疗美容，都是以美容为目的而非治病，它更需要科学、安全与严谨，需要行医者的诚实，治疗行为恰当而不过分。这种选择性为就医者带来了更多的机会和寻求更加可靠的治疗的可能，所以，在做出决定之前，多咨询、多了解是必要的，包括对医生的背景进行调查。在接受治疗之前，一定要面见为你实施美容治疗的医生，沟通得越充分，治疗的安全系数便越高。对于求美者，还要具备对于医疗行为的风险意识，以减少在医疗美容实施治疗中带来的风险及人身生命威胁。

（二）医学美容分类

1. 整形美容

（1）概念。

整形美容是指运用手术、医疗器械、药物以及其他医学技术方法对人的容貌和人体各部位形态进行的修复与再塑，进而增强人体外在美感的医学科学。

（2）内容。

整形美容的项目包括：胸部整形、眼眉整形、耳部整形、面部整形、吸脂瘦身、私密整形、颧骨整形、鼻部整形、颌面整形、口唇整形、除皱美容、生殖整形、酒窝成形、除腋臭、毛发移植。

修复再造的项目包括：眼部修复、疤痕修复、奥美定取出、歪鼻矫正、外耳再造、鼻再造、乳房再造、小眼症、招风耳等。

（3）发展历程。

整形美容在世界市场范围内已经成为新兴的产业，美国、日本、韩国整形手术比例是中国的两倍左右。随着整体健康观念的形成，中国美容业的发展将快速提升。我国整形美容业经过30余年的发展，全国美容市场基本成型。目前我国整形美容业处于成长期，具有高成长性和高利润，是发展空间巨大、产业延伸广阔、内涵丰富、供求弹性较大的朝阳产业，有实力的专科整形医院不多，竞争较为激烈。

2. 微创美容

微创美容是应用目前先进的高科技的医疗设备和技术以及美容美学理念，通过内窥镜技术、新型材料和注射技术替代传统的手术方式，力求以微小切口和最小的组织损伤，完成精细的手术操作，具有出血少，术后疼痛轻，恢复快，住院时间短或不需住院，瘢痕不明显或无痕的显著特点。

目前，国内微创美容主要以注射类美容为主，注重面部除皱、填充、美容护肤，其产品包括：美白针、伊维兰、爱贝芙、胶原蛋白、玻尿酸、肉毒素等。对于此类美容中使用的产品，须经过国家食品药品监督管理总局认证（SFDA），且对每批次有较为严格的使用有效期。

3. 激光美容

激光美容是近几年兴起的一种新的美容法。主要原理是采用对人体有益、透过能力较强、人体组织吸收率高的光波波段（各种不同波长的脉冲激光可治疗各种血管性皮肤病及色素沉着)，在美容界的用途非常广泛，无痛苦且安全可靠，受到人们欢迎。

激光美容的项目包括：血管性皮肤病（血管瘤、去胎记、红血丝、各类文身）；色素治疗（老年斑、雀斑、黄褐斑、妊娠斑、咖啡斑、黑毛痣、太田痣、色素痣、色素沉着、日晒斑）；皮肤护理（青春痘、扁平疣、眼周细纹、面部皱纹、祛除眼袋、皮肤暗黄、脱腋毛、毛孔粗大、皮肤粗糙 、皮肤松弛等）。

激光美容技术有复合彩光和光子嫩肤，激光美容使得医学美容向前迈进了一大步，并且赋予医学美容更新的内涵。

更多相关的医学美容的资料，可以关注中国美容医学杂志微信公众号，扫描旁边的二维码，获取更多即时资讯。

【小思考】

你认为，从事生活美容的职业者，可以从事医学美容工作吗？为什么？

知识链接

医学美容认知误区

误区一　到美容美发店也可以做美容手术

凡是整形美容手术，只要是有创手术，都必须在严格的消毒隔离条件下才能进行，而一般的美容美发店不具备所需条件，从业人员也缺乏相关的解剖学、生理学等医学知识。到美容美发店进行眼袋术、隆鼻术、换肤术等是拿自己的健康开玩笑。例如注射用的所谓“精华素”等制剂，根本没有国家批文，贸然使用可能会把病毒带入人体。即使是光子嫩肤等激光美容，也必须由专业培训过的医师操作，要对患者的个体情况、皮肤厚度等各方面情况进行系统分析，才能保证患者的治疗安全。

误区二　唯“韩式美容”论

随着韩剧热播，一些求美者过度追捧所谓的“韩式美容”。其实医学技术无国界，美容整形外科学界从来没有什么中式、韩式、日式、美式、英式、法式等说法，商家宣传的“韩流”，无非是商业炒作和盲从的结果。比如号称的“韩式微创双眼皮”，就是埋线法和早期的小切口压扎法的结合和改进，其实韩国美容医生很少用这种方法。

误区三　做得跟明星一样

通过整形美容手术想要有跟明星一样的双眼皮或鼻子或嘴唇，这种想法是不切实际的。

整形美容不仅要做到单个器官的美丽，还要做到整体的协调。因此，放在别人脸上美丽的器官，放在你脸上未必协调。如今的整形手术与过去相比的确进步不少，但科技仍无法将人的面容任意改变，只能根据个人的自身特点进行改造。

误区四 整形美容不会留下创伤

只要是手术都会有创伤，医学上所说的“无创伤”原则是指尽可能减小这种创伤。整形手术必然会在受术者身上遗留疤痕，只不过高明些的整形医生，会让这些疤痕尽可能地小和隐蔽，比如把做双眼皮的疤痕留在眼睛上眼睑的皮肤褶皱里，把瘦脸的刀口留在口腔里等。这些都是微创技术，而尚没有无创的手术。

误区五 美容做不好再改很容易

遇到美容手术失败后，由于受很多因素的限制，修改起来是相当困难的，有的甚至暂时无法修改，比如祛除过量组织、过多疤痕等。又如做双眼皮手术失败后虽然也能修整，但往往很难达到应有的效果。到目前为止，没有一种注射材料被批准应用于隆鼻术或是隆胸手术，因为一旦注射后无法完全取出，效果也不理想。

误区六 美容手术没有风险

任何手术都是有风险的。再小的手术都会有创伤，都需要麻醉，有创伤和麻醉就会存在风险，最通常的风险如血肿、感染、伤口裂开、瘢痕形成、外形欠理想、不对称等；具体到不同的手术，又会有相应的并发症。

误区七 美容手术有非常神奇的效果

很多人认为美容手术效果神奇，甚至认为能达到改头换面的效果；不少广告上手术前后强烈对比的照片，也明显地误导了求美者。其实，不加修饰的照片和艺术照片相对比本就会有非常大的区别，更何况在经过美容整形改善自身的不足和缺陷以后，再加上拍照时还有化妆、服饰、灯光、角度等艺术加工。而且广告上许多手术后的照片是经过电脑美化的。美容手术可以通过局部不足和缺陷的矫正达到局部改善和与整体比较协调的效果，但仅此而已，不可能有非常神奇的效果，更不可能完美无瑕。

误区八 以为注射越多越好，注射越多持续时间就越长

由于注射美容只能确保在一定时间内，皮肤紧实，面部年轻。当生物制剂吸收完以后，效果可能会不很明显了，这就需要长时间的定期注射，以保证面部持续呈现年轻化的状态。但是并不是注射得越多就越有利于面部持续紧实。

年龄不同、注射部位不同、皱纹的深浅不同，所要注射的量就有很大的差别。如果注射太少，就不会起到太大的作用。但是若注射得过多，则可能会出现面部僵硬、表情不自然，这也不算美！

（资料来源：http：//plastic. pclady. com. cn/119/1194717_ all. html.）

任务小结

任务3结构如图3－3所示。

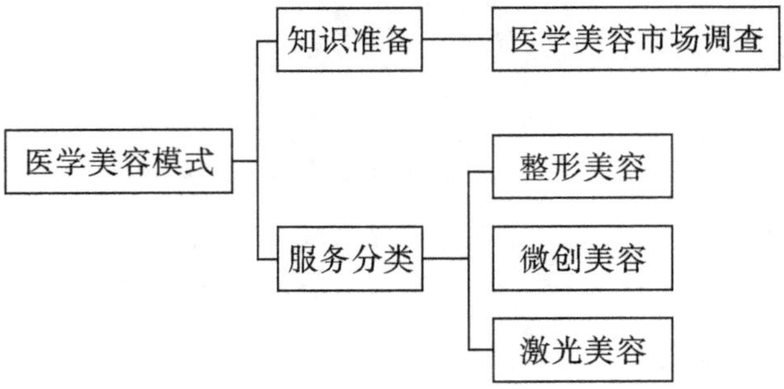

图3－3　任务3结构图

拓展训练

训练项目：探讨医学美容消费者的需求目的及消费特点。

训练目的：了解医学美容从业者的职业要求，明确医学美容与生活美容的本质区别。

训练组织：

(1) 以小组为单位进行，合理分工设计规划。

(2) 通过课程中相关任务的调查，整理目前医学美容项目主要有哪些。

(3) 调查分析医学美容的客户群体类型及其诉求，撰写调查报告和汇报PPT。

(4) 以小组为单位汇报调查结果，教师和其他小组进行提问；教师和其他小组成员针对每组的汇报进行点评和打分，教师评价占50%，小组互评占50%。

拓展阅读

生活美容与医疗美容的区别

许多人至今搞不清生活美容和医学美容的区别，这直接导致了许多美容事故的发生。虽说医学美容和生活美容的目的是相同的，都是满足人们追求美的要求，但实质上却是有着明显差别的，不可混淆。

医学美容属于外科学范畴的一门专业，是需要在无菌条件下应用各类精细的手术器械和现代化设备，再加上医师的精湛技术在人体上“精雕细凿”，来完成各项美容手术，得以达到弥补先天性的相对缺陷，改善容貌和体态，锦上添花，甚至雪中送炭或是重塑青春。医学美容是严肃的一次美容手术，是医学和美学有机结合的人体雕塑医术。所以美容医师除应具有熟练的手术技巧外，还应有较高的美学修养和审美观点。美容外科是知识、技术、医德和艺术的统一结合。

生活美容则属于另一个领域，它的内涵同样包含很多项目，如化妆、护肤、发型、服饰和健身等，但都不属于医学范畴的外科技术操作，不侵入表皮以下的皮肤，也不需要手术、不开刀、不流血，除因使用劣质化妆品可能造成皮肤刺激或损伤外，其他都不致发生什么意外或并发症。特别是生活美容是一种短期行为，需每日或经常反复施行才能达到美容的目的。

医学美容和生活美容两者有着根本性的差别，泾渭分明，不容混淆。理解了这一点，你就不会接受在美容院里几乎没有严格消毒灭菌的条件下，由无医师执照的人进行的所谓“美容手术”。在健全的市场、规范的管理下，两者有着相同的目的，为人们生活增添美感，提高整个社会的文化人文素质。

（资料来源：http：//zx. 39. net/cs/082/14/248083. html.）

项目 4

美容行业职业岗位认知

学习目标

知识

- 了解美容行业职业岗位类型
- 了解美容行业职业岗位职责
- 了解美容行业职业岗位工作流程

技能

- 能够掌握美容行业岗位职责，加强自身职业规范
- 能够掌握美容行业职业岗位类型，制定自身职业发展规划

案例导入

“我现在已经是一名美容导师了，很想了解美容导师以后有哪些发展出路，能做什么。”这是一名刚刚任职的美容导师提出的问题，想必这也是所有的美容导师都十分关注的问题。美容导师以后能做些什么呢？

思考延伸

1. 美容行业有哪些职业岗位类型？
2. 每个职业岗位负责什么工作？
3. 每个岗位的未来发展在哪？

任务1　职业岗位类型

一、任务布置

1. 任务主题

美容会所职业岗位类型调查。

2. 任务步骤

（1）请以所在学校或单位为原点搜索周边的美容会所（店、院）。

（2）选定1～3家进行店内职业岗位类型调查。

（3）以小组为单位进行汇报。

（4）教师针对学生的汇报进行点评和总结。

二、知识准备

根据中国美容人才网美容行业人力资源现状调查报告显示，美容行业从业者的求职意向分布呈现以下特点。

（1）美容导师、美容师、化妆师为常年热门职位。

从每月的热门求职意向看，美容导师、美容师常年占据热门职位前二位，化妆师也颇得求职者的青睐。如何留住美容导师、美容师，成为众多美容企业面临的难题。

（2）基层求职者表现十分活跃，中高端人才呈现慢热态势。

综合求职者意向热门职位进行分析，可以看出基层求职者（美容导师、美容师、美容顾问、化妆师等）在近几年美容行业表现得十分活跃，而中高端人才（美容培训讲师、区域经理、市场总监等）则呈现慢热态势。

从中我们得出基本的结论是，在美容行业岗位按照其从事工作的类型，可以分为两大类型：基层岗位，包括美容导师、美容师、化妆师、美容顾问；中高端岗位，包括美容讲师、区域经理和市场总监、店长。

需要进一步了解美容行业的人才需求和现状，可以登录中国美容人才网（http：//www.138job.com）或关注其微信公众号，扫描右边的二维码即可。

三、基层岗位类型及职责

（一）美容导师职责

美容导师在化妆品、美容公司的地位是非常特殊的，既是公司做市场开发和发展的军师，也是连接公司和客户的桥梁和纽带，更是让消费者对产品项目及公司产生信赖感的催化剂。美容导师在美容市场中扮演的角色同时兼具业务员、公司与美容院之间工作协助者等角色，可以说美容导师具有市场管理和技术服务的双重功能。

知识链接

美容导师的"双重"功能

1. 代表公司形象的"对外窗口"

作为美容导师，是公司直接派到加盟店，与公司加盟商老板、美容师及消费者打交道的老师，其个人的形象、言谈举止、能力等，实际上都能从某种程度上映射出公司的企业文化及公司的实力等。

2. 传播公司"经营理念的使者"

美容导师要清楚自己是公司和客户之间的中介，其主要职能之一就是把公司的背景实力，企业文化与经营方针战略，推出的新产品和新项目的功能与质量、效果、价格及促销方式和服务内容等信息准确地传递给客户，实现促进销售的目的。

3. 消费者购买产品的引导者

美容消费者购买美容产品和接受美容项目时，要涉及很多专业知识，如产品的功效性能、有无副作用等，每个环节都包含了很多专业的知识，所以美容导师一定要很专业，才可以更好地引导顾客消费，为客户提供优质的服务。

将公司的产品推荐给客户时，美容导师要对推销的产品和技术服务有绝对的信心，并且必须做到"三个相信"：相信自己所代表的公司，相信自己所推销的产品，相信自己的推销能力。只有这样才能很好地发挥自己的工作职能。

4. 市场信息的收集者

美容导师作为公司和客户之间的中介，除了传播公司的信息外，还肩负着将客户的意见向公司反馈。美容导师要具备较强的反应能力、应变能力与丰富的业务知识及对美容市场的敏锐，同时也需要对美容市场的信息做大量的收集、归纳、分析和总结等工作，对区域市场的整体发展水平的把握，对竞争对手的优劣与市场活动的认识，对消费者购买心态的把握等，为公司提供准确的市场依据。

5. 公司产品技术服务的专家

美容导师必须熟练而准确地了解和掌握产品仪器的功能、性能、使用注意事项及操作手法等，并且培训好加盟店的美容师，以防止产品在使用过程中出现意外事故，使所有使用产品的顾客都能得到完善的服务，这是作为美容导师最基本的条件也是最大的责任。

6. 顾客皮肤的专业顾问

许多顾客往往对自己的皮肤类型、特质及皮肤的各种问题缺乏了解，对使用什么产品进行治疗或护理往往一知半解，有的甚至盲目跟风用错产品，引发更严重的皮肤问题，这就需要美容导师有一定的医学知识，包括生理和心理学知识，帮助顾客分析并找出根本的原因，指导顾客正确使用化妆品。

7. 培训加盟店美容师成为使用及销售产品的行家

美容导师在公司接受系统、全面的培训后，最终被委派到美容院进行工作，时间通常为一个月，所以要尽快地培训好加盟店的美容师，让其对相关的产品知识和项目仪器的操作，及相关的注意事项有全面的了解，并且要传授美容师销售技巧，引导消费者消费，提高加盟店的业绩。

8. 美容院问题的诊断专家

如果一家美容院经营上出现问题，美容导师需要有能力快速地找出该美容院经营不景气的原因，协助老板去改进并及时把相关信息反馈给公司，这样可以增进加盟商与公司的紧密友好合作关系。

（资料来源：http：//q. 138job. com/u/528188/archives/2011/14679. html. ）

1. 美容导师的定义

美容导师是专业美容化妆品行业的主要销售人员，工作职责就是受公司（厂家或代理商）派遣为下级的美容机构提供技术培训和终端会议的支持。其工作相当于其他传统行业的销售代表，除了进行市场的拓展和维护外，美容导师还有一项同样重要的工作，就是进行终端美容院或代理商人员的美容技术指导。

例如：某美容院开张或者做促销活动，上级机构就会派美容导师来帮助，如给客人讲课，其他时间培训美容师手法、技术、产品专业知识等。

2. 美容导师的工作职责与要求

在传统观念中，许多人只是把美容导师当作技术人员而已，在这样的观念下，美容导师的职责往往只限于为顾客进行美容服务，不但造成了人力资源的浪费，更使得一些原本非常重要的职能长期被忽视，美容导师的基本职责与素质如表4－1所示。

表4－1 美容导师的基本职责与素质要求

美容导师的基本职责	美容导师的素质要求
收集信息	责任心与主动性
顾客关系管理	奉献精神
消费者教育	敬业精神
销售推广	团队精神
品牌传播	创新精神
美容师的培训与指导	职业使命感

（1）收集信息。

在现代营销中，商业情报比任何时候都重要，营销情报系统已经成为整个管理、营运系统的基础，它包括竞争对手情报、消费者情报、消费者满意度、其他品牌情报甚至行业动态等多个方面。在美容院，美容导师和顾客交流较多，因此，往往也是最敏感的市场信息感受器。

（2）顾客关系管理。

在传统营销中，美容院和顾客之间还只是交易导向，但是现在只有不断地加强顾客的忠诚度，长期留住顾客，才能获得长期的竞争能力，这个不断加强顾客忠诚度的过程，就是顾客关系管理。在美容院的经营中，由于服务的附加价值很高，顾客和美容师的关系往往很密切，所以会出现顾客跟随美容师流失的现象，所以美容导师要懂得去引导美容师和顾客。

（3）消费者教育。

消费者教育本质是一种沟通，是一个价值传播的过程，事实上，它远比一些短期促销更重要。想培养顾客的忠诚度必须有良好的沟通才能达成。避免出现美容院的专业程度与顾客严重不对称而引起顾客对美容院的抵触情节。

（4）销售推广。

美容院与顾客达成交易的过程中，美容导师的作用是很重要的，作为美容导师不能把自己定位成单纯的技术人员，而更应该是销售推广人员，这样才能更好地发挥美容导师的职能，为公司和美容院及自己创造更大的价值。

（5）品牌传播。

无论是对于加盟店还是对于公司，美容导师的服务都可以视为品牌价值的传播过程。品牌价值的传播是通过每一个细节来完成的，所以美容导师更应该时刻意识到自己的一言一行，都是在进行品牌价值的传播。

（6）美容师的培训与指导。

美容导师不仅仅是美容师，更是美容师的老师，对加盟店美容师的培训，也是美容导师工作中的重要一环，培训内容应该包括品牌背景、职业道德、公关礼仪、行业展望、专业知识（皮肤、产品、医学知识、仪器、项目、手法知识）以及沟通和销售技巧。

3. 美容导师的岗位职责

美容导师的岗位职责包含以下几点。

（1）通过自己的努力提高专业技能和销售水平，增加整体业绩。

（2）收集并汇报市场反馈信息。

（3）制作规定的报表定期向公司汇报。

（4）协助执行公司组织的全国性或地区性推广活动。

（5）充分了解产品、项目，并对公司和自己建立信心。

（6）做好终端形象维护，保持整洁、良好、专一的形象。

（7）平时要多学习和积累专业和相关的知识，以便应对不同的顾客，以崭新、前卫的服务方法来提高服务水平。

（8）平时要多研究顾客的心理，以便有更多的销售方法针对不同的顾客采用不同的技巧。

（9）多了解所在美容院的经营过程及经营状况，并采纳收集相关的资料，及时向上级汇报情况，以便更好地把握市场。

（10）对于加盟店，在售后服务中应给予指导和店内人员培训，并针对加盟店的销售情况帮助搞好促销活动，增加其经济效益，保证每月汇款。

（二）美容师职责

1. 美容师的定义

美容师是一种专业美容领域的职业称谓，主要工作在美容院及能为顾客提供美容服务的场所，工作职责是为顾客提供美容服务，比如面部清洁、保养、按摩、香薰、减肥等皮肤护理工作。人员构成主要为女性，主要来源于刚从美容培训学校毕业的学生甚至刚找工作的学徒。

2. 美容师的岗位职责

美容师的岗位职责包含以下几点。

（1）顾客服务。提供服务时应细致入微，热情周到，规范使用礼貌用语，诚恳征询客人意见、要求，并及时向上级主管反馈信息。

（2）疗程操作。按美容院的工作流程为客人服务。

（3）工作环境清扫。保证用具的干净与消毒，爱护公物财物。

（4）柜台服务。不擅离职守，发现问题及时汇报。

（5）认真学习产品知识和专业技术，提高自身素质和专业技能。

（6）商品销售。在为顾客做护理的同时，巧妙地向顾客推销本院产品，兼顾销售的任务。

（7）保守美容院的秘密，严禁外传。

【小思考】

从工作地点和工作职责等方面思考美容导师和美容师两个岗位的区别。

（三）美容顾问职责

1. 美容顾问的定义

美容顾问属于美容院的业务类工作，有的美容院店长也兼任美容顾问。在美容院经营中，美容顾问扮演的角色通常贯穿于为顾客服务的全过程，首先由美容顾问将顾客引入店内，详细询问顾客的需求并解答顾客的一些美容困惑，再将顾客推荐到合适的美容师那里，最后处理好此次服务的一些善后工作。

2. 美容顾问的岗位职责

美容顾问的岗位职责包含以下几点。

（1）热情周到地接待来访顾客。

（2）详细了解顾客曾使用过的产品及护理项目。

（3）为每位顾客建立客户个人档案，将上述询问过的资料及顾客的护理项目、购买产品详细记录。

（4）详细分析顾客皮肤并为顾客设计护理课程，并须清晰地让顾客了解该项课程是针对其哪个皮肤问题，完成该课程能达到哪种改善效果，为顾客设计家居护理产品，但只告诉顾客若配合家居护理效果才理想。

（5）清晰告诉美容助理及美容师为顾客做哪种护理课程。繁忙时，仍应以热情的态度招呼每一位顾客，对需要等待的顾客，及时送上饮品和杂志。

（6）客人做完护理后，让顾客稍为休息，并同顾客闲谈一下，再为其建议家居护理。

（7）为顾客开单结账。

（8）定期电话跟踪服务，在适当的日子赠送小礼物给顾客，保持良好的客情关系。

案例导入

美容顾问如何接待顾客

一女顾客进入一家美容会所，下面是发生在美容顾问和该顾客之间的对话。

美容顾问说："您好，小姐，欢迎光临，请这边坐。"（顾客宾至如归）

美容顾问接着说："小姐，您想做面部还是身体护理呢？"

顾客没有拒绝的机会，说："我的眼部特别干。"

美容顾问说："哦，确实，如果眼部这么薄的皮肤长期缺水，就会形成干纹，那对您的美貌将有非常严重的影响。"（这叫重复客户的问题，表明你听到了她的要求）

顾客一听，吓坏了，说："确实是这样，怎么办才好呢？"

美容顾问："必须补水。"

顾客："请问用什么产品来补水呢？"

美容顾问说："我们有一支特效精油产品，对眼部补水和舒缓紧张有奇效。还有一种BIO仪器补水特护也能解决您的眼部问题。"（这叫二择一推荐项目提供客户选择空间）

（资料来源：http：//meirong. liansuo. com/news/420639. html.）

【小思考】

要想成为一名优秀的美容顾问，应该具备哪些方面的能力？

（四）化妆师职责

1．化妆师的定义

化妆师具有一定的艺术造诣、美学素养、绘画基础、历史知识和观察、分析生活的能力，能够掌握并熟练地运用化妆技法和技巧，带领和指导助手完成规定的化妆任务。

2．化妆师的岗位职责

化妆师的岗位职责包含以下几点。

（1）热爱本职工作，具有强烈的责任感和服务意识，工作积极主动，任劳任怨，讲文明礼貌，要求清洁卫生，作风正派，不谋私利，在主管的领导下服务好每一位顾客。

（2）熟练掌握化妆盘发知识及操作程序，有高超的技艺，熟悉使用各种化妆用品。

（3）掌握规定的化妆技巧，研究化妆方面的发展趋势，不断推陈出新，有培养助手的能力。

（4）微笑服务，礼貌热情，接待顾客主动问好，“请”字开头，“谢”不离口。耐心细致地问贵客的喜好、要求，为其尽力服务，使顾客称心如意，送客时送上祝福语。杜绝带着情绪上班，与客人发生争执。

（5）仪容仪表要整洁，化妆上班，讲究职业道德，做到文明服务，保持口齿清晰，化妆时不能面对顾客呼吸，保持化妆的高水准。

（6）负责保管使用化妆用品，并且把套刷粉扑每天清洗一遍，同时节约使用化妆用品，对于易损坏的化妆品（如口红、胶水）妥善保管，可以重复使用的用过后必须存放起来，避免不必要的浪费，提出化妆用品的采购建议，保持化妆台面的整洁和干净。

（7）遵守纪律，爱护公物，不准擅离职守，上班时间不做与本岗位无关的事情。

（8）化妆师在工作中应主动自我介绍及介绍化妆程序，注意征求顾客意见。

（9）有良好的职业道德，化妆时神情专注，动作轻快、熟练。根据顾客的要求及按照顾客脸型、气质和头发的疏密度认真细致地做出客人的理想造型。

（10）保管头饰、首饰、假发、头纱及手套的化妆师，必须对本月所使用的用品分类、分色、分新旧进行登记，以便对遗失或坏掉的加以补充。

（11）每换一次头饰都要化妆师或化妆助理及时放回原处，不得任意放在化妆台或随便乱丢。

（12）化妆师必须每月集体学习礼服配套及头饰的搭配，对白纱、彩纱各种头饰搭配做统一协调，不够的造型用品及时写购物单交与经理及时购回，不得因短货而影响造型。

（13）对于已旧或已坏的头饰、假发、首饰、头纱、手套及时清理，如可清洗干净交予洗衣工或自己清洗，如太旧请主管签字换掉。

（14）头饰、首饰、假发、头纱及手套架上摆放用品必须整洁有序，条理分明，容易取放。

（15）化妆师在取造型用品时不得乱翻乱找，以免弄乱用品，使用完的化妆品凭空盒去换，并签上领取日期及数量。

知识拓展

如果想化出满意的妆，就要花时间去试，看着镜子，不断尝试。化妆的态度就是拿这些化妆品不断地画，并且享受其中的乐趣。

◆化妆时手势一定要轻。

◆皮肤能透出生命力，因此不能遮盖太多，不然就会像雕塑一样。

◆要掌握好粉底与遮瑕膏的平衡度问题，既要遮盖瑕疵，又要显得透明自然。肤色就像画画的画布一样，没有好的底，也不会有好的画作诞生。

◆刚开始化妆的话，建议从浅的颜色着手，并着重在几个自己觉得最安全的颜色上。

◆不要拿深色的化妆品画着玩，对于一般的人来说，很难把深色画好。

◆选择脸部的任何一个部位开始练习化妆，或唇，或颊，或睫毛，或眼睑……集中精力练习一个部位，等到自己驾轻就熟后就可开始下一个目标。

◆刷子上不能蘸太多的用品，不然会弄脏整个妆。

◆如何画眼影：将偏深的眼影画在靠近睫毛根处的眼睑，越往上越浅，最浅的放在眉毛下面。如果对新颜色不熟悉，可从接近肤色的色彩开始练习。

◆不要在眼睑处放太多粉底。

（资料来源：http：//blog. sina. com. cn/s/blog_ 7dc37eda0101ivwv. html. ）

四、中高端岗位类型及职责

（一）美容讲师职责

1. 美容讲师的定义

为了能够反映美容行业的培训讲师这一职业，不作为特定美容会所的具体岗位规范，只是做一个普适性的定义。

美容讲师主要负责美容市场信息的收集与反馈，公司加盟店及各省市产品经销商的产品知识、美容手法的培训；制定完善公司培训计划及方案，为客户制定美容院运作方案及员工队伍的培养，以及提供美容咨询，协助美容主讲者推广美容活动等相关工作；参与大型促销活动主持及组织策划。

一般要求具有大型推广活动或演示会经验，具备优秀的演讲能力和授课能力，书面表达能力强，能编写教材、设计课程，能适应出差，有一定的市场销售策划能力。

2. 美容讲师的岗位职责

美容讲师是专业线化妆品公司的高级人才。明确自己的工作职责，是作为一个合格的美容讲师首先要做到的。美容讲师的岗位职责包含以下几点。

（1）美容讲师要全面掌握公司营销计划及阶段性促销推广方案，对市场人员进行指导并协助执行。

（2）美容讲师要对代理商各级人员及本公司人员培训产品技术知识及行业相关知识，提高其整体素质。

（3）美容讲师要对代理商人员进行会务执行和细节内容的培训工作。

（4）服从会议安排，按照会议需要，在公司各种会议中担当策划、授课老师、主持、顾问等多重角色，保障会议的顺利召开。

（5）美容讲师要收集整理行业其他品牌相关知识，制作课件，并对教育教材和销售手册的编写提供合理建议。

（6）美容讲师要能收集行业流行情报和最新信息及发展动态，及时了解竞争对手市场动向，将分析总结结果交予教育总监。

（7）妥善及时解决客户的抱怨或投诉及终端消费者各项问题的咨询解答。
（8）美容讲师要协助公司各级市场人员制订推广促销计划。
（9）美容讲师有义务协助销售部完成销售目标。
（10）每月接受公司的绩效考核评定和定期向直接上级述职。
（11）完成上级领导临时交办的工作。
（12）美容讲师要遵守公司规章制度，服从纪律。

【小案例】

在培训过程中，现场气氛不好是美容讲师最头疼的问题之一，嘈杂的环境不但直接影响美容讲师的授课情绪，而且会给学员留下糟糕的印象，即使授课的内容再好，最后的结果也是可想而知的。因此，调动现场气氛，是美容讲师最重要的基本功。

在一次给一家美容院培训时，美容讲师注意到一位学员的眼神里透着不屑，而且不断跟邻座的学员交头接耳（讲师当时感觉她应该是有两把刷子，果然后来了解到她是美容院的业务尖子）。如果直接提醒她往往会造成对立，不利于培训的顺利进行。

于是，在她又一次跟邻座说话的时候，美容讲师突然停止了讲授。很快，她有些明白了，显得有些不好意思。美容讲师走过去站在她跟前，很温和地问她：是不是对讲的内容不太理解？她说理解理解。我又问她，在你做销售的过程中，有没有你最得意的一件事？她想了想说，有啊！我接着问她，那你能不能到讲台上去，把这个事情跟大家分享一下？还没等她开口，我又跟大家说，给她一些掌声鼓励一下好不好？在一阵热烈的掌声中，她不得不走上讲台。

当她讲完亲身经历的案例后，我又把她的这个案例从专业的角度做了一个简要分析，然后告诉大家，这个案例应该载入美容院的销售史册。大家又是一阵热烈的掌声。这时，我有特别注意到她的神情，看到了她眼里透着激动。在后来的培训过程中，这位"刺头"学员好像换了一个人似的，非常认真，而且对互动积极配合，培训结束后还特意跑来向我表示歉意。

［资料来源：洛葵. 调动现场气氛：美容讲师的基本功（附案例）［EB/OL］. http：//news. 138job. com/info/229/93347. shtml. ］

【小思考】

怎样才可以成为一个优秀的美容讲师？其基本的素质和能力要求应该是怎样的？

（二）区域经理职责

1. 区域经理的定义

区域经理是指拥有营销经验能力；或拥有成熟营销团队；或拥有成熟地方、领域市场资源的个人或企业。区域经理负责公司在每一个区域的生意发展和组织建设工作，下辖若干个客户经理和当地销售代表，向市场经理汇报。

2. 区域经理的岗位职责

专业线美容企业的区域经理，其实是一个比较特殊的职位。它要求从业者既具备直接销售能力，又能够统管区域市场，具有宏观的策划和运作能力。所以，要在美容行业成为一名优秀的区域经理并不容易。

如何成为一名优秀的美容行业的区域经理呢？综合多方的经验，我们认为，首先，应该具备良好的职业道德和工作心态，譬如积极上进，灵活应变，迎难而上，善始善终，凭工作业绩来获得相应的报酬 。其次，还应该具备一定的产品知识、销售技巧以及良好的沟通能力，以保障在征战市场时具备足够的资源。

区域经理的岗位职责包含以下几点。

（1）区域内营销人员的组织与管理，尤其是对美容师的管理与组织：进行区域内美容师日常工作的跟进与考核培训以及管理工作；美容师招聘、离职的最终核准；美容师的培训跟进，同时保证员工的到岗率；帮助美容师建立合理的管理系统及组织机构框架。

（2）区域内营销网络的建设与维护。

（3）区域内货品的流转及库存管理。

（4）区域内营销客户的交流与掌控：保证负责区域内老顾客利益的维护以及定期进行老顾客的回访；在所辖区域范围内维护和巩固已有市场基础并积极开发新客源。

（5）区域内营销信息的收集与反馈：进行区域内各个网点的销售服务及成本管理；各种文件及账务的审批核准；及时传达公司政策至各网点并跟踪执行。

（6）区域内营销目标的分解与落实，确保完成区域内销售目标。

（7）区域内营销问题的反映与处理。

知识拓展

北京美丽来佳人网络技术有限公司区域经理任职资格：

◆5 年以上美容纤体的行业工作经验。

◆3 年以上团队带领经验。

◆能够与公司保持密切沟通。

◆能够进行团队活动的管理和策划，定期进行辖区内员工的激励活动。

（三）市场总监职责

1. 市场总监的定义

市场总监，又称为首席营销官（Chief Marketing Officer，CMO）是指企业中负责市场运营工作的高级管理人员。主要负责在企业中对营销思想进行定位；把握市场机会，制定市场营销战略和实施计划，完成企业的营销目标；协调企业内外部关系，对企业市场营销战略计划的执行进行监督和控制；负责企业营销组织建设与激励工作。

2. 市场总监的岗位职责

市场总监的岗位职责包含以下几点。

（1）负责公司市场部的整体项目工作的定位、调研和策划。

（2）负责本部门员工业务培训和指导的工作、增强团队的凝聚力。

（3）制订市场招商部各阶段工作计划、布置和安排计划开展。

知识拓展

广州市恩道生物科技有限公司 OEM 市场总监任职条件：

◆3 年以上美容专业线同岗位工作经验，认可公司文化。

◆有丰富的营销资源，具备招商管理经验。

◆熟悉保健品促销操作流程，有大型保健品招商成功案例者优先。

（四）美容会所店长职责

1. 美容会所店长的定义

美容会所店长是美容会所整个店内的典范以及所有人学习的榜样，既是管理者又是技术指导者，有的还担负着决策者的重任。

2. 美容会所店长的岗位职责

总职责要求：对本店日常经营、人员管理及店内所有设施的安全负有主要责任，确保本店日常经营规范化、效益化、安全化。

（1）销售任务包含以下几点。

①店长需带领全体人员完成公司每月下达的销售和服务任务。

②对下达到店的每月销售和服务任务，合理分配到各顾问，并协助顾问将任务合理分配到各美容师。

③每月底制订本店月销售及服务计划。

④每月底将本店上月工作总结上报总务部。

（2）业务工作，包含以下几点。

①适时根据时间、特定假日等时机，制定出不同的促销策略，报总经理批示后实施。

②熟练掌握全店产品及项目的单价、成分、配件、操作流程和不同的折扣点；熟练进行全店仪器的操作指导，并熟知仪器的性能和原理。

（3）人员管理，包含以下几点。

①对员工日常的考勤进行监督，如有违反考勤规定的，应按相应条款处罚。

②合理安排员工班次。

③随时对员工的工作表现及卫生情况进行检查和监督，并现场打分，如有问题当场纠正。

④协助财务做好收银管理工作，每月、每周、每天定时对美容顾问的销售清单进行审核。

⑤及时处理客户投诉，避免事态扩大。按照公司规定对相应人员做出处理建议，上报总经理后执行。

（4）业务培训，包含以下几点。

①协助培训老师编制公司新产品及新项目的员工培训讲义。

②协助制定公司年度培训目标及季度、月度培训计划，根据员工对培训安排的意见，提供建议。

③对新进员工根据不同的业务熟练程度，分别进行店内或安排部门内强化培训，在保证质量的前提下，缩短新员工上岗时间。

④负责对人员进行各种形式的考核及成绩的评估。进行登记汇总后上报总务部，为公司人事调动、人员定级、晋升提出依据。

（5）日常管理，包含以下几点。

①主持店内每周例会并对上周的工作情况做一个总结，并对本周工作提出要求。

②定期参加公司的相关会议，了解公司近期经营方向，并贯彻落实公司近期出台的规章制度。

③店长有责任在公司规章制度、业务、操作流程上对新员工进行传、帮、带。

④上级临时交付的其他工作。

【小思考】

如何做好美容会所店长？需要具备哪些方面的素质？

任务小结

任务1结构如图4－1所示。

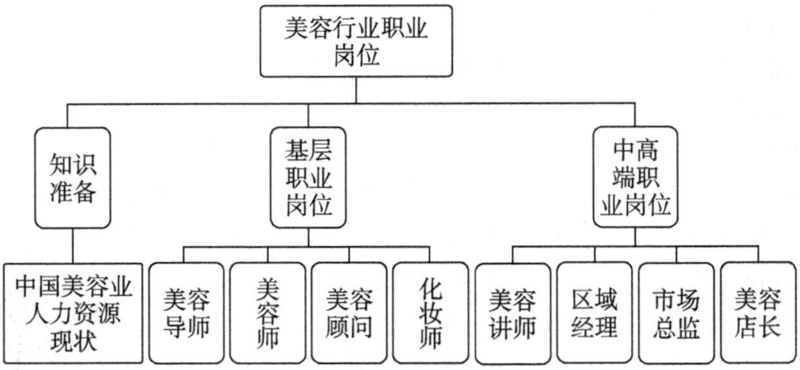

图4－1　任务1结构图

拓展训练

美容会所美容导师工作体验

训练目的：了解美容会所美容导师的工作范围，感受美容行业的岗位及其职责。

训练步骤：

（1）找一家学校附近的美容会所，进行参观和体验。

（2）在选定的美容会所中进行美容体验，由美容师进行操作。

（3）观察和总结美容师的工作范围和工作职责。

（4）从中总结做好美容师的综合素质要求 。

训练方法：以小组为单位进行，合理进行分工。

训练成果：小组提交体验报告，以 PPT 和微视频的方式进行提交，教师进行点评和归纳。

拓展阅读

美业 O2O 能否颠覆女性消费？

［摘要］美业 O2O 如果想成为继打车市场后的下一个爆发点并颠覆消费模式，还要从增加优质用户黏性以及打通支付交易环节处着手，在给商家带来潜力客户的同时，也让消费者享受到好的服务和体验。

核心提示：

（1）女性网民的潜在市场规模有 2.7 亿人，女性对移动互联网的依赖性更强，创业者们看好美业市场。

（2）爱美女性爱分享，打造社区“美丽圈”，以社区吸引住优质用户。

（3）打通支付交易，把流量转化为订单，从而实现商业模式的成型。

（4）给商家带来潜在客户，让消费者享受到好的服务和体验，是美业 O2O 所要解决的问题。

腾讯科技相关报道

生活服务行业都在不同程度地被 O2O 改变着，比如你可以通过手机 App 打车、叫外卖、修手机、洗衣服，现在 O2O 这股热潮又开始蔓延到美业。所谓美业，简单来说就是美容、美发、美甲、养生等行业，这在爱美女性的生活里是不可缺少的一部分。

从近来的投资案例也不难看出，美业 O2O 越来越吃香，受到投资者、创业者的关注和青睐。不久前，河狸家完成 B 轮融资并称已估值近 10 亿元人民币；秀美甲获得信中利和策源创投联合投资的近千万美元 A 轮融资；美业 O2O 平台美丽加获得琴江创投和安卓信创投的 800 万元人民币天使投资；美发领域的美美豆、放心美也先后获得天使轮投资。

从美业切入O2O无疑是个不错的主意，但如果想成为继打车市场后的下一个爆发点并颠覆消费模式，还要从增加优质用户黏性以及打通支付交易环节处着手，在给商家带来潜力客户的同时，也让消费者享受到好的服务和体验。

美业O2O的盘子有多大？

美业利润高早已不是什么秘密，一瓶标价几十元的指甲油可以提供给数十个消费者，美容美发也同样可以以低成本实现利润翻倍；再加上女性消费欲旺盛、消费能力强、消费频次逐年提升，这里存在着巨大潜力和商机。

中国互联网信息中心（CNNIC）提供的数据显示，截至2014年6月我国网民规模达6.32亿人，其中男女比例达到55.6∶44.4，女性市场的潜在规模达到了2.7亿人。

百度数据则显示，与2013年年初相比，女性用户在移动端上的增长率最高，甚至达到了3倍多。随着移动互联网时代的到来，与男性相比，女性对移动互联网的依赖性更强，其发展势头也最为迅猛。这样看来，也就不难理解为何创业者们纷纷看好美业这个市场。

说起美业O2O，团购可以算是它的前身。但团购并没有彻底帮助甚至颠覆这个行业，原因在于，一方面商家希望得到有消费能力的潜力用户，而团购而来的消费者往往是“一次性”消费；另一方面消费者也希望以较低的价格得到高品质服务，但大量团购消费者让接待能力、服务能力有限的商家无法招架。对此，业内人士对腾讯科技表示，依靠美业从线下走到线上才是比较务实且有效的途径。

用社区吸引住优质用户？

美业最大特点之一就是消费弹性大，比如美发，从一年消费一次，到一个月消费一次，都大有人在。除了享受服务，女性消费者对服务结果也有着很强的分享需求，比如做了一个满意的指甲或者造型，希望得到来自他人的关注和评价。

喜欢“晒”、爱分享的天然特性给创业者们提供了一个能够很好吸引住这些优质用户的方式，即打造一个社区提高复购率，并发挥老客户的价值，带动新客户进入。

美甲这个看似是街头巷尾的平常小生意已经逐渐成为一个规模上千亿元的大市场。最近，一款名叫河狸家的美甲软件在女生的小圈子里传开了。河狸家提供的是美甲师一对一的上门服务，目前已经入驻了1 000名美甲师，每天接单近2 000单。

美甲是毛小姐的爱好之一，基本每个月都会换一到两次指甲造型，平时她基本是靠团购或者专门跑到办卡的店里去，但不是服务一般就是离家较远。现在，毛小姐可以通过河狸家这款APP将美甲师约到家里或者附近的咖啡馆，叫上几个好友，一同享受美甲服务。

与河狸家直接对接技师的方式不同，由当当网、苏宁前高管易文飞创办的秀美甲搭建的则是平台性产品，走的是“天猫+淘宝”模式，服务于美甲店但不提供具体的美甲服务，消费者可以通过LBS的方式查找到附近的美甲店，然后直接到美甲店享受服务。

易文飞告诉腾讯科技，秀美甲其实做的是一个美甲生态圈，所有和女性、和美甲相关的需求都可以在这里得到满足。

易文飞在被采访中多次强调秀美甲因“秀”而生，“爱美女性爱分享，天生就具备爱交流的驱动力，秀美甲通过用户相互分享和交流的方式培养用户黏性，利用这种消费驱动将用户导流到线下商家”。目前，秀美甲已累计激活用户达1 200万人，入驻美甲店达到10万家。

美业O2O平台“美丽加”现在主要覆盖深圳一地，上线两个月以来入驻商家如美容院、养生馆、美甲店已超过1 000家。“美丽加”在面向用户端的App中也打造了侧重美容业的社区“美丽圈”，让个人用户可以方便地交流经验心得。

打通支付交易

美业行业中，大多商家主要采用储值卡、会员卡的方式试图留住用户。“美丽加”创始人马晓光对腾讯科技表示，尤其是美容行业，预储值的消费特点更为明显。

商家希望通过储值卡、会员卡的方式将用户牢牢拴在商店中，但难免会出现这样的问题，即用户在消费一次不满意后，很难得到退款；商家随意调整会员折扣或者服务价格，消费者却只能被动接受；更有消费者由于商家倒闭，不得不自己担负这部分损失。

前不久，余女士在家附近的造型沙龙充值2万元办理了白金会员卡，本可以享受会员3折的优惠服务，但没过多久该店就调整了服务价格，部分价格变成了以前的3倍。余女士想要退卡，但商家拒绝了她的要求，并被告知“涨价是公司的规定，自己也没办法”。

为了避免上面所说的情况，并最大限度把美业O2O领域的消费能力释放出来，行业中的玩家们正在试图通过打通自己的支付交易来规避这种乱象，这或许是个不错的方法。

比如，“美丽加”正在筹备推出垂直领域“美丽宝”，让消费者享受服务实现无卡化。“比如消费者可在美丽加平台上进行储值，然后在这个平台上所对接的任意商户中使用。”马晓光说。在拿到A轮融资后，秀美甲也将在11月上线交易系统，虽然易文飞并没有透露过多的细节，但他表示届时将把用户预约、商家上门等服务落地，同时也意味着将规模化的流量转化为订单，从而实现商业模式的成型。

不过也有业内人士对腾讯科技表示，很多O2O创业者只是想向商家收钱，但不能为商家带去所希望的潜力用户，或者给商家带去了不理想的用户。

如此看来，美业O2O想要颠覆传统的消费模式，归根结底要做的还是给商家带去有消费能力的客户，同时依托线下资源为消费者找到优质的商家，并用好的服务体验作为最根本的保证。

（资料来源：http：//tech. qq. com/a/20141028/010203. html.）

任务2　美容行业职业生涯发展

一、任务布置

1. 任务主题

美容会所员工流失原因调查。

2. 任务步骤

(1) 请以所在学校或单位为原点搜索周边的美容会所（店、院）。

(2) 选定1～3家美容会所（店、院）进行店内员工流失原因调查。

(3) 以小组为单位进行汇报。

(4) 教师针对学生的汇报进行点评和总结。

二、知识准备

2013年，由138美容人才网主办的美业HR沙龙会——“新员工主动流失，谁该负主要责任?”在TTT创意园顺利拉开了帷幕，活动现场吸引了几十家美容企业，近百名的美容行业HR职业人、企业各层管理者和新员工在现场进行交流，王勇刚美容文化教育咨询机构的许天心女士对这个主题发表了自己的看法。

许女士认为新员工流失的主要原因是岗位职责不匹配，团队融入不和谐，职业规划不明确。

在职业规划不明确方面，许女士谈到，很多新员工不知道自己要做什么，刚加入一个新公司没几天，上司没有及时安排事情或者对其缺乏关心的话，此时员工往往会不知所措，从而渐渐失去方向感和职业重心。

从上述采访中，我们不难看出对于美容行业员工的长期发展来说，明确的职业规划是十分重要的。

三、美容行业基层岗位职业生涯发展

(一) 美容导师的职业生涯发展

美容导师作为本行业最贴近市场的基层人员，自然所面临的上升空间和发展机遇也是最大的。如果你致力于在本行业发展，那么，至少有以下几种岗位和创业方式适合你在适当的时机下进行选择。

1. 专业美容销售管理

基本要求：入行至少1～2年。有闯劲、热爱营销工作、有团队管理能力；能够策划和组织各类促销活动。

可担任职位：大区（区域）经理、销售经理、市场推广经理等中级销售管理职位。

最佳从业年龄段：22～35岁。

职业持续力发展分析：这是目前美容导师最常见的职业提升选择，在国内众多的专业美容经营企业中，一些中坚的销售管理职位（如大区经理等）都是从销售业绩领先、市场维护和开发能力突出的资深美容导师中提拔起来的。由于这些职位长期进行企业的销售网络管理，一般都备受重视。如果能够把握好机会，进一步将自己提升至营销总监、销售副总等高层销售管理职位的机会是极大的。但此类岗位必须适应频繁出差和承受较高工作压力，如果你是一位打算婚后以家庭为重的美容导师，那么，你需要慎重考虑是否将这类职位列为你转型的主要选择。

发展路径：美容导师—大区经理—营销总监—销售副总，详见图4－2。

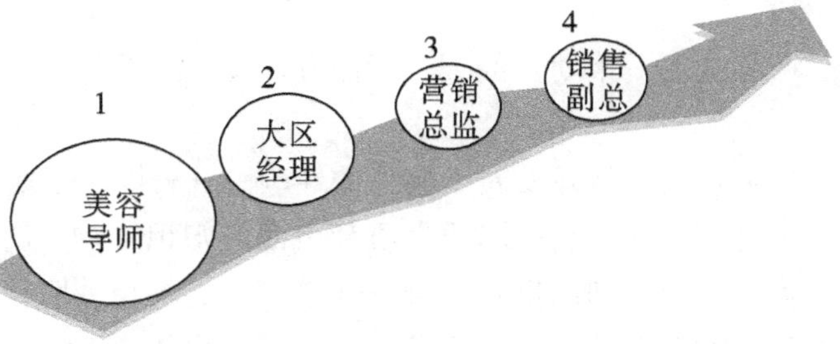

图4－2　美容导师的专业美容销售管理发展路径

2．专业培训讲师

基本要求：入行至少1年。具有丰富的行业营销和市场维护经验、良好的文字及语言表达能力，能够编写适合企业不同发展时期的培训教材（如店务手册、产品手册等）。

最佳从业年龄段：25～35岁。

可担任职位：（高级）培训讲师、培训经理等专职进行产品技术培训或素质培训的专业人员。

职业持续力发展分析：由于专业培训是本行业区别于普通日化业的重要市场支持手段，所以在未来的发展中，资深的专业培训师将成为行业的香饽饽。其他行业或是科班出身的培训人员一般都不了解产品知识及行业市场操作，他们的强项在于销售人员素质培训。这种现状就为美容导师转型成为培训讲师，尤其是技术培训讲师造就了得天独厚的条件。随着整个行业专业化程度的日益提高，培训讲师逐渐成为最为紧缺的人才之一。同时，培训作为一种职业，能够促使从业者不断完善和丰富自身的知识结构。如果你是一位具备总结、提炼和创新能力的美容导师，你完全可以大胆地去竞争培训讲师这个充满前景的职位。

发展路径：美容导师—培训讲师—高级培训讲师—培训经理，详见图4－3。

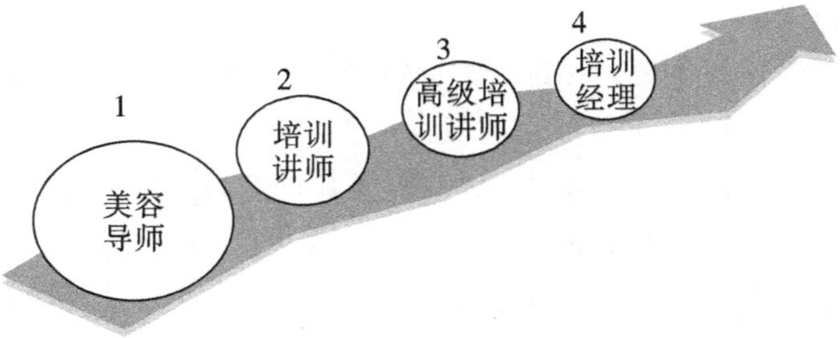

图4－3　美容导师的专业培训讲师发展路径

3．产品开发和产品策划

基本要求：入行2年以上。灵敏的市场感知及反应能力、思维活跃、文笔流畅，熟悉专业产品的特性及有一定的医学知识。

最佳从业年龄段：22～40岁。

可担任职位：产品开发（策划）经理、产品开发专员、产品临试专员、产品文案专员等。

职业持续力发展分析：产品开发属于典型的经验型——即越老越吃香的职业。能够胜任这方面职位的人必须具备较高的职业素质和全面的知识结构，所以，这一类职位的就业面更为广阔，如可转为培训部讲师、市场部推广人员等相关职位。目前，国内专业美容企业在产品的研发方面还处于初级阶段，产品同质化的现象较为普遍。随着行业竞争的加剧，产品开发能力将成为企业的核心竞争力，所以有着实操经验的美容导师是产品开发部各个职位的最佳人选。长期以来，产品开发（策划）人员一直是业内最为缺乏的人才之一，这种趋势在接下来的数年内还会进一步加剧。

发展路径：美容导师—产品开发专员—产品临试专员—产品文案专员—产品开发（策划）经理，详见图4－4。

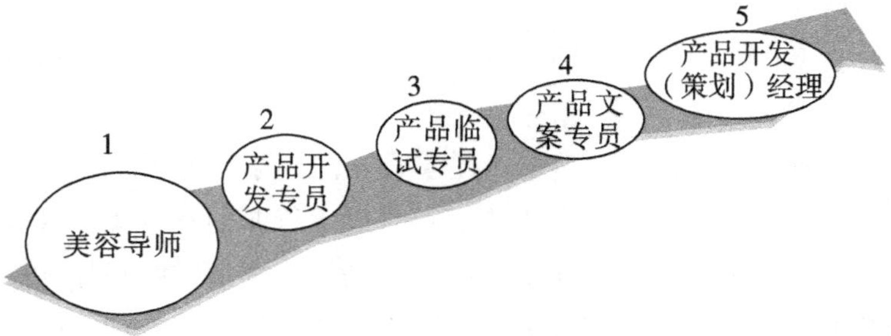

图4－4　美容导师的产品开发和产品策划发展路径

4．店务管理人员/店长

基本要求：熟悉美容院经营管理，具备良好的专业美容技术，具备店员培训、顾客管理、店内促销知识及一定的财会知识。气质优雅、性格沉稳，具有丰富的客户投诉处理经验。

最佳从业年龄段：28～40岁。

可担任职位：店务管理人员、店长助理、店长等。

职业持续力发展分析：在美容院，尤其是一些大型的高档美容院和SPA生活馆，店务管理人员是最主要的经营管理人员，比起同行业的其他职位，其工作环境和薪水都较为优越。在一些大、中型直营连锁美容院，一个省会级城市的巡回店长月收入过万是很平常的事。店务管理作为一种新兴的职业，发展机会和空间都非常巨大。同时，目前化妆品行业各种类型的专卖店、加盟店的蓬勃发展也为店务管理人员造就了一个广阔的发展前景。

发展路径：美容导师—店务管理人员—店长助理—店长，详见图4－5。

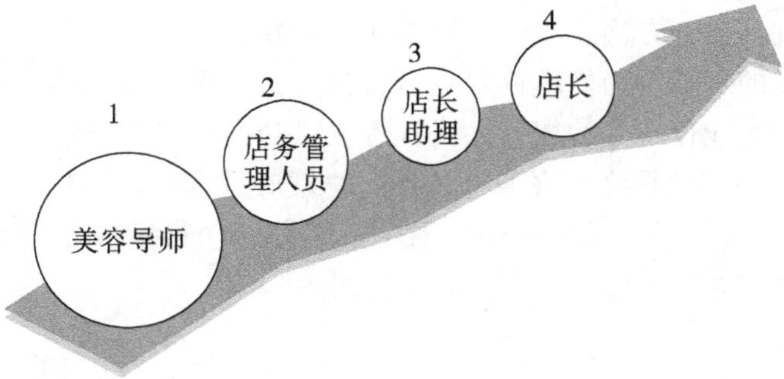

图4－5　美容导师的店务管理人员/店长发展路径

5. 美容院老板

基本要求：入行2年以上。熟悉行业经营及美容院经营管理。具备良好的专业技术，有一定经济基础（一般在二级城市开设一家8张床左右的中小型美容院一次投入约需10万元）。同时，作为一个老板，还要具备基本的财务知识和人力管理能力。

最佳从业年龄段：终身职业。

职业可持续力发展分析：开一家美容院是无数美容导师的理想，也是美容导师创业的途径之一。同时，由于市场的巨大潜力（目前中国城镇老百姓的月平均美容消费已达21.33元，预计未来5年内还要翻一番）。在5年内美容院也是最引人关注的投资热点之一。

创业小贴士：做好自己美容院的定位，即选择合适的区域、确定初期的合作伙伴（代理商、厂家）和经营策略对于初次创业的美容导师非常重要。

发展路径：美容导师—美容院老板，详见图4－6。

图4－6　美容导师的创业路径

6. 区域代理商

基本要求：有一定的销售终端网络，熟悉创业区域的市场环境；有相当的经济实力；熟悉专业美容产品的特性，并有一定的品牌管理经验和全面的经营管理能力。

最佳从业年龄段：终身职业。

职业可持续发展分析：由于目前专业美容行业的经营企业大多不具备直接控制终端美容院的实力，所以区域代理商制依然是行业销售中最主要的方式。当然，代理商的入行门槛远比开美容院要高得多，除了资金方面的要求外，一个成功代理商的经营管理能力也远比美容院老板要求更全面。代理商作为直接面对美容院的中间通路，在具备一定的积累后，发展前景远比开设美容院宽广：一方面，代理商可以直接掌控终端，自己发展连锁加盟美容院。另一方面，由于长期同生产厂家打交道，对产品的了解，尤其是各类市场所需求产品的了解可为代理商日后自己操作产品造就近水楼台。随着专业化妆品行业的发展和社会专业化细分的加强，美容行业也会出现类似目前快速消费品“通路为王”的行业态势。一些注重终端服务、具备品牌发展观念的新锐代理商将成为左右行业发展的重要力量。所以，如果你够胆识，做代理商是一个很有潜力的创业选择。

发展路径：美容导师—区域代理商，详见图 4－7。

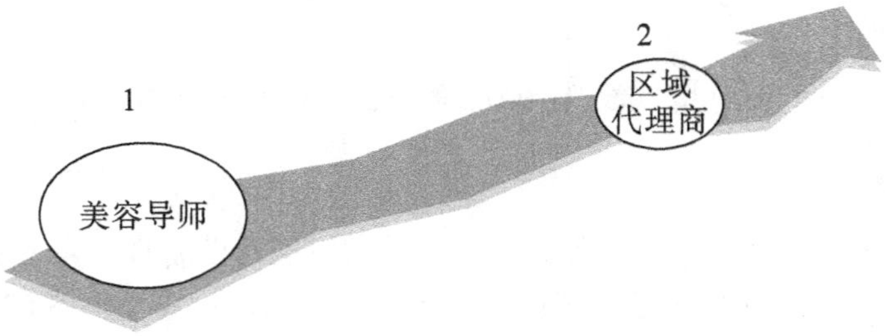

图 4－7　美容导师的区域代理商发展路径

千里之行，始于足下。在对未来的职业规划有了清晰的认识后，还需要努力将现实的美容导师的工作做好、做精，只有专业技术超强、基础素质过硬的优秀美容导师才能将职业发展的主动权牢牢地掌握在自己的手里。

（二）美容师的职业生涯发展

美容师的职业发展规划要根据自身的优劣势和外在的机会、竞争条件进行分析，也就是做一个 SWOT 分析，一般分为两大发展路径，即技术路径和管理路径。

技术路径：初级美容师（国家职业资格五级）— 中级美容师（国家职业资格四级）—高级美容师（国家职业资格三级）—技师（国家职业资格二级）—高级技师（国家职业资格一级），详见图 4－8。

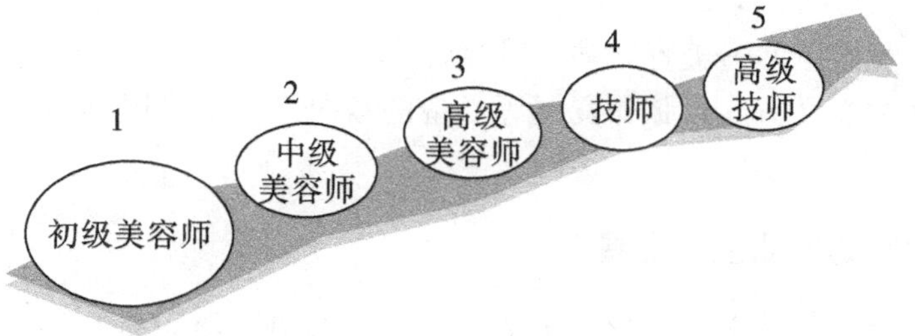

图4－8　美容师的技术发展路径

管理路径：美容师—店长—区域经理—销售总监，详见图4－9。

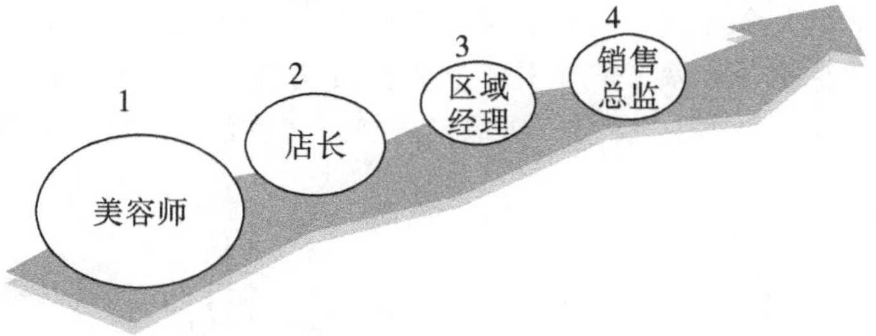

图4－9　美容师的管理发展路径

工作目标：就是工作中的职务晋升，随着职务的不断上升，工资也会增加的。建议可以此发展为工作目标：见习美容师—美容技师—美容顾问—美容组长—副店长—店长。

职业发展空间：这是每个选择和从事美容行业的人都在思考的一个问题，对于美容师来说，职位晋升的机会相对比较多，空间也是比较大的。从初级美容师到高级美容技师，美容顾问，美容院的店长、老板，甚至上升到美容导师、美容讲师、培训师、代理经销商、生产企业和学校经营者等，职位较多，选择的空间大。而且，随着实践经验的日渐丰富，资本原始积累的完成，从美容师到高级管理者并非天方夜谭。

职业发展规划建议：对于美容师而言，一般都是以开美容院为最终目标。建议初期向高级美容技师、美容顾问发展；后期可走出美容院，担任企业的美容导师或美容学校的讲师；当经验和资金积累达到一定程度时，即可准备自己单独开店。管理能力也不可忽视，需要在工作中积累与锻炼。

（三）美容顾问的职业生涯发展

作为一名美容顾问，必须经过相关的技术培训，并获得高级以上的职业资格证书；了解国际时尚美容动态和趋势；有一定的绘画技巧；由于美容顾问涉及的知识范围比较广，这就要求美容顾问必须是个复合型人才。

在美容行业中走职业化的道路，美容顾问可以向美容导师和美容院店长方向发展。美容导师职业特点就是要经常出差，打交道的都是美容院的老板和顾客，如果有美容顾问的职业经历，做起来相对就比较容易些，因为美容顾问了解美容院的经营程序、美容师的想法和美容院顾客的问题。

发展路径：美容顾问—美容导师—美容店长。

另外，在实力、经验、人脉和资金等具备的情况下，美容顾问可以考虑创业，自己开店做老板。

（四）化妆师的职业生涯发展

随着社会的发展，艺术生活化、生活艺术化的趋势日趋明显，一方面，人们在追求感性美的同时也非常注重个性美与知性美的统一；另一方面，化妆的多样性应用也非常明显，化妆不再局限于艺术表演范畴，已经扩展到了商业摄影、体育表演、广告制作、影视生产、舞台、音乐制作、中外合拍片、模特时尚、服装服饰、期刊出版、化妆产品形象代言、公众人物形象顾问、明星私人化妆师等广泛领域。

化妆师需要不断磨炼以及考取相关的职业资格证书，才可以取得自己的职业生涯发展，其基本路径为：助理化妆师—初级化妆师—中级化妆师—高级化妆师，详见图4－10。

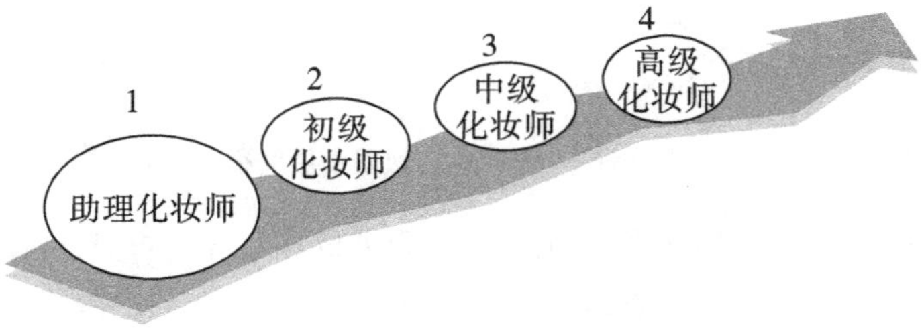

图4－10　化妆师的职业生涯发展路径

四、美容行业中高层岗位职业生涯发展

（一）美容讲师的职业生涯发展

由于专业培训是美容行业区别于普通日化业的重要市场支持手段，所以在未来的发展中，资深的美容讲师将成为行业的香饽饽。

其职业发展路径：美容讲师—高级美容讲师—培训经理。

【小思考】

请问成为一名优秀的美容讲师，需要具备哪些素质？

（二）区域经理的职业生涯发展

位居区域经理这一岗位时，就要趁早对自己的职业生涯有一个清晰的规划路径，才是取得将来的更大发展。而在工作时，首先就要学会把压力进行分解，尽量从事务性工作中解脱出来，及时对自己进行转型，由微观向中观乃至宏观层面靠拢，由业务型逐渐转向教练型，由冲锋陷阵的将才逐渐转向运筹帷幄的帅才。其次，区域经理更要有激情、野心以及强烈的上进心，因为一个人在一种岗位待得太久，就会产生惯性思维以及惰性的生活方式，而这样下去最终结果就是被市场埋没。

区域经理的发展路径：区域经理—营销总监—大区经理—公司管理层，详见图4－11。

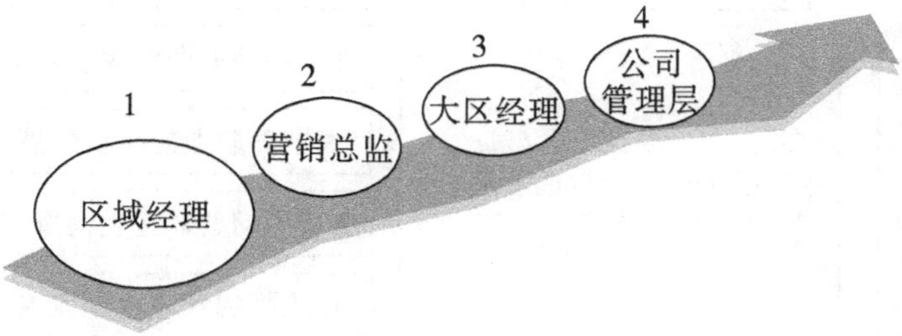

图4－11　区域经理的职业生涯发展路径

（三）市场总监的职业生涯发展

作为公司的中高层职位，市场总监已经是处于管理层，其发展路径十分明显，即市场总监—大区经理—公司决策层。

（四）美容院店长的职业生涯发展

美容院店长在进行职业生涯规划时，应该综合考虑各方面的因素，仔细考虑以下问题：（1）我喜欢做什么？（2）我擅长做什么？（3）我可以做什么？（4）适合我的职业？美容院店长可以通过以上四个问题，设计自己的职业生涯策略，然后再进行资源整合，最终从可能的策略中进行选择。

作为一名美容院店长，职业生涯发展可以有以下几个选择，如图4－12所示。

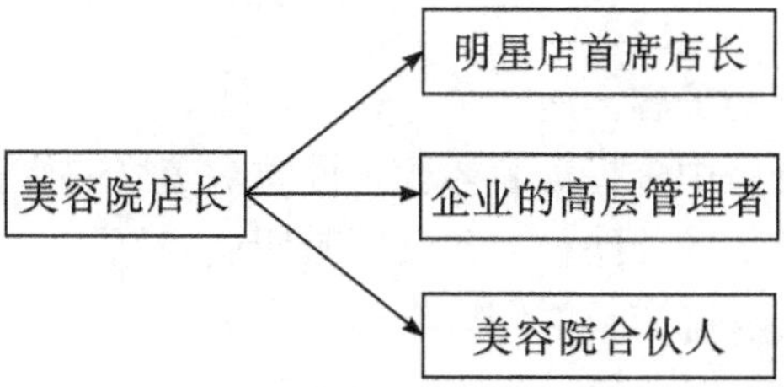

图4－12　美容院店长的职业生涯发展

任务小结

任务 2 结构如图 4－13 所示。

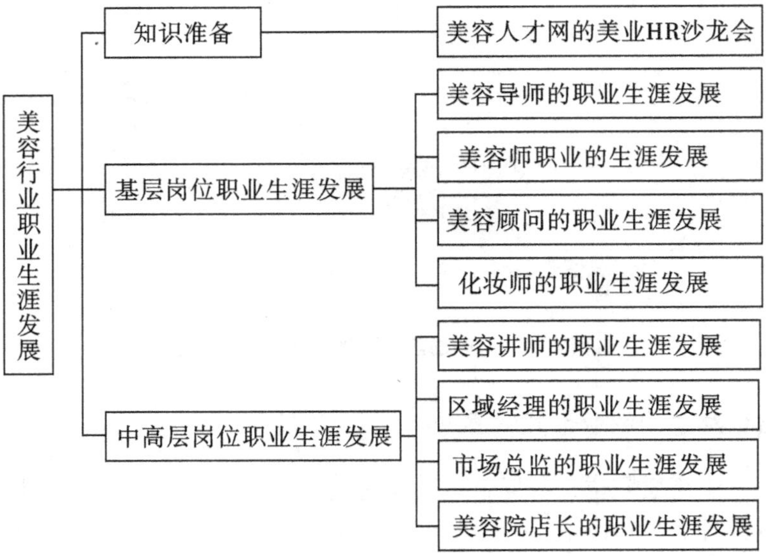

图 4－13　任务 2 结构图

拓展训练

美容会所美容院店长访谈

训练目的：了解美容会所美容院店长的晋升路径，感受美容院店长的成长轨迹。

训练步骤：

（1）找一家学校附近的美容会所。

（2）在选定的美容会所中进行美容体验，同时对美容院店长进行访谈。

（3）总结美容院店长的成长路径，并询问其职业规划。

（4）从中总结做好美容院店长的综合素质要求。

训练方法：以小组为单位进行，合理进行分工。

训练成果：小组提交体验报告，以 PPT 和微视频的方式进行提交，教师进行点评和归纳。

拓展阅读

美容院店长职业生涯行动计划

在现实中，我们做事之所以半途而废，往往不是因为目标难度大，而是觉得成功离我们很遥远。因此，我们在制定目标的时候，应该把职业生涯的最终目标分解成不同的阶段性目标，这样的话，只要我们坚持完成每一阶段性目标，职业生涯发展的总目标总会实现。

在制订具体的行动计划时，应注意以下问题：

(1) 什么目标对我而言是最有可能实现的?

(2) 我将如何实现这一目标? 我将分别在何时实施上述每一项计划?

(3) 有哪些人将会帮助我共同完成这项计划? 对我而言，还有哪些不能解决的问题?

制订职业生涯的具体行动计划应从一生的发展总目标开始，然后分别制定出十年、五年、三年、一年计划，最后制订出每月、每周和每日计划，然后照此执行，直至实现目标。详见表4－2。

表4－2 美容院店长职业生涯阶段性目标

阶段性目标	说　明
未来发展目标	今生今世，你想做什么？想成为怎样的人？想取得怎样的成就？想成为什么领域的佼佼者？把这些问题确定之后，你的人生目标就确定了
十年计划	二十年计划太长，十年正好合适，而且十年时间足够完成一件大事。今后十年，你希望自己成为什么样子？有什么样的事业？过上什么样的生活？把它们仔细想清楚，一条条写下来
五年计划	制定五年计划的目的是分阶段实施十年计划，并将计划一步一步具体化，将目标进一步分解
三年计划	俗话说，五年计划看头三年。因此，你的三年计划比五年计划更具体、更详细，因为计划是你的行动准则
一年计划	制订下一年度的计划，以及实现计划的步骤、方法与时间表。年度计划务必具体、切实可行
每月计划	每月计划应包括应完成的工作内容、数量、质量、相关信息、新知识等
每周计划	计划内容与每月计划相同，不同之处在于必须更加具体、详细，且切实可行。每周应提前制订好下周的计划
每日计划	选择最重要的三五件事情，按照轻重缓急排序，第二天按计划去做

需要注意的是，执行计划是步骤中最难的一步，因为它要求采取切实的行动。为此，要避免两个误区：一是懒惰，二是错误。在具体落实过程中，建议把握表4－3所立原则，从而制定自己的职业规划，详见表4－4。

表 4－3　执行计划的原则

原则	说明
设定目标	先有大目标，再补充小目标，反之亦然
执行具体计划	人生计划—三年计划——年计划—每月计划—每周计划—每日计划
分清轻重缓急	做事要分清轻重缓急，不要为了某些次要的事而影响重要的事
适时修改	在实现目标过程中，难免会有某些失误，这不要紧，关键是要不断修正

表 4－4　美容院店长职业生涯规划表

<table>
<tr><td>姓名</td><td></td><td>性别</td><td></td><td>年龄</td><td></td><td>政治面貌</td><td></td></tr>
<tr><td colspan="2" rowspan="2">工作部门</td><td colspan="2" rowspan="2"></td><td>现任职务</td><td></td><td>到职年限</td><td></td></tr>
<tr><td>现有职称</td><td></td><td>到职年限</td><td></td></tr>
<tr><td colspan="2">个人因素分析结果</td><td colspan="6">兴趣/爱好/特长：
情绪/情感：
意志力：
已具备经验：
已具备能力：</td></tr>
<tr><td colspan="2">环境因素分析</td><td colspan="6">社会环境：
所在行业环境：
所在美容院内部环境：</td></tr>
<tr><td colspan="2">职业选择</td><td colspan="6">择己所爱：
择己所长：
择己所利：</td></tr>
<tr><td colspan="2">职业生涯路线选择</td><td colspan="6"></td></tr>
<tr><td colspan="2" rowspan="3">职业生涯目标</td><td>长期目标</td><td colspan="2"></td><td>完成时间</td><td colspan="2"></td></tr>
<tr><td>中期目标</td><td colspan="2"></td><td>完成时间</td><td colspan="2"></td></tr>
<tr><td>短期目标</td><td colspan="2"></td><td>完成时间</td><td colspan="2"></td></tr>
<tr><td colspan="2">完成短期目标计划与措施</td><td colspan="6"></td></tr>
<tr><td colspan="2">完成中期目标计划与措施</td><td colspan="6"></td></tr>
<tr><td colspan="2">完成长期目标计划与措施</td><td colspan="6"></td></tr>
</table>

（资料来源：http：//blog. sina. com. cn/s/blog_ 5f44002701010fvn. html.）

项目5

行业宣传推广平台

学习目标

知识

- 了解认识中国美发美容协会
- 了解关于美容行业的技能竞赛
- 了解美博会及美博城
- 了解美容峰会及“520 美容师节”
- 了解大型企业美容文化节

技能

- 熟悉美容行业各类大型广泛的宣传推广平台
- 能够为企业选择合适的美容行业宣传推广平台
- 了解成功策划美容峰会对企业的影响
- 熟悉大型企业的美容文化节的营销模式

案例导入

小杨刚刚进入美容行业，还不知道美容行业是通过什么样的平台去进行推广的，在哪些平台上推广是最有效，最能够引起行业人的关注呢？同时如果自己在美容行业工作时间久了，自己的技能比身边的同事和同学都要好，这个时候就想要更高地提升自己的技能，想看看有没有比自己技能更好的，想要去和同行的业界人士进行切磋交流，听说美业也有技能竞赛，那应该通过什么渠道报名参加这样的比赛最可靠，而且也是最有影响力的？

思考延伸

1. 美容行业有哪些宣传推广平台？

2. 如何参加美容化妆技能竞赛?
3. 美博会是什么?
4. 美容峰会的目的是什么?

任务1　美容行业协会认知

一、任务布置

1. 任务主题

了解中国美发美容协会。

2. 任务步骤

(1) 请通过在校专业老师、行业前辈了解，或者通过网络平台搜索了解中国美发美容协会这一组织的基本情况。

(2) 将了解到的相关信息以小组为单位进行梳理后汇总。

(3) 教师针对学生的汇报进行点评和总结。

二、知识准备

中国美发美容协会是国际性的美发美容协会。凡是国与国之间的行业信息交流都是通过中国美发美容协会，美容行业的从业人员也对这个平台有或多或少的了解，是目前我国最有影响力的美容协会。此外在中国美协的统一领导下，各地方省市的美发美容协会业发展得非常兴旺蓬勃，其中广东省美容美发化妆品行业协会由于其悠久的建会历史以及对美容行业的突出贡献在行业内也享有较高的声誉和知名度。

三、美容协会介绍

(一) 中国美发美容协会介绍

中国美发美容协会(China Hairdressing & Beauty Association，CHBA)是经中华人民共和国民政部正式批准注册成为美容行业内唯一的一家全国性的社团法人机构，1990 年 4 月 16 日成立，是由国家社团登记管理机构依法批准成立的全国性行业组织，国务院国有资产监督管理委员会管理。1998 年年底，加入世界美发组织(简称 OMC)，2006 年成为世界美发组织中国区总代表。

以弘扬中华民族渊源的美发美容文化为宗旨，以致力于发展中国美发美容事业为己任，在肩负全国行业管理与服务的同时，大力推动与国家之间、同行业间的交流与合作，贴近市场、贴近企业、贴近消费者。

工作定位：专业性、权威性、导向性。

图5－1 中国美发美容协会LOGO和微信二维码

1. 业务范围

（1）举办技艺比赛、演示以及美发美容用品和相关产品的展览会。

（2）组织讲座、研讨、交流、培训。

（3）适时成立经营性实体，开展专业咨询服务和中介服务。

（4）加强与国内外同行业的联系，组织对外交流和考察，积极参与国际性的行业活动。

（5）反映会员愿望，维护会员合法权益，为会员提供有关服务。发展和建立会员队伍；协调政府研究制定行业法规与标准；配合政府指导并协调国内美发美容市场的管理与发展；组织评议及推广最新技术和产品；开展国内外多种形式的比赛、交流、培训与合作；举办美发美容用品博览会、编辑出版专业书刊和信息；发布行业动态信息；成立经济实体。

2. 主要职责

发展会员队伍；制定行规、行约，建立行业自律机制，协助政府搞好行业管理；开展行业调查，发布行业信息；组织行业评优、推介和表彰；推广新技术和新成果；开展比赛、交流、培训与合作；举办专业用品展览会、编辑出版专业书刊；开展咨询服务和中介服务；维护会员合法权益。

3. 协会会员

从事美发美容行业的企业和个人以及地方行业组织均可申请入会，到目前为止，共发展个人会员20 000余人，单位会员2 000余家。

会长：闫秀珍（法定代表人）。

副会长：武意训、彭建仪、黎家信、唐德高、王建、马立致、张志桦、江平、祁雅丽、孙臣、郑春影、姜宁、孙怀庆、陈勇、芦宇明、王宏、蒋敏、韩韩、钱琼、于西蔓、高颖、徐巍、么玉石。

名誉会长：张世尧、何济海、杨树德、田元兰。

名誉顾问：廖瑞强、吉川秀隆（Hidetaka Yoshikawa）。

顾问：霍起弟、刘小虹、迟忠远、彭锦钊、涂俊光。

4. 协会媒体

（1）《美容美发·发型师》。

该刊于1994年1月创刊，由中国美发美容协会主办，属于技术和管理类刊物，读者对象为从事美发业的技术和管理人员。每月8日出版，大16开，国内外公开发行，主要栏目：前沿、潮流LOOK、技坊、沙龙潮流、创意、经营指南、名人坊、职场启示录、空间。

(2)《美容美发·化妆师》。

该刊于2004年1月创刊，由中国美发美容协会主办，属于技术和管理类刊物，读者对象为从事化妆、造型、美甲业的技术和管理人员。每月8日出版，大16开，国内外公开发行，主要栏目：风格在现、潮流趋势、欣赏、妆影姿彩、影视在线、美妆课堂、形象设计、色彩地带。

(3)《中国美发美容资讯》。

该刊于2008年1月创刊，由中国美发美容协会主办，属于行业资讯类刊物，免费赠送给本协会会员和《美容美发》杂志读者，每月8日出版，小16开，主要栏目：政策法规、协会专栏、行业资讯、法律咨询、会员风采、综合信息。

(4) 官方网站——中国美发美容协会（www. chba. com. cn）。

中国美发美容协会官方网站于2002年10月创立，行业性网站，主要发布协会信息、行业动态，传播美发美容行业新知识、新技能、新信息、新成果。主要频道：行业动态、相关资讯、美容节、时尚潮流、国际频道、行业风采、会员之家、本会专区、人才频道、政策法规、研创中心。

(5) 新闻中心。

新闻中心于2003年12月1日成立。通过行业媒体和社会新闻媒体向行业和社会发布行业动态、流行趋势、消费提示和预警报告等。既为行业人士提供信息指导，也为消费者提供消费指南。

知识链接

为贯彻落实党的十八大提出的关于加快发展现代职业教育的战略要求，贯彻《国务院关于加快发展现代职业教育的决定》和《现代职业教育体系建设规划》，推动全国美发美容职业教育事业的改革与发展，全国美发美容职业教育教学指导委员会于2013年11月6日在北京国际会议中心举行了第六届美发美容职业教育发展研讨会。

会议话题：职业素养、课程改革、课程设置、人才培养模式、中高职课程的衔接、校园文化和企业文化的衔接、校企合作。

参会嘉宾：职业教育主管部门领导、行业协会领导、行业企业专家、美发美容短期培训学校、中等职业技术学校和高等职业技术学院校长、美发美容专业以及相关专业教研室主任，共计60余人。

会议内容：行业资深人士的主题演讲和专题演讲，主讲嘉宾和与会人员的经验交流和对话互动以及学校实地考察等活动内容。

内容总结：

(1) 中国美发美容协会会长闫秀珍女士对教育部授权中美协组建的教育行业指导委员会的工作进行了介绍。目前该行业指导委员会近期主要承担：国家职业分类大典的修订工作；中等职业学校专业归类的申请；中职美发与形象设计、美容美体两个教学标准的制定；中职大赛比赛内容和评判的改革；开展教学课程设置和培训活动；推进全国各地的校企合作。在介绍完上述工作后，闫秀珍会长将2014年行指委的工作设想进行了介绍：中职大赛项目和内容需进一步贴近市场，评判制度需进一步完善；考虑出版《全国职业院校美容美发行业优秀毕业生风采录》，从而激发学生们对行业的热情，为中高职院校招生及宣传提供服务；与学校加强教学合作，成立世界美发比赛的教育培训基地等。

（2）教育部职业技术教育中心研究所国际合作与比较教育研究室主任、研究员，中国职业教育学会职教师资专业委员会咨询专家刘育锋女士，以“需求导向的职业教育制度设计—现代职业教育体系构建的国际比较”为主题进行了演讲。刘育锋主任针对以下两点做了全面细致的分析和讲解：第一，发达国家职业教育制度是如何科学地进行设计和归类。第二，值得我国职教人员可借鉴的国际经验。她深入浅出的演讲为与会者提供了新的思路，为中高职院校教育体系的建立指明了方向。

（3）山东省潍坊商业学校校长兼党委书记于建平结合自己的实际教学经验，以《中等职业教育现状及与高校教育衔接的发展思考》为题进行了发言，他认为“价值、责任、衔接、发展”是中职与高职衔接的关键。其中“价值”是学校发展的核心价值观；“责任”是教育工作者面对职业现状，找准对策的决心；“衔接”是中高职发展的方向；而“发展”则是不断探索办学模式，构建现代职业教育体系的根基。于建平校长用朴实幽默的语言，真切地分享了作为教育资深人士对行业发展的看法，受到了与会来宾的欢迎。

（4）现任广州番禺职业技术学院华好学院院长的江平，同时担任着中国美发美容协会副会长、教育部美发美容专业职业教育教学指导委员会委员的职务，她丰富的人生阅历和对教育工作的热爱，让她也成为校企合作的先锋代表。此次她演讲的题目是《塑美容职业教育口碑校企共建华好学院》。她特别针对“办学体制机制探索和创业基金的建立”“人才培养模式和人才培养定位的思考”“专业设置和课程设计的思路”及“教材建设以及师资队伍的建设”等几个方面进行了细致又全面的讲解，为听众提出了专业建议，并解答了在座人士对于校企合作模式的相关问题。

（5）会议同时邀请了韩国全德铉美容美发厅院长全德铉先生。全先生作为纽约IBS国际委员、韩国美容美发协会副会长、OMC亚洲区副会长、韩国梨花大学美容美发艺术主任讲师，为与会嘉宾分享了韩国美发美容行业的先进经验，以及他对中国美发美容产业的展望。

随着国民经济的高速发展，人民生活水平的不断提高，人们对于美丽、时尚、健康的追求也愈加高涨。在国家经济发展的大背景下，以及市场经济浪潮的推动下，美发美容行业取得了长足的发展，无论是在传统的美发领域，还是在改革开放之后的美容、化妆领域，抑或是在新兴的美甲领域均取得了有目共睹的成绩，中国美发美容协会也在有关政府部门的指导下，行业和企业的共同努力下迎来了全新的发展。

目前，国民经济增速虽有所放缓，行业的各项成本和费用持续增加，但国家决定加大对服务业的重视和支持，可以说机遇和挑战共存。面对新的机遇和挑战，中国美发美容协会一如既往地倡导弘扬中华民族美发美容文化，致力于发展美发美容事业，坚持贴近市场、贴近企业、贴近消费者的工作宗旨以及专业性、权威性、导向性的工作定位。以服务于行业为己任，以引导行业健康、规范发展为最终目标，大力推动与国际同行业的交流与合作。在服务好行业的同时，完成自身的职能。

美发美容行业是一个“日不落”的行业，自从人类产生的那一刻起，“美丽”二字便伴随始终。“美丽”是人类生生不息的追求，为此，我们的脚步也将永远不会停歇。尽管行业还存在着诸多不尽如人意的地方，但我们相信，在有关部门的正确领导下，中国美发美容协会将会带领全体业界同仁共同不断成长、进步，从而走向成熟和辉煌。

（资料来源：http：//www. chba. com. cn/.）

（二）广东省美容美发化妆品行业协会

1. 广东省美容美发化妆品行业协会概述

1989 年成立的广东省美容美发化妆品行业协会（以下简称“协会”），是全国第一家省级协会，其 LOGO 和微信二维码如图 5 -2 所示。内设秘书处、办公室、外联部、培训部、财务部、质量技术咨询中心等职能部门和若干个专业委员会、专家委员会。

图 5 -2　广东省美容美发化妆品行业协会 LOGO 和微信二维码

协会开展知识产权保护和纠纷处理；开展品牌推荐、守合同重信用企业推荐；制定行业规范、行业标准、技术标准；承接国内外企业申办化妆品生产和销售所需的批件；整顿行业作风、开展行业自律等承接政府职能方面成绩显著。

2. 广东省美容美发化妆品行业协会业务范围

（1）代表并维护会员及行业的合法权益和共同经济利益，反映会员和行业的利益诉求。

（2）组织行业企业积极应对国际国内贸易纠纷，代表行业内相关经济组织提出反倾销、反补贴调查和采取保障措施等对外贸易救济措施的申请，并协助政府开展相关工作，组织开展相关诉讼。

（3）规范行业行为，客观公正地协调和解决会员之间、会员与非会员之间、会员与消费者之间的矛盾纠纷，维护公平竞争和社会公共利益，组织会员学习相关法律、法规和政策，加强对会员守法经营、照章纳税的教育和监督；强化行业价格自律，制止垄断市场行为；强化产品和服务质量自律，配合政府监督管理，打击制售伪劣产品的违法行为。

（4）协助政府组织科技成果鉴定和推广应用，参与和协助政府有关部门开展本行业的质量评比监督工作。

（5）开展国内外经济技术交流和合作，引进和介绍本行业最新科学、技术、设备、管理和服务模式。与国际标准接轨，创出中国自己的名牌产品和名牌企业。

（6）积极组织国内外市场开拓，主办对内对外经济技术展览会，为本行业的生产、销售、服务企业提供和创造一个良好的交流舞台和机会。

（7）举办行业内各种技艺大赛，交流技艺，提高从业人员素质和技术水平。

（8）开展和指导就业前的技术培训和考核工作，为本行业输送优秀的从业人员，推动行业的发展和壮大。

（9）创办专业刊物和网站，交流信息。

3．*广东省美容美发化妆品行业协会组织机构*

会员代表大会是本协会的最高权力机构，依照国家法律、法规和协会章程的规定行使职能：采取无记名投票的方法选举或者罢免会长、副会长、理事、监事；审议理事会、监事会对会员除名的提议、年度工作报告、年度财务预决算方案；改变或者撤销理事会、常务理事会不适当的决定；对协会变更、解散和清算等事项做出决议；制定或修改章程、组织机构的选举办法；决定终止事宜；决定其他重大事宜等工作职能。

理事会的职能是：制定协会内部管理制度；筹备和召集会员代表大会；执行会员代表大会的决议，并向会员代表大会报告工作；决定协会具体的工作业务；制定协会的年度财务预算方案、决算、变更、解散和清算等事项的方案；制定协会增加或者减少注册资金的方案；决定协会各内部机构的设置，并领导协会内部各机构开展工作；决定新申请人的入会和对会员的处分，提议对会员的除名；聘任或者解聘秘书长；决定协会分支机构主要负责人；根据秘书长提名，聘任或者解聘副秘书长和协会办事机构、代表机构主要负责人；决定上述人员的报酬事项；选举和罢免常务理事。

常务理事会对理事会负责。常务理事会在理事会闭会期间，经理事会授权可以行使理事会的一些职能。

本协会会长行使职能：召集和主持理事会（或常务理事会）会议；检查会员代表大会、理事会（或常务理事会）决议的落实情况；代表本协会签署有关重要文件。

本协会副会长、秘书长在会长领导下开展工作。秘书长对理事会负责。秘书长为专职，行使职能：主持办事机构开展日常工作，组织制定、实施年度工作计划和预算、决定；协调各分支机构、代表机构、实体机构开展工作；提名副秘书长以及各办事机构、分支机构、代表机构和实体机构专职工作人员的聘用，报会长办公会议批准和主要负责人，交理事会决定；处理其他日常事务。

监事会行使职能：向会员代表大会报告年度工作，监督会员代表大会和理事会的选举、罢免；监督理事会履行会员代表大会的决议，检查协会财务和会计资料，向广东省民政厅以及税务、会计主管部门反映情况，监事列席理事会（或常务理事会）会议，有权向理事会（或常务理事会）提出质询和建议，监督理事会（或常务理事会）遵守法律和章程的情况，当会长、副会长、常务理事、理事和秘书长等管理人员的行为损害协会利益时，要求其予以纠正，必要时向会员代表大会或政府相关部门报告。监事应当遵守有关法律法规和协会章程，接受会员代表大会领导，切实履行职责。

广东省美容美发化妆品行业协会组织机构如图 5 -3 所示。

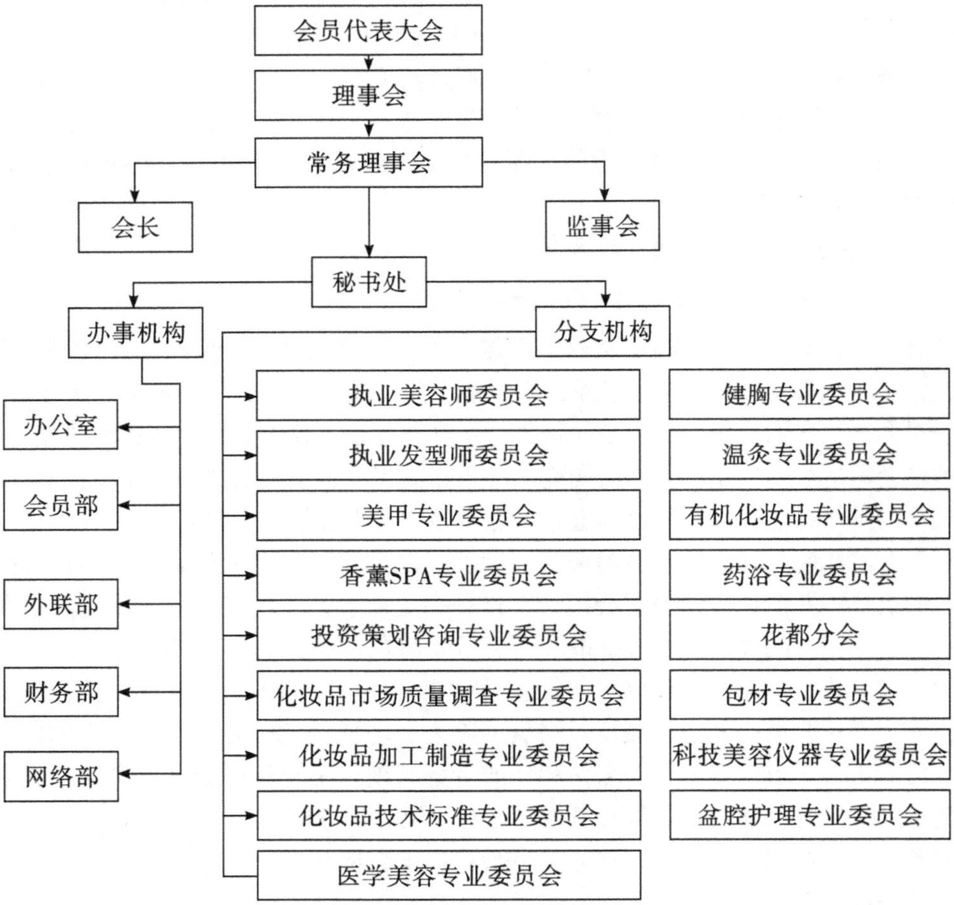

图 5 -3　广东省美容美发化妆品行业协会组织机构

4. 广东省美容美发化妆品行业协会荣誉一览

协会秉承“立足行业、团结精英、服务会员、反映诉求、实行自律”的宗旨，积极开展了各项备受广大会员、社会各界及各级政府部门欢迎的活动，成绩卓著。在全国美容美发化妆品业界，是最为活跃、最具规模、最有影响、最具号召力的社会组织。先后被广东省民政厅评为“AAAAA”协会和“全省先进民间组织”，被民政部评为“全国先进社会组织”。如图 5 -4 所示。

5. 广东省美容美发化妆品行业协会会长

马娅女士是广东省美容美发化妆品行业协会会长。1984 年进入美容美发化妆品行业，她勤于思考、善于创新、默默耕耘、无私奉献，如今，她已成为中国美容美发化妆品行业的领袖和中国会展业的传奇人物，成为中国美容美发化妆品行业中，众多民营企业家们的贴心人和引路人，成为中国社会组织中的一位活跃的社会活动家和慈善家。

马娅女士于 1989 年创办的广东省美容美发化妆品行业协会是中国第一家省级协会，

图5－4　广东省美容美发化妆品行业协会荣誉一览

在全国业界是最为活跃、最具规模、最有影响、最具号召力的社会组织，先后被广东省民政厅、民政部评为先进社会组织，是广东省“AAAAA”协会。

马娅女士于1989年创办和举办的广东国际美博会，让国人了解世界、世界重视中国。美博会由创立时展览面积1 000平方米发展到12万平方米，相比第一届增长了120倍。已经成为世界第一的专业展会，成为全球规模最大的美容美发化妆品展示订货中心，成为展会大省广东省的名牌展会，成为广州市会展业的名片，是广州市展会经济的有力支柱。马娅女士创办的广东国际美博会和广东省美容美发化妆品行业协会仅2012年至2013年11月，就共向广州市越秀区缴纳税款计1 157.8万元，其中2012年缴纳税款763.7万元。

马娅女士虽然在事业上取得了一定的成就，但她始终保持着对人民、对社会的一分真情、一分爱心。多年以来，她怀博爱之心，执着地从事着慈善公益事业，把参与公益、慈善事业作为自己的价值观来承担社会责任、回报社会、对社会奉献爱心，为建设幸福广东、幸福广州做出了贡献。自1990年开始，多次组织扶助孤寡病残、资助贫困失学少年、白内障眼疾复明手术活动；在发生海啸、雪灾、地震、洪涝等自然灾害时，她和行业内企业人士献爱心、伸援手。截至2013年10月止，捐赠款项和物资共计6 500余万元。

马娅女士为广东省美容美发化妆品行业乃至全国美容美发化妆品业精心耕耘，使广东省美容美发化妆品业在全国业界独占鳌头，为广东省经济建设做出了卓越贡献，她自己也获得众多表彰和荣誉，但她平静地说：“我做得还不够，但我会用我的毕生精力，为广东省的经济建设，为建设幸福广东做自己应该做的事。”

【小思考】

中国美发美容协会和广东省美容美发化妆品行业协会的区别是什么？

任务小结

任务 1 结构如图 5－5 所示。

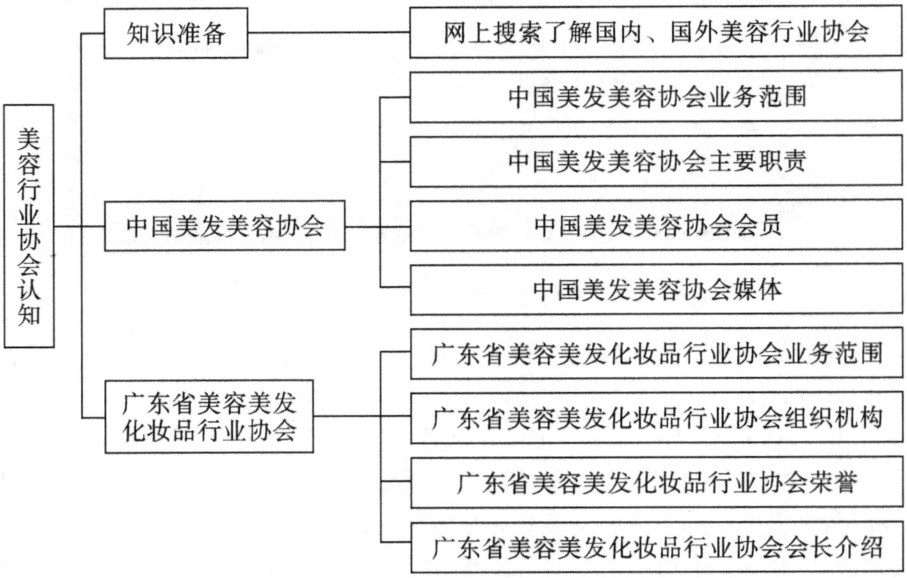

图 5－5　任务 1 结构图

拓展训练

美容行业协会认知

训练目的：了解还有其他哪些美容协会在当地业界具有影响力，这些美容协会由哪些组织机构组成，它们各自有哪些工作范围和职责。

训练步骤：

（1）通过网上搜索查阅相关信息及资料。

（2）从中总结美容协会在业界的作用。

训练方法：以小组为单位进行，合理进行分工。

训练成果：小组提交调查报告，以 PPT 和微视频的方式进行提交，教师进行点评和归纳。

拓展阅读

中国整形美容协会

中国整形美容协会是经中华人民共和国卫生部审核批准、民政部登记成立的国家一级民间社会团体。2009 年 5 月 16 日在中共卫生部党校召开了成立大会，2009 年 7 月 27

日在民政部民间组织管理局正式登记成立。由从事整形美容临床、教学、科研管理等相关单位和个人自愿结成的行业性的全国性的非营利性的社会组织。协助政府主管部门加强对本行业的自律建设，建立规范有序的整形美容市场秩序，促进中国整形美容技术和服务水平不断提高，维护整形美容工作者的合法权益，积极为中国整形美容事业发展做出贡献。

会长：张志愿　副会长：曹谊林　张淑芳

中国整形美容协会章程简介

第一章　总　则

第一条　本团体的名称是：中国整形美容协会（Chinese Association of Plastics and Aesthetics，CAPA）。

第二条　本团体是由从事整形美容临床、教学、科研管理等相关单位和个人自愿结成的行业性的全国性的非营利性的社会组织。

第三条　本团体的宗旨：

本团体的宗旨是团结全国从事整形美容专业工作者，遵守国家宪法、法律、法规和政策，倡导社会道德风尚，通过“行业规范、自律维权、信息交流、业务培训、科学研究、技术支持、救济救援、国际协作”等活动，协助政府主管部门加强对本行业的自律建设，建立规范有序的整形美容市场秩序，促进中国整形美容技术和服务水平不断提高，维护整形美容工作者的合法权益，积极为中国整形美容事业发展做出贡献。

第四条　本团体接受登记管理机关中华人民共和国民政部和业务主管单位卫生部的业务指导和监督管理。

第五条　本团体的驻所：北京市。

第二章　业务范围

第六条　本团体的业务范围：

（一）贯彻宣传整形美容工作的方针政策，积极引导整形美容行业的健康发展。

（二）在整形美容机构工作人员中进行有理想、有道德、有文化、有纪律的教育，树立遵纪守法、恪守职业道德的从业风范。

（三）开展行业经济发展调查研究，提出有关行业政策和立法方面的意见和建议，为整形美容机构提供改善经营和管理的咨询。

（四）接受政府有关部门委托，进行行业信息的收集、统计分析和发布。

（五）依照有关规定，编辑出版学术期刊、书籍、信息资料和音像制品，受政府有关部门委托承办或根据市场和行业发展的需要，举办整形美容机构交流和整形美容用品展览展示，开展健康教育宣传工作。

（六）开展国内外有关整形美容技术和经营管理的交流与合作，组织开展整形美容行业相关培训，培养整形美容机构的管理人才和技术人才，促进本团体成员的经营管理水平的提高。

（七）接受政府主管部门委托，参与制定、修订整形美容机构质量考核标准、操作规程以及有关行业管理法规，对行业内的重大新技术、新材料的引进、开发和应用进行论证，组织科研成果评价和推广应用。

（八）制定行规行约并推动会员执行，规范行业行为，维护公平竞争，对团体成员遵守国家法律法规、诊疗护理操作规范进行监督和管理，对侵害整形美容消费者生命与健康权益的行为及时予以纠正。

（九）反映会员要求，协调会员关系，维护其合法权益，促进整形美容机构与社会各界的联系与协作。

（十）为在执业过程中合法权益受到侵害的会员提供法律援助，为整形美容失败的患者提供整形修复援助，与慈善机构合作为经济困难的整形患者提供整形援助。

（十一）接受政府有关部门委托，在会员范围内免费进行优秀整形美容机构从业人员、优秀科研成果、学术论著和论文的评选、表彰和奖励活动。

（十二）建立科研基金，组织重点学术课题调研和立项，支持整形美容行业科学研究工作。

（十三）承担政府主管部门委托的其他工作。

（资料来源：http：//wap baike. baidu. com/ov5kwn5. ）

任务 2　技能竞赛

一、任务布置

1. 任务主题

美容化妆品行业有哪些职业技能竞赛，竞赛的形式、内容和赛制要求。

2. 任务步骤

（1）请通过在校专业老师、同学或者已经参加过技能竞赛的同学了解，或者通过网络平台搜索了解美容行业的职业技能竞赛。

（2）选择 2 ~ 3 个不同的技能竞赛，并分析其差异。

（3）以小组为单位进行汇报。

（4）教师针对学生的汇报进行点评和总结。

二、知识准备

职业技能竞赛是指依据国家职业技能标准，结合生产实际开展的，以突出操作技能和解决实际问题的能力为重点的，有组织的群众性竞赛活动。职业技能竞赛分为国家级、省级（含自治区、直辖市）和地市三级。国家级职业技能竞赛每 2 ~ 4 年举办一次。

全国职业院校技能大赛就像一个“检阅场”，不仅为全国职业院校的师生提供了高水准技能竞技与切磋的平台，也把职业教育取得的成就向社会进行了展示。当前我国正处于转变经济发展方式，加快推进工业化、城镇化的关键时期，大力倡导和发展职业教育显得尤为重要。大赛之后带来的沉淀与反思以及技能比拼背后引发的职业教育对各个行业标准的更加关注、对职业能力的深度思考、对校企合作的进一步推进和对提高职业教育吸引力的探索，比大赛本身更耐人寻味。

通过大赛，结合社会用人标准反观职业院校的教育教学会发现许多不足。一流的产品需要一流的技术工人来制造，再先进的科研成果，没有技术工人的工艺化操作，也很难变成有竞争力的产品。但是，如果职业教育培养出来的毕业生仅仅掌握了娴熟的技能还不能称为合格的高素质技能型人才。作为职教工作者或许应该反思，我们培养出的人才是不是具备了职业素养和意识？如果还有不足，是哪个环节还存在问题？找出问题并加以改进，培养出真正的高素质技能型人才将不再遥远，而技能大赛对职业教育教学改革的引领作用即在于此。

在一些项目的比赛中，部分选手由于不规范操作，致使比赛用的设备零件偶有损坏，有些要修复好的话，需要数万元。“这其实间接反映了职业教育校企合作对接中的问题。”数控赛项裁判长、华中数控股份有限公司董事长陈吉红对此表示，出于对人才的需求和企业可持续发展的需要，越来越多的行业、企业参与到校企合作和大赛中来。因此，大赛无论是赛项设置、比赛设备、工艺要求等都与企业实际的生产环境逐渐靠近，“大赛就是‘真刀真枪’的实际操作，所以学校在日常与企业的合作中，对接紧密与否，很容易通过学生的技能操作流程反映出来”。

这不得不引起我们深思。设想一下，假如是在企业真实的生产情境下出现了操作失误，造成的损失又岂止是数万元所能弥补的？众所周知，职业教育是为经济社会发展培养高素质技能型人才的，其最佳手段就是校企合作，它能够解决当前职业教育发展中的一系列相关问题。如设备、设施缺乏的问题，学生实习难、就业难的问题，“双师型”教师匮乏的问题，新技术的应用普及以及人才培养质量提高的问题，等等。校企合作带来的益处显而易见，但在职业教育教学过程中，能够真正做到校企对接，把这些益处一一落在实处的不多。通过大赛，职业院校正好可以反观一下，我们是否与市场紧密结合，不断调整办学思路，更新专业设置，改革课程结构和教学内容，从而解决职业教育面向市场，服务区域经济和社会发展的需求。

“我的孩子在读中学，以前一直认为考不上本科就没有出路，现在看来不是这样。这些孩子做得这么好，职业教育还真能培养出优秀的人才。”今年大赛“汽车维修与故障排除”比赛体验区，市民李先生对修好了自己“爱车”的天津交通职业技术学院的师生刮目相看。

通过大赛的示范效应，和李先生抱有一样想法的人们不在少数。大赛之后，不少地方尤其是大赛举办城市天津的职业院校招生咨询异常火爆，这不能不令人反思。我们一直说职业教育对老百姓的吸引力不够，除去一些外因，职业教育内部是否真正发挥了示范带动作用？职业教育教授的技能是不是企业所急需的？职业院校培养的学生是不是毕业即能上岗？其实，老百姓是最讲实惠的群体，只要职业教育带来的益处让他们看得见、摸得着，那么，我们一直所期盼的重视劳动、尊重技能、“三百六十行，行行出状元”的全社会支持职业教育发展的良好氛围将不再遥不可及。

三、美容行业技能竞赛

1. 世界级别美业技能大赛

(1) OMC 大赛简介。

OMC（世界美发组织简称）成立于1946年，以提升美业技艺为主要目的，OMC 总部设在法国巴黎。目前拥有73个会员国及超百万会员，OMC 世界杯发型化妆大赛（OMC HAIRWORLD）每两年举办一次，是世界范围内最权威和最公正的赛事，被称为美发美容界的奥林匹克大赛，创新是该赛事的最大特点。在这个赛场上你将看到全球美业最精彩的大赛场面，最优秀的作品和最新的产品工具与行业资讯展会。

OMC 世界杯发型化妆大赛被称为"发型化妆界的奥林匹克大赛"，是组织最严密、比赛类别最科学专业、评判最公正、参赛国最多、选手级别最高、行业最权威的比赛，并且在比赛规则、评判规则、监督机制、组织标准上非常成熟与严谨。

OMC 的发型大赛，分为时尚类和技术类，时尚类比赛作品主要就是关于生活时尚所产生灵感的设计作品，技术类比赛则是要求艺术和技术结合达到一致的作品，对化妆技术考验较高。中国自2008年开始由中国美发美容协会作为中国区总代表组队参赛。

2. 国家级别美业技能大赛

(1) 中国美容美发协会组织的全国技能大赛——全国美发美容节大赛。

中国美发美容协会举办的国赛是具有权威性、公正性、公平性的比赛，给予了选手们展示才华的机会。于1995年8月开始，每年夏季在北京举办一届"中国国际美发美容节"。节日内容有：全国发型化妆美甲大赛、中国国际美发美容用品博览会、国内外大师名师发型化妆秀、各类论坛和研讨会、潮流趋势发布等。从2002年6月开始，每年举办一届"全国发型化妆大赛"，2000年以后相继推出了全国美发美容业演讲大赛、全国美甲艺术大赛、全国整体形象设计大赛、全国美发美容业店堂设计大赛等赛事。

"2015中国国际美发美容节"是由中国美发美容协会主办的年度美发美容行业盛会，于2015年11月11日在北京国际会议中心帷幕初启。2015年中国国际美发美容节将包含年度行业各领域大赛、年度发型化妆发布秀、行业论坛、新技术培训课、新产品展览及中国美发美容协会成立25周年庆典活动。本届美容节赛事规模再创新高，参加人数达到2 000余人次。主办方着力组织了发型大赛、化妆大赛、美甲大赛、美睫大赛等赛事，通过技艺比拼传递先进的美业理念，同时让从业者通过比赛得以更充分地交流学习。

与此同时，中国美发美容协会成立25周年庆祝大会暨2015"凤凰之夜"颁奖盛典也隆重举行。今年"凤凰之夜"颁奖盛典将与中国美发美容协会协成立25周年庆祝大会同期举行，内容丰富，规模空前。此次颁奖盛典将继续评选出"凤凰年度人物""凤凰年度品牌"等行业大奖，还将特别颁发"终身贡献奖"和"协会成立25周年突出贡献奖"。

评奖委员会由国内最具权威的行业、技术、学术专家以及媒体代表共同组成，是中国美发美容业最权威、专业的行业大奖，又被称为中国美发美容行业的"奥斯卡奖"。

2015年"凤凰之夜"颁奖盛典正值中国美发美容协会成立25周年，中国美发美容协会量身打造了全新的"凤凰杯"（见图5-6），并且今后将一直沿用。这一举措预示着

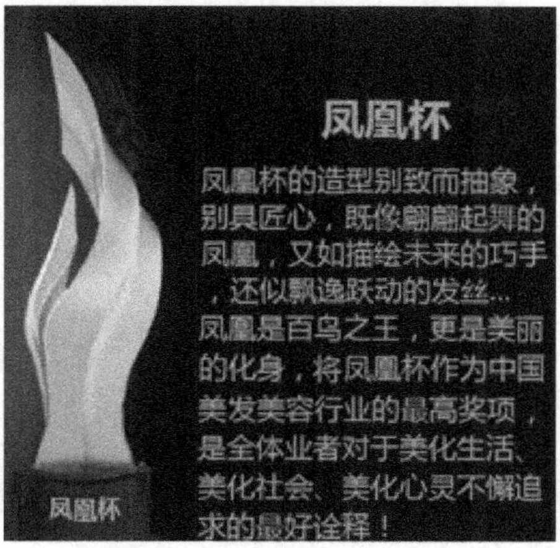

图5－6　“凤凰杯”图

“凤凰之夜”颁奖盛典朝着品牌化、国际化的目标迈进，更体现了“行业第一奖”十足的含金量！

（2）教育部组织的全国职业院校技能大赛。

①大赛简介。

全国职业院校技能大赛（以下简称“大赛”）是教育部发起，联合相关部门、行业组织和地方共同举办的一项全国性职业院校学生技能竞赛活动。大赛举办单位是教育部、人力资源和社会保障部、中华职业教育社、中国职业技术教育学会、各举办城市政府部门。

大赛作为我国职业教育工作的一项重大制度设计与创新，深化了职业教育教学改革，推动了产教融合、校企合作，促进了人才培养和产业发展的结合，扩大了职业教育的国际交流，增强了职业教育的影响力和吸引力。大赛已经成为广大师生展示风采、追梦圆梦的广阔舞台，成为促进我国职业教育改革发展的重要抓手，对职业院校办出特色、办出水平的引领作用日益凸显。

2016年大赛由37个部门（单位）主办，共设置94个竞赛项目。承办校分布在天津、北京、山西、吉林、江苏、浙江、安徽、福建、山东、河南、湖北、广东、重庆、甘肃等14个省市，直接参与企业上百家，参赛选手上万人，一般分中职学生组和高职学生组。

大赛期间将同时举办中华优秀文化传统艺术表演赛、中国职业教育现代化论坛暨第二届全国职业教育科研院（所）联席会议、全国大赛参赛选手就业洽谈会、全国职业院校技能大赛博物馆参观活动等。

全国职业院校技能大赛是中国职业教育学生切磋技能、展示成果的舞台，也是总览中国职业教育发展水平的一个窗口。

②报名资格。

报名以省（自治区、直辖市、新疆生产建设兵团、计划单列市）为单位组队。团体赛不得跨校组队。计划单列市报名仅限中职项目。本科院校高职学生可以报名参加高职组比赛。中职参赛选手须为全日制正式学籍的在校生，年龄限制在25周岁以下。五年制高职学生报名参赛的，一至三年级（含三年级）学生参加中职组比赛，四、五年级学生参加高职组比赛。参加团体比赛的队伍和参加个人赛的选手均可指定指导教师，每名指导教师不限于指导一名参赛选手。

③大赛设置奖项和标准。

全国职业院校技能大赛面向参赛选手、指导教师、裁判员、工作人员、合作企业及组织参赛的各省（自治区、直辖市、新疆生产建设兵团、计划单列市）代表团设立相应奖项。大赛不进行省市总成绩排名。大赛所有荣誉证书、奖杯由大赛组委会统一制作颁发。赛项奖励说明具体如下：

第一，获得各赛项一、二、三等奖的团体赛参赛选手或个人赛参赛选手，授予相应荣誉证书；获得一等奖的团体赛参赛队或个人赛参赛选手，授予奖杯。获“优秀指导教师奖”的指导教师，授予荣誉证书。

第二，获奖名次与相应职业资格等级证书挂钩的赛项，所授证书应反映全国大赛水平。一等奖参赛选手所获职业资格证书原则上应高于高级工证书等级。

第三，各赛项可向获奖人员发放奖品。奖品价值：团体或个人赛项，一等奖不超过5 000元人民币，二等奖不超过3 000元人民币，三等奖不超过2 000元人民币，其他奖不超过2 000元人民币且不高于三等奖。除以上奖励外不允许发放奖金。

第四，获得“优秀裁判员”“优秀工作者”荣誉称号、“大赛突出贡献奖”“大赛优秀组织奖”的个人或单位，授予相应荣誉证书。

3. 省市级别美业技能大赛

（1）广东省美业技能大赛。

为加快广东省美容行业技能人才队伍建设，进一步提高美容行业的技能水平和创新能力，推动广东省美容服务行业的进一步发展，2014年6—10月，广东省总工会女职工委员会、广东省美容美发化妆品行业协会联合举办了2014年广东省美容师职业技能大赛。

2014年10月11日，广东省美容师职业技能大赛总决赛在广州市举行。广州市旅游商务职业学校承办了本次总决赛。广东省总工会巡视员、女职委主任王丽华，全国工商联美容化妆品业商会、广东省美容美发化妆品行业协会会长马娅、广东省人力资源和社会保障厅职业能力建设处副调研员王建平等领导出席了大赛颁奖仪式。

本次大赛得到了各市（区）工会委员会、美容美发行业协会的积极响应和大力发动，各市（区）于2014年8—9月进行了初赛、决赛选拔，经过严格筛选，全省共61名选手最终晋级总决赛。总决赛由理论考试和实际操作两部分组成，由美容服务专业人士组成的裁判组对参赛选手进行综合评判，总分及格者将晋升为高级技术等级。总决赛中，参赛选手们以沉着冷静的心理素质、高超精湛的美容化妆技艺充分展现了新时代女美容师的新风采、新风貌。

经过紧张激烈的角逐（见图5－7），有5位选手获得大赛总决赛前五名，由广东省人力资源和社会保障厅授予“广东省技术能手”称号，并由广东省总工会、省人力资源和社会保障厅、省经济和信息化委员会、省科学技术厅授予“广东省职工经济技术创新能手”称号。

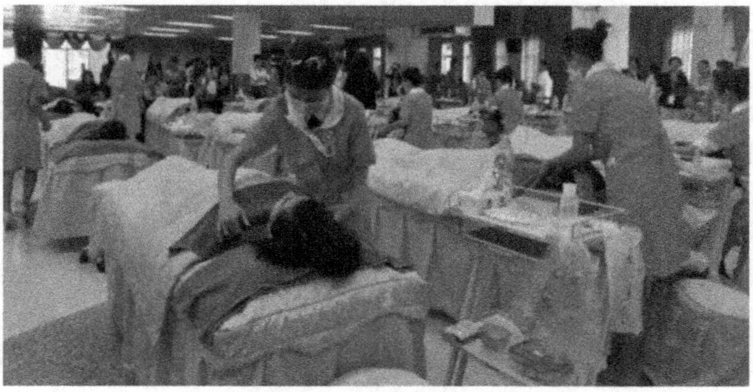

图5－7 美容护肤比赛现场

来自深圳的梁亚娟在比赛中力压群雄，获得本次大赛总分第一名，将由广东省总工会按程序颁发“广东省五一劳动奖章”。深圳市代表队获得团体冠军，广州市代表队获得团体亚军，汕头市代表队获得团体季军。

（2）福建省美业技能大赛。

福建“伊贺本杯”在福建美容行业最具有权威性和影响力。据悉，为了贯彻落实商务部和福建省商务厅《关于开展2015年商贸服务业优质服务活动的通知》和《福建省中长期人才发展规划纲要》的文件精神，实施人才强国战略，进一步加强高技能人才工作，加快技能人才队伍建设。此次竞赛以“中国梦·劳动美”为主题，2015年福建“伊贺本杯”美发美容化妆美甲技能竞赛由福建省商务厅、省人力资源和社会保障厅、省总工会联合主办，省财贸轻纺烟草医药工会工作委员会、省美发美容协会共同承办，在福州市梅峰宾馆内举行。来自福建各地的百位精英齐聚榕城，进行激烈的比赛角逐，为广大市民带来了一场来自美容美发化妆美甲的视觉盛宴。

比赛项目分别为美发师、美容师、艺术化妆师、美甲师四个工种，共有来自全省各地的140位选手通过各地区的选拔赛顺利晋级，汇聚福州决赛现场，在现场选手们展示出高超技艺和个人风采，为业界精英及观众们呈现富有时尚潮流魅力的作品。最终竞赛结束后共产生出各个项目的一、二、三等奖以及若干优秀奖与优秀团体奖，竞赛各工种理论和技能操作总分第一名的选手将由福建省人力资源和社会保障厅授予“福建省技术能手”荣誉称号，并认定为高级技师（或本职业工种的最高等级），美发师工种总分第一名且符合条件的可按程序向福建省总工会申报“福建省五一劳动奖章”，美容师工种总分第一至五名且符合条件的女职工选手，可按程序申报“福建省五一巾帼标兵”。本次竞赛是对福建省美发美容化妆美甲行业技能人才的一次集中检阅，也为福建省高技能人才的成长选拔开辟一条绿色通道。

福建省美发美容协会会长王新营告诉记者，本次比赛的意义在于“培养人才，发现人才，激励人才”。他认为，美容美发行业是民生工程，要从生态健康角度发展并结合艺术和文化，让消费者能在精神层面上享受到更有品位的生活。

从事美容美发行业43年的林建华老师阐述了他对本次比赛的看法，他觉得这个比赛带动了这个城市美容美发行业的发展。他认为这个比赛跟生活是很贴近的，并且能为榕城带来更美丽的未来。福建省美发美容协会副会长王晓露、厦门美发美容化妆品行业协会秘书长陈玉英等业内人士都表示对美容美发行业的未来充满信心。

美容美发化妆行业是一个追求美、塑造美、展现美、传播美的行业，也是一个朝气蓬勃、活力迸发、追逐时尚、引领潮流的行业！青年参赛选手们以赛促学、提高本领，从业青年精研技巧、精钻技能。为早日成就行业能手“个人梦”，努力为实现伟大复兴的“中国梦”贡献青春力量！

【小思考】

1. 美业职业技能竞赛分别有哪些级别的？每个级别的职业技能大赛各有什么特点？
2. 职业技能竞赛的重要意义。

任务小结

任务2结构如图5－8所示。

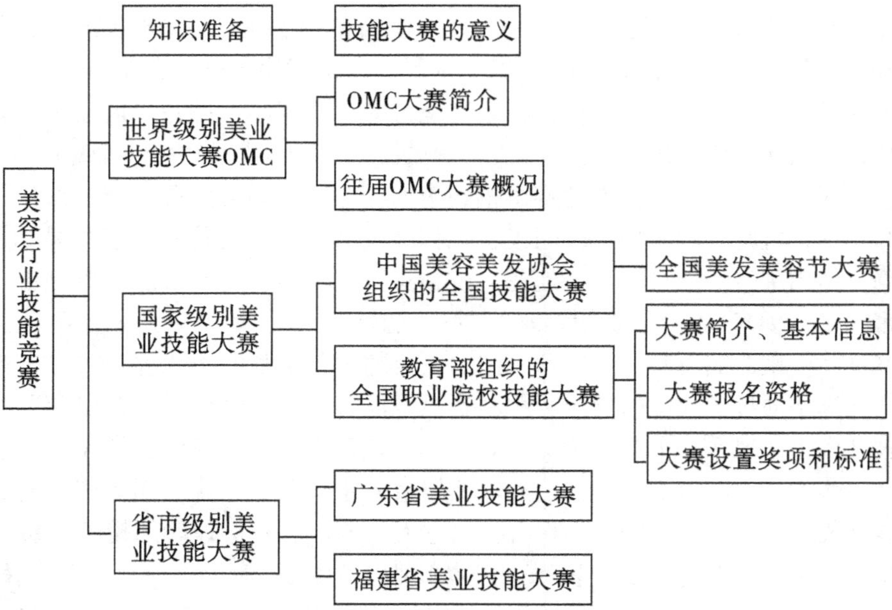

图5－8　任务2结构图

拓展训练

2016年浙江省美容美发职工职业技能竞赛暨各地市县美容美发技能选拔赛

训练目的：了解其他省市级关于美妆技能竞赛的事宜。
训练步骤：
（1）通过网上搜索查阅相关信息及资料。

（2）从中总结为什么要进行技能竞赛。

训练方法：以小组为单位进行，合理进行分工。

训练成果：小组提交调查报告，以PPT和微视频的方式进行提交，教师进行点评和归纳。

拓展阅读

为进一步发挥职业技能大赛和岗位练兵技能比武活动在高技能人才培养中的引领示范作用，根据《浙江省人力资源和社会保障厅等六部门关于做好2016年浙江省职业技能大赛工作的通知》（浙人社发〔2016〕59号）文件精神，经省政府同意，现就组织开展2016年浙江省美容美发职工职业技能竞赛工作以及各地市县美容美发技能选拔赛通知如下：

本次技能大赛以"弘扬工匠精神，走技能成才之路"为主题，着力完善大赛制度，创新大赛形式内容，拓宽大赛覆盖面，扩大大赛规模，提高大赛质量，形成"单位有比武，层层有选拔，全省有大赛"的体系，推动本行业技能人才培养模式的改革，培育"爱岗敬业 、精益求精"的工匠精神，为高技能人才队伍建设和服务企业发展提供坚实基础。

一、主办单位

浙江省人力资源和社会保障厅；浙江省经济和信息化委员会；浙江省财政厅；浙江省人民政府国有资产监督管理委员会；浙江省总工会；共青团浙江省委员会；浙江省美发美容行业协会。

二、承办单位

各地市县美容美发行业协会。

三、时间地点

选拔赛定于2016年7月初至9月初，地点由各地区自行指定。

决赛地点定于杭州（具体时间和具体地点另行通知）。

四、比赛工种

（1）美发组：基础卷发杠（头模）；男士剪吹造型（真人）；女士剪吹造型（真人）。

（2）美容组：生活（职业）妆（真人）；新娘妆（真人）。

（3）美甲组：创意甲（真人）；法式水晶甲（真人）。

（4）形象设计组：晚宴妆（真人）；动漫COSPLAY妆（真人）。

五、参赛对象

（1）从事美容、美发、化妆、美甲、形象设计专业人员。

（2）年满18周岁。

六、比赛形式

（1）预赛的形式为现场操作，按照比赛成绩从高到低，每组的前30名选手进入决赛。

（2）决赛分为理论考试（应知）和现场操作（应会）两个部分，考试内容详见技术手册。

七、组织机构

按文件要求成立竞赛组委会，设立2016浙江省美容美发行业职工职业技能竞赛组委会，组织协调大赛各项事宜。大赛组委会下设办公室，办公室设在浙江省美容美发国家职业技能鉴定所内，由夏杰飞同志负责。大赛组委会另下设各地区竞赛领导小组，由各地区协会负责人负责。

八、奖励设置

对获得2016浙江省美容美发行业职工职业技能竞赛前三名的选手，由省人力资源和社会保障厅授予“浙江省技术能手”荣誉称号；对获得前五名，且年龄在35周岁以下的在职职工选手，由团省委授予“浙江省青年岗位能手”荣誉称号；对获得前五名（理论和操作成绩均及格）的选手，由省人力资源和社会保障厅核发国家二级职业资格证书。

九、工作要求

（一）落实保障措施。各地市县协会要确保选拔赛按时完成。

（二）提升竞赛质量。各地市县协会要按照本通知的要求，尽快组织实施机构，拟定组织工作方案，确保比赛工作的实效性，赛出风格，赛出质量，赛出水平。

（三）加大宣传力度。积极开展宣传活动，各地市县协会要大力宣传职业技能大赛在高科技人才培养、选拔和激励等方面发挥的重要作用，树立技能人才成长成才典型，引领本行业劳动者立足本职、钻研新技术、新技能、争创新业绩，带动更多劳动者走技能成才之路。

（资料来源：http：//www.zjmrmf.com/page_ list_ infor.jsp？pagetype =7&pageid =229.）

任务3　美博会认知

一、任务布置

1. 任务主题

美博会的类型调查。

2. 任务步骤

（1）请通过实地市场调研了解当地美博会举办的基本情况和影响力。

（2）以小组为单位进行整合汇报。

（3）教师针对学生的汇报进行点评和总结。

二、知识准备

众多的美博展览会哪些才是最具有影响力的美博展览会呢？如中国国际美博会（广州美博会）、上海美博会、亚太地区美博会（香港）、世界美博会等。以下将一一详细讲解。

三、美博会及美博城

（一）美博会

1．美博会概述

美博会全称为美容博览会，始创于1989年的广州美博会，美博会名品荟萃、精英云集，展会的内容从产品、器具、技术到经营管理论坛等，是美容行业商家实现一站式采购计划理想的平台，同时也是美容新技术、新产品亮相发布的窗口。此外，美博会展会期间举行一系列兼具学术性及商业性的精彩活动及高端论坛，涵盖美容、美发、水疗、包装等多个主题，特邀专家学者、行业精英和与会业内人士共同分享最新科技、市场、潮流资讯。美容博览会一般由行业协会牵头（例如：广州美博会由广东美容美发协会牵头，一年两届），专业展览公司承办，面向行业的商家开展。

美博会按照产品种类可以划分为各类专业博览会，如减肥、美容美发、养生、日用化妆品、美容仪器、化妆品进出口、保健产品等。美博会按照地域范围和影响规模，可以分为国际性美博会和区域性美博会，国际性美博会有广州美博会、上海美博会；区域性美博会包括北京美博会、郑州美博会、哈尔滨美博会、济南美博会、武汉美博会、重庆美博会、青岛美博会、太原美博会、新疆美博会、昆明美博会、成都美博会等。

2．中国国际美博会（广州美博会）

（1）基本情况。

广州美博会是广州国际美容美发化妆用品进出口博览会的简称，现称为中国国际美博会，就展览规模来说，是全球第一专业展览会。它是由广东省美容美发化妆品行业协会及广东博环美国际展览有限公司联合主办，首届“广州美博会”始于1989年，1990—1992年停办，1993年复办，1996年起改为每年两届，春、秋两季定期于流花路中国进出口商品交易中心举办；2005年会址迁至广州琶洲中国出口商品交易会展览馆（B区）举行，现在增加了C区、南丰展馆。每届持续3天，截至2016年9月已成功举办了45届。

中国国际美博会展览规模迈向全新高度，从原来的14万平方米跃升为26万平方米。中国国际美博会名品荟萃、精英云集，是业内人士实现一站式采购计划的理想平台。此外，展会期间举行系列兼具学术性及商业性的精彩活动及高端论坛，涵盖美微商、零售、面膜、大医美、纹绣、养发、美甲等多个主题，特邀专家学者、行业精英，和与会业内人士共同分享最新科技、市场、潮流资讯，帮助业界寻找商机及掌握市场动态。中国国际美博会已成为中国美容行业最大最权威的信息资讯交流平台。广州琶洲展览馆外景如图5－9所示。

图 5-9　广州琶洲展览馆外景

（图片来源：http：//image. so. com/. ）

中国国际美博会被誉为世界第二、亚洲第一的美容盛宴，已成为中国美容行业经济发展的“晴雨表”，为所有参展商和观众提供了产品展示、品牌宣传、技术交流、信息沟通的平台，是掌握市场现状、了解同行、了解市场趋势的良机。第 45 届美博会形象宣传图及微信订阅号如图 5-10 所示。

图 5-10　第 45 届美博会形象宣传图及微信订阅号

（图片来源：http：//image. so. com/. ）

（2）中国国际美博会（广州美博会）的特色。

广州美博会是一个特大型的美容专业博览会，从第一届的 100 平方米到 2016 年 9 月第 45 届的年展面积为 26 万平方米，年成交额达 500 多亿元，来自 26 个国家及地区参展企业有 3 500 多家，共约 3 500 个展位，参观人数达到 58. 22 多万人次。总成交额逐年攀升，占全国美容洗涤化妆品总销量的 67%；成交额与客流量双双打破了历届纪录，仅次于中国出口商品交易会。

展览内容涉及美容行业的各个方面，主要有：美容护肤用品、美发护发用品、化妆用品；香薰、香水及粉料产品；纹绣美甲用品；饰品；婚纱；美体内衣；个人护理用品；日用洗涤品；美容美发院和桑拿浴室的仪器、工具、设备；香精、香料及各种生产原料；生产设备、机械；包装材料等。此外，美容美发专业培训学校、专业媒体和各地商会、联盟机构、协会等也到会设展宣传，可谓应有尽有，既专业又全面。

在盛大热烈的广州美博会上，各展商用最独特、最新潮、时尚与创新的概念装扮自己的展位；聘请国外模特队、乐队等到场助兴表演；各种高科技含量、新颖实用的产品第一时间在展会上闪亮登场，产品琳琅满目、五彩斑斓；参展企业盛情派送的广告资料、试用品、礼品等花样百出，各显奇招，以此来吸引众多客商。

来自世界各地及国内各省市的客商接踵观展，在这庞大的人流量、密集丰富的信息量里，寻找最新美容财富商机，现场成交量令参展商感到心满意足。

展会会中会、大会套小会及赛事又是广州美博会的一大特色。从广州美博会开幕前半个月起，国内外美容企业就在展会周边的宾馆、酒店召开“新闻发布会”“研讨会”“产销联谊会”、新产品“介绍会、演示会”等，这类活动一直延续到展会闭幕后近半个月的时间。据不完全统计，每届广州美博会前后近一个月的时间里，在周边地区举行的各种会议达400余场。不定期地在广州美博会开幕前夕举办“世界华人发型化妆邀请大赛”。每届广州美博会开幕的第一天晚上，主办单位还会举行盛大的“欢迎，答谢酒会”，行尊、名人、商会首领、政府有关部门的领导、外国驻穗商务机构的代表与来自国外以及国内各省市的重量级经销商们欢聚一堂，分享收获和喜悦。更是把这一盛事推向高潮，使广州美博会形成一个独特的“立体展会”。

广州美博会已成为最新美容美发潮流、领略最新美容科技、结识行业人士、开拓产品市场、显示公司实力和形象的最佳场所，是中国美容企业成长壮大最理想、最肥沃的土壤，更成为国外优秀品牌进入中国市场的桥头堡和最佳途径，是生产、供应、销售、科研、教育、宣传、广告等专业人士大会师的盛会。

（3）中国国际美博会（广州美博会）展馆基本情况。

琶洲被规划为广州未来城市副中心区，周边设施发展日益成熟，酒店、写字楼、政府职能部门办公室、交通枢纽及其他基础设施齐全完善，琶洲展馆作为发展的重要核心，将带领全区迈向繁荣。中国国际美博会即在琶洲展馆举行。

琶洲展馆展厅与展品具体分布如下：

B区一楼　9.1馆　专业美容、院线代工、设备，10.1馆　养生，11.1～13.1馆　养生、美甲、美睫、纹绣、手足护理

B区二楼　9.2～13.2馆　国际品牌、大医美、仪器设备

B区三楼　9.3～11.3馆　专业美容、减肥纤体、抗衰美白、仪器设备

C区一楼　14.1馆　国际品牌、国际展团，15.1馆　个人护理

C区二楼　14.2～16.2馆　个人护理、彩妆、香水、美妆用品

C区三楼　14.3～16.3馆　面膜品牌、微商区

C区四楼　14.4～16.4馆　日化代工、包材、原料

南丰国际会展中心

17.1馆　微商馆

17.2馆　美发、专业发品、养发

（4）中国国际美博会（广州美博会）第42届及第45届回顾。

42届广州美博会

展览面积13万平方米，超2 000家参展品牌。

创新：创办贴近行业发展活动及论坛，包括中国面膜商业论坛、中国养发商业论坛、国际大医美商业论坛及中国化妆品微商大会等特备活动。

45届广州美博会

展览规模超过26万平方米，设有26大专业室内展馆，参展品牌企业超过了3 500

家；入场观众达35万人，同比上届增长22.47%，为历届之最。

(5) 中国国际美博会（广州美博会）的市场价值与国际地位。

“广州美博会”特大的规模和不可替代的功能，奠定了其在全世界美容专业博览会中第二把交椅的位置及名副其实的“亚洲美容第一展”。巨大的成交额与客流量拉动了广州及珠三角地区的广告策划、印刷、服装、珠宝首饰、旅游、交通、酒店、科教等相关产业领域的发展，为广东提供了超过11万个就业岗位。据国际展览协会（UFI）权威评估，按照专家公认的会展业对地方经济的1∶4带动系数测算，每一届“广州美博会”的成功举办，都为广州周边区域带来近200亿元的经济效益。对提高广州市在全国会展业中的地位以及促进广州经济的发展都起到了积极的不可低估的作用。

“广州美博会”的规模仅次于意大利COSMOPROF美容展，是雄踞亚洲第一、世界第二的国际名牌大展。它把欧洲时尚概念带入亚洲第一展，为参展企业带来大量的国外专业买家，进一步加强美博会的进出口交易功能，向众多的专业观众和国内外买家拓展更加广阔的商机。

广州美博会已成为最便捷、最时效、最时尚潮流、最具影响力、最大的信息交流和引导平台、最有效果的销售订货会，是亚洲最受欢迎的美容展。

2. 上海美博会

(1) 上海美博会基本情况。

上海美容美发化妆品博览会（简称“上海美博会”）由上海美发美容行业协会和上海秀博展览有限公司联合主办，创办于1999年，至2015年5月已成功举办20届，地点在上海·国家会展中心（虹桥）。展会共吸引了来自中国大部分省份以及亚洲、欧洲等国家和地区的企业参展。展出了世界最前沿的风尚潮流产品，共同为国内外的观众和买家呈献一场融合展示与交流的盛宴。展品范围涉及美容护肤品、化妆品、专业美容院产品及设备、专业美发产品、美容用具、美容保健品、美体及瘦身、彩妆香水等。此外，美容美发专业培训学校、专业媒体和各地的商会、协会等也到会宣传。可谓应有尽有，既专业又全面。

国家会展中心的横空出世为上海美博会提供了更广阔的发展空间。作为商务部和上海市政府合作共建的国家会展项目，它以突破性的设计，完善的功能，立足长三角，服务全中国，面向全世界。这是世界上面积最大的建筑单体和会展综合体，是全球展览人的目光焦点。其40万平方米室内展厅和10万平方米室外展场的展览规模、完善和人性化的餐饮酒店配套设施、便利的交通条件，能够满足上海美博会的发展要求。参展企业更可以乘此契机，重新确立展位布局，满足企业规模日益扩大的需求，为今后发展打造一个全新的格局。

(2) 上海美博会特色。

优越的地理位置，盘踞中国最具辐射力的经济中心城市——上海，独具行业领导地位，业界影响力一呼百应。上海美博会是业内人士实现一站式采购计划的理想平台。展会兼具学术性及商业性的精彩活动及高端论坛，涵盖美容、美发、美甲等多个主题，特邀专家学者、行业精英，和与会业内人士共同分享最新科技、市场、潮流资讯，使美博会的内涵更为丰富，更有吸引力。

通过上海美博会这样的专业平台可以促进中外市场的交流互动，从而更有力地推动国内美容行业的发展，消费者也可以借此获得更丰富、更优质的选择。

上海美博会设置香水护肤彩妆个人护理；美容、美发、美甲、SPA；原料、包装、设备三大展示区域，展会吸引了国内外批发代理商、零售终端、美容美发院线业主、制造商等到会与参展企业进行贸易洽谈，获得第一手国内外美妆行业的动态和资讯，把握行业未来发展趋势。国际标准化的展示格局，理想的贸易、信息、新产品、新技术/贸易方式的三交流平台。吸聚了近25万的专业观众，覆盖了中国整个化妆品销售渠道，全方位新鲜呈现，展示新技术、发布新产品、了解新政策、获得新资讯、开拓新商机。

（3）上海美博会展馆基本情况。

上海美博会共包含15大展馆，展品展区功能明晰，其展馆外观图及其官方二维码如图5－11所示。展区功能如下：W1：护肤、个人护理用品；W2：香水、彩妆及化妆用具；W3：孕婴童护理、彩妆及美妆工具、洗护、口腔护理、家用洗涤用品、零售连锁加盟、卫生护理、纸质品；W4：包材馆、国际包材；W5：包材馆；E1：护肤、面膜、男士护理；E2：国际组团、进口代理品；E3：国际组团、进口代理品、国际保养品；E4：国际组团、医学美容、美容院和SPA产品、美容仪器；E5：国际组团、美甲美睫纹绣产品、美发产品仪器及发廊家具；E6：微商馆；E7：国际组团、进口代理品；N1：OEM/ODM、包材、国际组团；N2：原料及配方、包材、国际组团；N3：机械设备专属馆、国际组团。2017年在此基础上还将会新增两个展区，分别是：N4：国际组团、OEM/ODM、包材、机械设备；N5：进口潮品。

图5－11　上海美博会展馆外观图及美博会官方二维码

作为中国目前最为高端的化妆品展览，上海美博会将倾力打造行业标杆榜单和全球贸易盛会，并为厂家和买家量身定制专业的商业空间。2015年第20届上海美博会再度实现跨越，国际展商齐力加盟，气势恢宏，行业领导地位卓然天成。

上海美博会携手日化、专业与供应线近2 000家企业，服务细分至35个品类的化妆品行业。展品范围：香水、护肤、彩妆、洗涤及个人护理用品；包装、原料、机械以及OEM、ODM等供应链产品；专业美容院护肤品、美体产品及仪器；水疗SPA产品及设备；美发用品及工具；美甲产品及工具；美容化妆书报、杂志及美容美发学校等。

（4）上海美博会第19届及第20届回顾。

2014 年第 19 届上海美博会于 5 月 7— 9 日在上海新国际博览中心（上海浦东新区龙阳路 2345 号）隆重开幕。第 19 届上海美博会在 2014 年再度跨越，2014 上海美博会开创纪录场地达到 128 000 平方米展示面积，6 000 个国际标准展位，并增设至 11 大展馆，涵盖美容行业各范畴。

2015 年第 20 届上海美博会于 5 月 19—21 日在上海新国际博览中心（上海浦东新区龙阳路 2345 号）隆重开幕，展会展览面积 150 000 平方米，汇聚 20 多个国家和地区，共计 2 120 余家参展企业，吸引覆盖来自 80 个国家和地区以及中国 31 个省（自治区、直辖市）各类化妆品销售渠道，31. 2 万人次终端买家及代理商到会，展示了作为中国最具权威的综合美容化妆品产业链平台的独特魅力。

（二）美博城

1. 美博城概述

美博城规模宏大，是展览展示交易的平台，以会展、交易、商务为主功能定位，融汇了展览展示、商贸交易、商务办公、专业培训，主要以美容美发美甲批发展销、展示等方面为主，有美容美发美甲产品、厂商、连锁店、仪器、用品及用具、包装材料、仓储物流、餐饮等。

美博城按照地域范围和影响规模划分，可以分为全国性和区域性美博城，全国性美博城有广州美博城，区域性美博会包括惠州美博城、福州美博城、北京美博城、大连美博城、成都美博城、时代美博城（武汉）等。其中，历史最悠久、规模最大的就是广州美博城。

2. 广州美博城

（1）简介。

广东安华美博集团投资开发建设并运营管理的广东安华美博经济发展有限公司（简称广州美博城），以其高起点、高标准、高档次的建筑设计和现代管理理念成为广州众多专业批发市场中的一颗闪亮明珠。美博城项目位于广州市越秀区广园西路 121 号，占地面积近 5 万平方米，建筑面积近 11 万平方米，是以批发经营美容、美发、化妆用品为主业的大型多功能展贸中心。城内拥有各类大小商铺 1 500 余间，写字楼 300 多间，目前市场商铺出租率 100%，年交易额（包括春秋两季订货会）60 亿元左右，是 2003 年广州市 12 项重点商贸启动项目之一。

目前，广州美博城已发展成融展览展示、会议、商贸交易、商务办公、专业培训、仓储物流、餐饮服务、商业服务等诸多功能于一体的大型美妆展示交易中心，已成功举办四届美容美发化妆品订货会，共吸引近百万人次的行业人士到会；此外，多次举办国内外顶级彩妆、发型设计大师的现场演示会和发布会；“岭南美妆新秀设计大赛”“广东时尚美妆节”和“南方新丝路模特大赛”的开营仪式和准决赛也在美博城举行，精彩纷呈、气象万千，使得美博城也成为众多商家事业腾飞的辉煌起点。整体规模雄踞亚洲榜首，有“亚洲美妆之都”的美誉，也被业内人士称为“永不落幕的美博会”，将向“世界美妆之都”的目标迈步。广州美博城外观图和微信二维码如图 5 – 12 所示。

图5－12 广州美博城外观图和微信二维码

多年来，美博城始终坚持“树立国内美丽经济核心地位，打造全球美妆产品采购中心”这一发展方向，充分发挥广州在全国乃至东南亚美容化妆品产业上的区域优势，精心组织策划，成功吸引国内外知名品牌入驻及广东省美容美发行业协会和众多行业媒体的加盟，目前，城内已涵盖了美容美发教育培训、专业医疗美容、原材料、产品包装、OEM加工、专业仪器设备、各类化妆品、美容美发用品等所有项目。场内还设有行业指导、产品检测等多家专业机构，从而使市场的经营管理手段更加完善，服务更加规范。可以说，一个以广州美博城为核心的国内美妆产业总部经济已经初步形成。另外，美博城在推广电子商务科技的应用上也走在了行业的前列。2004年以来，在广州市经贸委等部门的大力支持下，累计投资500多万元人民币，进一步完善和开发企业网站“亚洲美容网”（www.asiabeauty.net）的服务功能，积极打造电子商务平台，并充分依托专业的客户资源，及时利用网络发布各种产品需求、采购信息，为市场未来的电子化经营奠定了坚实的基础。

展望未来，广州美博城将以更大的信心和实力，继续围绕“树立中国美丽经济核心地位，打造全球美妆产品采购中心”这一发展方向，不断完善各项管理和服务功能，争取为民族美妆事业的健康发展做出更大贡献。

（2）广州美博城合作伙伴（见表5－1）。

表5－1 广州美博城合作伙伴一览

集体成员	安华建材城	安华美博集团	美博运动城 Meibo Sports Centre	中博地产
行业伙伴	中国美发美容协会 OMC全球会员国代表		—	—
合作媒体	香港美容 HKBeauty	中国美容时尚报	伊美网 www.1m1m.com	南都网 nandu.com

（3）广州美博城业态功能分布。

广州美博城功能分布为 A、B、C 三座，其中 B 座是广州美博城的主楼。简单介绍一下三座楼的功能差异。

广州美博城主楼 B 座：－F1：头发、美发用品，F1：彩妆、美甲、纹绣、精油，F2：包装包材，F3：美容仪器设备；F4：内衣、写字楼，F5：写字楼、电子商务中心。

广州美博城 C 座：－F3：化妆品；－F2：彩妆、美甲、纹绣、内衣；－F1：精油、化妆品，F1：日化用品；F2：包装包材；F3、F4：写字楼。

广州美博城 A 座：F1：紫馨美容医院，F2～F4：写字楼，F5：广东省美容化妆品行业协会。

（三）广东美妆节

1. 广东美妆节的起源及发展历程

“广东美妆节”是由广州美博城主办的一项美妆行业的展贸会，创办于 2003 年，每年两届，分别于春季和秋季中旬举行。每届“美妆节”都有大量美妆行业的厂商和经销商云集参展，与会的不仅有本国企业，更有很多来自非洲、东欧和阿拉伯地区的国家的外国客商，参展商围绕产品展示、服务推广、品牌营销、渠道合作等方面集中展开参观和洽谈。同时每一届的美妆节，主办方都邀请美妆行业的知名人物到场参与，以及就美妆行业发展的前瞻性进行现场讨论与分析。另外，在活动期间，作为主办方的广州美博城，还会组织各种丰富多彩的活动，为大家广泛地交流和商晤创造更多更有利的条件。

“广东美妆节”至今已经连续举办了 29 届，活动的参展方和与会客人的数量连年攀升，逐渐在业界打响了知名度，并赢得了大家的信赖和支持。放眼未来，广州美博城将力图把“广东美妆节”打造成一个具有世界性影响力的国际美妆行业的交流平台，积极为中国美妆业向世界市场的大步进军提供有益的支持，从而使之成为“永不落幕的美妆博览会”，其形象宣传图和微信二维码如图 5－13 所示。

图 5－13　广州美博城美妆节形象宣传图和微信二维码

2. 广东美妆节的特点

“广东美妆节”从创办之日起，就标示着鲜明的特征。因为它是中国美妆行业第一个由经营美妆产品商贸中心的商业地产企业举办的美妆盛会，举办场地是其主办方广州美博城所自有的，依托完全自有的 11 万平方米的经营区域和数个健全的会议设施，与以往其他完全依托于展览中心举办的会展式美妆节不同。主办方可以在“广东美妆节”期间积极自主协助参展各方，开展各种类型的主题活动和宣传发布会。许多业界大牌和时尚精英，如毛戈平、秦怡、罗少奇、赖维安、沈国昌等先后参与过美妆节盛会，并在美妆节上开展了异彩纷呈的“时尚发布会”。

与其他美妆行业类似的“美博会”相比，“广东美妆节”又有着自己独特的优势，主要在于，它能给参展方提供更大的展示空间，也能让来自世界各地的客人，在会上得到更多真实可信的信息。“广东美妆节”的参展各方，大部分是美博城中的商户，他们是通过自己的自有店面，而不是一个个小展台，来展示自身产品和品牌，所以他们有条件对他们的产品和品牌进行更全面以及全方位的展示。而参与展会的客人，可以通过店面中实际经营的产品、营业证照，去判断参展商的实力和资质。也就是说，参展方能在“美妆节”上更灵活和更全面地展示自己，而到会的客人也能通过“美妆节”，得到更加可信的信息和找到更加可靠的合作对象。

【小思考】

1. 美博城的功能是什么？
2. 美博会与美博城有什么区别？

任务小结

任务3结构如图5－14所示。

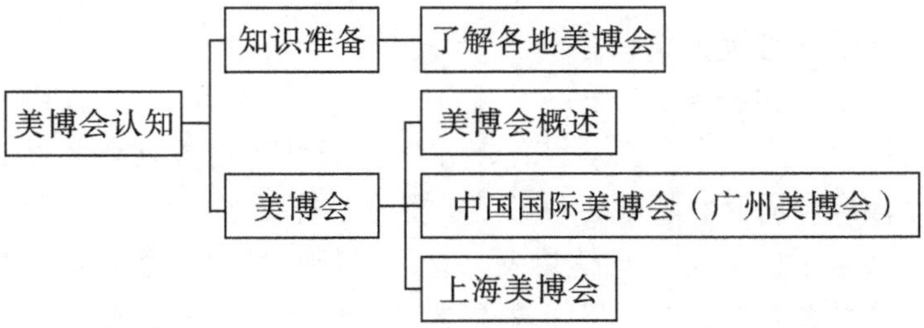

图5－14　任务3结构图

拓展训练

2015年意大利美容展举办时间、地点及内容介绍

训练目的：了解国外的一些美容展

训练步骤：

（1）通过网上搜索查阅相关信息及资料。

（2）找相关专业的师姐师兄或教师进行了解，收集信息。

训练方法：以小组为单位进行，合理进行分工。

训练成果：小组提交调查报告，以PPT和微视频的方式进行提交，教师进行点评和归纳。

拓展阅读

2015年意大利美容展时间：

2015年3月20—23日。

2015年意大利美容展地点：

意大利博洛尼亚市展览中心。

2015年意大利美容展参展范围：

（1）个人护理用品：沐浴用品、沐浴套装、口腔卫生用品、家用卫生洗涤用品、家用芳香用品等。

（2）美容用品：化妆品、香水、婴儿及儿童用香水、古龙水、彩妆、化妆美容工业技术、美容用具等。

（3）美发用品：发饰、发剪、发梳、整发器、洗护发用品、美发器材和仪器、专业美发产品等。

（4）包装材料：口红盒、各式彩妆盒、香水瓶、各类化妆美容用品之包装材料及配件等。

（5）配件和礼饰品：携带式香水瓶、化妆包、毛刷、镜子、眉笔、眼影笔、赠品、礼品、首饰等。

（6）设备与器械：发廊和化妆品专卖店用家具和器械、发廊用品和最新产品、专业美容院产品及设备等。

（7）原料：各种美容美发产品原料。

2015年意大利美容展介绍：

有人把意大利称作展览会的王国，每年在意大利举行的展览会数以百计。作为北部重要的商业中心，博洛尼亚的展览会和米兰、罗马一样闻名。特别是创立于1967年的博洛尼亚Comoprof美容展，是全球规模最大、效果最好、影响力最强的美容盛会，参展的公司之多、产品式样之齐全，在国际上享有盛名，更被吉尼斯世界大全列为最大最权威的全球性美容博览会。

（资料来源：http：//zhanhui. 3158. cn/ybzx/n13073112509858. html. ）

任务4　美容峰会认知

一、任务布置

1．任务主题

“520美容师节”的由来。

2. 任务步骤

(1) 请通过在校专业教师、行业前辈了解，或者通过网络平台搜索了解“520美容师节”。

(2) 将了解到的相关信息以小组为单位进行梳理后汇总。

(3) 教师针对学生的汇报进行点评和总结。

二、知识准备

走近美容师，一群值得你尊重的人。

在美容院中，有这样一群人：他们在求学的年龄，却要背负起家庭的重担，不得不背上行囊，背井离乡，怀揣梦想，只想成为家族里面最能担当的那一位。他们省吃俭用，奋发图强，经过几年的磨炼，学到一技之长，只为走上一条阳光大道，成为一个对社会有用的人。如今，他们从青涩害羞、懵懵懂懂的男孩或女孩变成那些求美者生命中的“天降神兵”。他们用自己的青春、勤劳、智慧，为大众的美丽、健康、快乐乐此不疲。

他们每天要面对不同需求的客户，不管对方倾诉的是痛楚还是幸福，他们都是一名最忠诚的倾听者和理解者。

他们每天做的工作都要消耗大量的体力和脑力，哪怕为客户做一个护理也要汗流浃背，经常由于客人排队做服务，连三餐都不能按时。这帮美丽的设计师们，一站就是一天，下班的时候连背都直不起来。他们与顾客的沟通需要专业，工作流程要做到面面俱到，服务要绞尽脑汁将最好的带给客人——满意、感动与惊喜！100多种手法要没日没夜地练习，不断琢磨怎样才会更舒适！好几百个专业项目，需要充分理解其成分、疗效和适应转变。

他们工作中的每时每刻都是面带笑容，但他们也是人，也有情绪起伏跌宕的时候，哪怕在见顾客的前一秒还泪流满面，下一秒也会以阳光灿烂的笑容接待每位顾客，这只为让每位顾客得到全身心的呵护和愉悦。

5月20日，这个全球表白日，有人在秀恩爱，有人在秀美食，而你们，依然在努力工作。有人说，你们是太阳，让万事万物绽放光彩；有人说，你们是画家，让手中的一切再现生机；而我说，你们是最可爱的人，用最纯洁的心灵抚慰那祈盼漂亮的脸庞，触摸那渴望美丽的灵魂，让每一个人风采无限。

我赞美你们，平凡而又伟大的美容师！

你们那细腻的手法，如滋润万物的春雨，渗透美容顾客的心田，让生命如原野再现新绿；

你们那柔美的嗓音，如夏天的缕缕清风，带来了舒适和宁静，为美容顾客扫去心灵的尘埃；

你们那甜美的微笑，如秋夜里的一轮明月，指引通往幸福的正确道路，绽放美丽新希望；

你们那关切的目光，如寒冬里的阳光，伴随着这美丽的征程，瞬间温暖顾客的心房。

我歌颂你们，平凡而又伟大的美容师！

是你们，献出了一丝温情，一份关爱，一滴汗水，用宝贵的青春换来了千万美容顾客的美丽与幸福；

是你们，奉上了一种专业，一份坚持，一股力量，用无悔的精神为千万美容顾客照亮了通往美丽的方向；

是你们，给予了一份倾听，一缕信任，一丝真情，用无限的包容倾听千万美容顾客的痛楚与幸福，传递正能量。

有人说，美容师烦琐的工作太单调，但你们却一次次让梦想在心中盛开一朵美丽的鲜花，因为你们知道，选择了美容师的工作就意味着为顾客的美丽奉献一切。用辛勤的汗水换取他人的美丽幸福，你们说，值得！

从青涩懵懂的女孩到求美者生命中的“天降神兵”，只有你们知道自己究竟付出了多少：犹记得，初次上场时，你们也曾颤抖着不知所措；犹记得，面对挑剔时，你们也曾独坐角落暗自垂泪；犹记得，遭受误解时，你们也曾抱怨委屈默默伤心……但这一切都抵不过顾客满意的笑容，只要得到一次认同，一切仿佛烟消云散。

还有些不懂的人蔑视你们学历低，你们也只是微微一笑，却始终不放弃学习，不停地摸索，不断地积累。美丽的过程，要靠手感、经验去判断、去分析、去掌控，你们一遍遍尝试，一次次练习，用实力证明专业的技术一样可以与一张文凭相媲美。

除了美容师的身份，你们身上还兼着女儿、母亲等角色，有人劝你们放弃这份工作，但你们依然选择留在美容院。你们说为的不是一份薪水，而是一种能力。这种能力是一种助人的能力，一种对美好事物尊重的能力，让无数美容顾客找到自信和美丽的能力。

在反复的推拿手法中，你们度过了自己的青春年华；在匆忙的脚步里，你们走过了最美好的少女时代；你们用柔嫩的双手紧握对美丽的承诺，让“美”从一个旮旯角落走到了舞台和生活中，让人们更懂得尊重美、追求美和展示美。你们不只是美容师，更是缔造美的卓越设计师，你们，值得赞美，你们，更值得尊重！

值此520美容师节之际，谨以此文献给你们，献给千千万万个在美容行业付出辛勤汗水的美容师们！“520”，寓意“我爱你”，在这个属于美容师们的节日里，祝美丽的使者——美容师们节日快乐。

三、520美容师节

（一）“520美容师节”的起源

美容师作为这个行业的先锋，对行业的发展有很大的贡献，但是他们的社会价值和社会意义并没有得到社会的充分认同。很多人对美容师这个职业还存有很大的偏见。因为这样，所以美容师本身对职业的投入和学习的提升，就不是那么积极，导致整个中国美容师的队伍素质都比较差，参差不齐。为了美容行业能够健康发展，尤其是中国的美容行业要想得到健康的发展，通过创办这个节日，让整个社会对美容师的社会意义和社会价值重新有一个认识。早在2009年，在胡新鑫老师内心种下了一个梦想——要让美容师像医生和护士一样受到社会的尊重，让美容师成为一个高尚的可以终生投入的美丽职业。要成立属于美容师的节日。5月20日，“520”寓意“我爱你，世界之爱!”这一天会像5月12日的“护士节”，9月10日的“教师节”一样激励着所有美业人心怀爱心为顾客服务，用信念和爱的力量加快行业的职业化进程!

由美业第一教育巨头好木成林美合传祺集团、中国美业智库合力合美策划集团，及香港安植集团联合推动的首届中国“520美容师节”，于2013年12月、2014年2月分别在广州隆重举行两次启动大会。2014年5月20日，在广州新体育馆举行“520美容师节”正式成立的盛大庆典，邀请了全国过万家的美容院门店总裁和美容师及众多国家政府领导、行业协会领导及明星嘉宾一同出席共贺此次盛事，并由安植集团秉承和发起“520万人美容师节”终端落地执行——《天使之梦》行动，在全国所有美容门店中进行巡回推广。作为第一个中国美容师节，聚集了全国数百位美业界大咖代表及精英到场关注、祝贺、支持、参与及见证这一历史时刻。

5月20日，美业人士将这一天定为美容师的节日。寓意“我爱你，世界之爱”，让所有美业人心怀爱心地服务每个顾客，用信念和爱的力量加快美容行业的职业化进程。让每一个美容师坚持到底，梦想成真。“520美容师节”LOGO图和官方二维码如图5-15所示。

图5-15　“520美容师节”LOGO图和官方二维码

（二）首届美容师节回顾

【活动主题】：520美容师节颁奖盛典

【活动时间】：2014年5月20日

【活动地点】：广州新体育馆

【活动邀请知名人士及明星】：马娅、郑明明、罗志祥、范玮琪、丁克森、杨光、钟伟强

为了推进中国美业更加规范、更加健康地快速发展，使中国美业早日与国际美容组织“圣迪斯哥”（国际著名美容组织，诞生于1946年，总部在瑞士苏黎世）接轨，2014年5月20日，首届“520美容师节颁奖盛典”万人大型活动在广州新体育馆一号馆举办，本次盛会由中华全国工商业联合会美容化妆品业商会主办、广州合力合美企业管理咨询有限公司、广州星王文化国际传播承办。

美容教母郑明明、马娅会长、闫秀珍会长、520组委会、中青会、各省商会协会会长等众多行业领袖参加活动；罗志祥、范玮琪、钟伟强、杨光、丁克森等热门明星助阵现场（见图5－16）。奢华的庆典仪式、豪华的舞台、耀眼的灯光、超级明星激情献唱，传递行业正能量，万人聚会见证美业的繁荣与发展。

图5－16 “520美容师节”马娅和郑明明等众明星出席现场

在颁奖典礼开始前，到场的各大知名美业人士先后进行了致辞，首先登台的是合力合美企业杨文威老师，他对美业发展历程进行简单的回顾。他指出，在过去十年里，美业发展坎坷之多，尤其是美容师的职业一直未能得到社会的真正认可，人员缺乏职业信念，缺乏归属感和荣耀感。所以，我们的梦就是“中国梦·美业梦”，向社会呼吁，大家积极地行动起来，去关注美容师的成长，提升美容师的素质。“520美容师节”活动现场如图5－17所示。

图5－17 “520美容师节”活动现场

美容教母郑明明也登台致辞，她说：“我一生都在追求美、创造美、传播美。我认为每一个美容师都是伟大的，作为一个美容师就是把困难留给自己，把美丽带给别人，我们应该为自己成为美容师而骄傲！正因为我们共同的努力，才使中国美业有了长远的发展，美容师节的成立是对我们职业的肯定，也是对行业的鼓励！中国梦因为有了我们而变得更加美丽！”

最后，马娅会长登台致辞，向在场嘉宾表示问候，代表全国工商联感谢在场的美容师为行业创造了奇迹，表示以后每年的美容师节都会对最优秀的美容师进行表彰！合力合美董事长胡新鑫登台致辞，对美业发展表示衷心的祝愿。在全体人员的共同参与及见证下，美容师节启动仪式正式开始！现场万人欢呼，一片沸腾，都为拥有了自己的节日而开心。

嘉宾发言结束后，美容师颁奖典礼正式开始。活动在全国约4 000万名美容师中评选出26名优秀的美容师为“520金天使”，她们见证了美业的发展，并为美业的发展做出了卓越的贡献。奖项各归其主，由美容教母郑明明、马娅会长为获奖嘉宾颁奖（见图5－18）。

图5－18 “520美容师节”活动颁奖现场

与此同时，颁奖典礼上众星云集，星光璀璨。罗志祥、范玮琪、钟伟强、杨光、丁克森等超级明星激情献唱，为在场嘉宾带来视觉与听觉上的饕餮盛宴（见图5－19）。美业人齐聚于此，共享荣耀、共同激励前行，这是一场同回首、共展望的美业盛会，也是一场彰显荣誉、激励人心的盛典，更是一场专属于美业人的盛世。这样的美容盛宴，让美业点燃希望，帮助美业人找到属于自己的职业信仰。让人们去追求美、崇尚美。相信“520美容师节”的出现将会进一步加快美业职业化进程。

图5－19 “520美容师节”活动明星演出现场

任务5 大型企业美容文化节

一、任务布置

1. 任务主题

美容文化节的目的是什么？

2. 任务步骤

(1) 通过在校专业教师、行业前辈了解，或者通过网络平台搜索了解美容文化节的目的。

(2) 将了解到的相关信息以小组为单位进行梳理后汇总。

(3) 教师针对学生的汇报进行点评和总结。

二、知识准备

美容行业经过多年的发展，目前市场环境竞争激烈，鱼龙混杂，各种促销活动层出不穷，在商家取得阶段性效益的同时，也使客户购买信任度不断下降，导致终端店、代理商、厂家销售难度越来越大，同时，加之部分销售人员专业性不够高，更让经营陷入被动的局面。很多企业为了把业绩做好，不断努力地培训员工推销产品，但是客户有限。这就需要一种吸引眼球的活动来吸引新的客户、稳住老的客户从而提高销售业绩。目前市场上流行的就是大型的美容文化节。

美容文化节的目的：

◆引进高端客户、稳住老客户、提高客户的忠实度。

◆全面推广公司或者美容院里的品牌、项目、产品。

◆消化公司或者美容院里库存，直接提升销售业绩。

◆提升公司或者美容院在当地乃至在全国的知名度并打击竞争对手。

◆快速回笼资金增加销售业绩。

◆提升员工的专业素质和责任心，调动员工的积极性。

美容文化节的会议形式：

◆产品、技术、项目、优惠、美容师技能竞赛、新品发布等。

◆开放休闲的西式冷餐酒会、度假村、五星级宾馆、外出旅游（国外、国内）。

◆培训授课（激励、销售模式、管理、理论专业、产品搭配、心态等方式）。

◆技术演示，品牌推广，幸运抽奖，现场订单。

美容文化节的优势：

◆最新的终端销售模式。

◆整合所有资源、礼品、奖品、现场的氛围，人员、规模，结合外联资源。

◆客户聚集齐。

◆一对一的客户服务、下单出货快。

◆解决客户时间问题。

◆解决客户接受度。

三、华好集团美容文化节

美容文化节是华好集团的一张名片，这张名片得到了美容业界的高度认可。每年一届的文化节，吸引了大量行业内外的名流大咖，让文化节增色添香，让华好更精彩！

1．华好集团第十届美容文化节

有一种精彩，让人难忘；有一种梦想，让人期待！自2006年举办首届文化节以来，已成功走过了十年，每一年的文化节，华好集团都呕心沥血，为亲密的伙伴们奉献精彩的节目，这些经典，让脸上的微笑像春风一样荡漾，让枯涩的眼睛闪回青春的光亮，永远铭刻在你我心上。

华好集团始终秉承诚信经营的方针，这或许也是大家始终追随华好的重要原因。“唯有爱与信任不可辜负”，这是华好人的行为作风。十年，在这份沉甸甸的信任之中，华好唯有带领大家走得更高、更远，才是回报大家的最好方式。

活动时间：2015年4月20—24日。

活动地点：中国・西双版纳。

活动参与人员：《非诚勿扰》嘉宾主持黄菡，中国色彩第一人于西蔓，中国高端美业首选导师冉旭东等一众嘉宾莅临，韩国MBC超白金团队，华好市场人员、全国各地6 000多家代理商及各地加盟店。

活动主题：我是大美人——绝地反击暨中国女性魅力高峰论坛。

活动的效果：从2006年，我们在美丽的春城成功举办了首届美容文化节，开创了美容行业标杆性文化盛事先河。春去秋来，十年一晃而过，在这辉煌与梦想中迈进的十年里，我们在全国拥有了6 000多家分店，拥有一批批忠实的店家，参加此次文化节不乏从第一届一直追随至今天第十届的忠实店家的身影。

1个平台，10次汇流，扛鼎13载美容文化。

10年历程，10年拼搏，10年辉煌……

华好集团第十届美容文化节：

一段传奇与荣耀的回眸，见证了每一位华好人的智慧与奋斗！

华好集团第十届美容文化节形象图如图5－20所示。

图5－20　华好集团第十届美容文化节形象图

期待已久的华好集团第十届美容文化节暨中国女性魅力高峰论坛于2015年4月20日上午9时正式拉开了帷幕，在云南西双版纳上演了一场心灵与视觉的魅力女性巅峰盛宴。

华好集团董事长程文平先生发表致辞（如图5－21所示），除了代表华好集团对远道而来的贵宾们表示欢迎和感谢之外，程董还对中国美容行业现状发表了精辟独到的见解。

华好集团总裁江平先生铿锵有力地宣布第十届美容文化节正式开幕（如图5－22所示）。在极具西双版纳傣族文化的特色舞蹈之后，三天两晚的文化之旅也正式拉开了帷幕。

图5－21　华好集团董事长程文平先生

图5－22　华好集团总裁江平先生

黄菡老师幸福分享，提出幸福从心开始的理念，教你幸福生活之道。满满的知性魅力以及如铃的温柔声音揽获大批粉丝，与华好集团的贵宾们一起分享爱情、生活、事业以及作为一个母亲的幸福经。

中国色彩第一人于西蔓老师尽展现代优雅女性魅力，为现场女性带来一场爆炸性的个人形象管理分享盛宴，直叫现场的每一位女贵宾们舍不得错过一分一秒。

面对当前美容院业绩和利润持续下滑，顾客和员工持续流失的危机，在本次美容文化节的现场，中国高端培训第一导师冉旭东全面系统地剖析了现状，并系统地为大家提供行之有效的解决方案，帮助解决美容院门店的生存危机、顾客的信任危机以及人才的稀缺危机。冉老师最先强调的是薪资体系的改革建议，然后层层递进，讲述独创的KTV机制，教你怎么留住美容师，以及充满“杀伤力”的轰炸机策略教你怎么干掉另一部分美容院。没有空洞的吹嘘，全部实例教你怎么具体操作，现场的学员通过学习之后纷纷表示受益匪浅，要回家进行全面的“大改革”“大换血”。

一代美业盛典，十届风采依然！华好集团第十届美容文化节暨中国女性魅力论坛圆满结束。一场极具心灵与视觉享受的顶级盛宴在西双版纳华丽盛耀。整个盛宴名流荟萃，歌舞升平，美业大咖分享财富经、幸福经，让到场嘉宾意犹未尽，流连忘返。

【小思考】

1. “520美容师节”的起源是怎样的？
2. 美容行业各大型知名企业集团为什么要召开美容文化节？
3. 美容文化节召开的形式有哪些？

任务小结

任务 4 及任务 5 结构如图 5－23 所示。

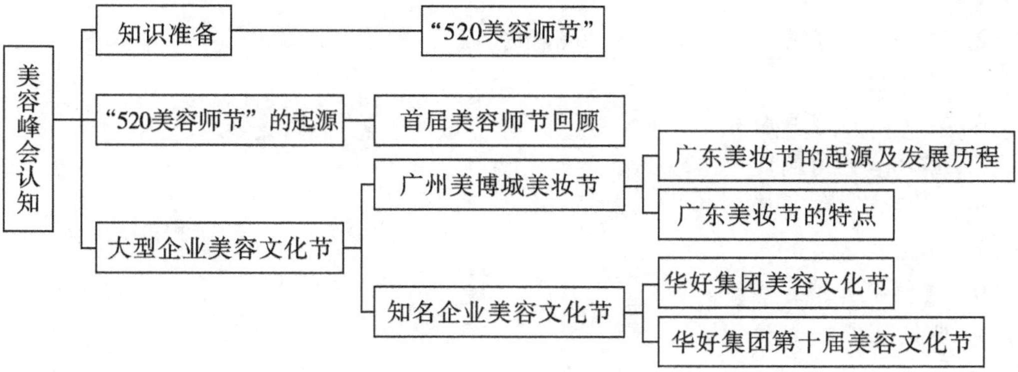

图 5－23 任务 4、任务 5 结构图

拓展训练

美容文化节召开的基本流程

训练目的：了解美容文化节召开的流程及所要准备的资料与物料。

训练步骤：

(1) 通过网上搜索查阅相关信息及资料。

(2) 找美容院进行调查了解。

训练方法：以小组为单位进行，合理进行分工。

训练成果：小组提交调查报告，以 PPT 和微视频的方式进行提交，教师进行点评和归纳。

拓展阅读

美容文化节的目的：

1. 引进高端客源
2. 全面推广美容院项目
3. 消化美容院库存，直接提升销售业绩
4. 提升美容院在当地的知名度并打击竞争对手

美容文化节会议名称：×××美容文化节

会议时间：确定具体时间

会议形式：

1. 产品、技术、项目、优惠展示说明

2. 开放休闲的西式冷餐酒会
3. 滚动循环展示同步于循环接待
4. 技术演示，品牌推广，幸运抽奖，现场订单

优势：
1. 最新的终端模式
2. 整合所有资源、礼品、奖品、现场的氛围，人员、规模，结合外联资源
3. 全天时段
4. 一对一的客户服务
5. 解决客户时间问题
6. 解决客户接受度
7. 第一优势
8. 直接提升销售业绩

前期准备：
1. 邀约培训：培训—会前培训—会中培训—会后培训
2. 邀约：发邀请函
3. 场地选择，物料准备
4. 前期宣传：店内、店外、DM（Direct Marketing）
5. 外联联系：服装—影楼—珠宝—通信—银行

会前准备：
1. 会前宣传：会前4天发放邀约短信、邀请函，悬挂横幅
2. 现场物料：签到本、抽奖券、横幅、喷绘、奖品、吊旗、KT板、X展架、易拉宝、音响
3. 会场布置物料：礼品、饮料、酒水、收款POS机、收据、笔、工作人员服装
4. 人员培训，会前邀约
5. 现场销售方案制定
6. 确定外联方向，各品牌代理商沟通并获得代理商人员支持
7. 会议流程，会前工作进度表，合同，美容院问卷调查表格

执行分工：

迎宾组—签到组—分流组—现场销售组—机动增援组—专家组—后勤保障组—冷餐服务组—主持播报组—现场统计组—纪律检查组—指挥统筹协调部

现场流程：
1. 主持人对各个品牌进行背景声播报宣传
2. 对现场优惠政策进行鼓动性宣传广告
3. 对现场订单顾客进行抽奖仪式
4. 整理统计优秀团队和优秀个人

项目 6

知名日化线企业

学习目标

知识

- 了解国际知名化妆品企业
- 了解国内知名化妆品企业

技能

- 能够掌握国际知名化妆品企业品牌
- 能够掌握国内知名化妆品企业品牌

案例导入

小杨在美容行业美导岗位做市场推广一段时间了，有一天出差到市场某家美容门店给一位 42 岁的女性顾客销售店里的美容产品雅诗兰黛，顾客说她家里已经有了化妆品，是国际知名品牌兰蔻、香奈儿和国内知名品牌美肤宝、法兰琳卡等产品。这时候小杨无言以对，因为她根本就不了解这些国际品牌，找不到切入口，导致她这次销售未能成功。

思考延伸

1. 国际知名日化线企业有哪些？
2. 国内知名日化线企业有哪些？
3. 国际知名日化线企业和国内知名日化线企业旗下分别有哪些品牌？

任务1　国际知名日化线企业

一、任务布置

1. 任务主题

认知国际知名日化线企业。

2. 任务步骤

（1）利用互联网平台或向已经在这个行业工作的同学了解。

（2）选定1~3家国际知名日化线企业进行调查，了解企业发展历史、经营现状以及未来发展方向。

（3）以小组为单位进行汇报，组队相互学习。

（4）教师针对学生的汇报进行点评和总结。

二、知识准备

国际品牌凭借其强大的综合竞争能力、时间积累、品牌沉淀、影响力、市场占有份额等优势，引领行业发展，规模迅速扩大，而规模的提升进一步强化了其在中国市场的投入。

特别是改革开放以来，随着各国日化化妆品牌进入中国，一些国际奢侈护肤品成为当代女性时尚生活的代言，如兰蔻、雅诗兰黛、香奈儿、赫莲娜、娇韵诗、娇兰等品牌，然而每个品牌都有自己的美容个性，每一类产品又都有着各自不同的诉求重点，哪一个品牌的个性和自己最贴近？哪一件产品最适合自己的皮肤？对于大多数消费者来说都是迷茫的，不懂得品牌真正的内涵，不了解产品各自的特点，不清楚产品的配方原理，一味狂热地追逐或者盲目地效仿都是肤浅的做法，通过学习希望能真正认识品牌、了解品牌。

三、国际知名化妆品企业概况

（一）欧莱雅（法国）化妆品集团公司

1. 公司概况

法国欧莱雅集团是世界上最大的化妆品公司，创办于1907年。欧莱雅集团是美妆品行业中的领导者，经营范围遍及130多个国家和地区，在全球拥有283家分公司、42家工厂、100多个代理商，以及5万多名员工，是著名的跨国公司，总部设于法国，也是财富全球500强企业之一，其LOGO及中国官方二维码如图6-1所示。

欧仁·舒莱尔是法国制药中心的一名药剂师，在工作研究中，他发现从某种植物中

图6－1　欧莱雅LOGO及中国官方二维码

萃取的散沣化色料，可以作为染发剂的主要成分。3年以后，欧仁·舒莱尔为他的第一个发明申办了专利，并将它取名为欧莱雅。几年以后，欧仁·舒莱尔成功地完成了一个化学家向企业家的转型，而欧莱雅也不再仅仅是一个品牌的名称。作为一个企业，欧莱雅豪迈地步入了世界美容化妆品行业。从此，“欧莱雅”这个来源于希腊语“OPEA”、象征着“美丽”的名词，在世界美容化妆品领域风靡了整整一个世纪。欧莱雅公司聘请了巩俐、李嘉欣、张梓琳、李冰冰、李宇春、吴彦祖、范冰冰、潘玮柏、鲍春来等作为其在中国的形象代言人。

1964年收购兰蔻，这是欧莱雅成为高档化妆品帝国的第一步。

【小资料】

欧莱雅集团历史发展大事件

1965年　收购卡尼尔，这让欧莱雅得到了一整套具备有机定位的辅助护发产品。

1970年　收购碧欧泉，该品牌定位独特——从温泉的可再生能量中得到有机护肤方法。

1973年　收购法国赛诺菲—圣彼拉堡药物公司的大部分股份，让欧莱雅集团得到了开展皮肤病学活动和皮肤病药物学活动的途径。同年，收购彩妆品牌Gemey。

1983年　成立日本研究中心。

1985年　拉尔夫·劳伦Polo加盟欧莱雅，让欧莱雅在美国的高档化妆品市场和男士高档香水市场中都占据了一席之地。

1985年　碧欧泉推出男士护肤产品。

1987年　薇姿推出男士护肤产品。

1989年　收购美国护肤品品牌——赫莲娜，随后又与乔治·阿玛尼公司签订了一个授权协议，使欧莱雅得以在时尚界推广这个卓越的品牌。同年，收购高科技皮肤病产品品牌——理肤泉。

1996年欧莱雅集团收购美宝莲。该举动宣告了科技创新将与彩妆权威更完美地融合在一起。6月，美宝莲由曼斐斯迁至世界时尚之都纽约。美宝莲纽约诞生了！以突破性的专利技术，美宝莲公司推出了新开发的妍彩系列（Great Wear）产品，包括：唇部彩妆、眼部彩妆及遮瑕产品。

欧莱雅在中国的商务始于1996年设立在香港的经销处。

1996 年，欧莱雅公司和苏州医学院合作成立了苏州欧莱雅有限公司。同年又在苏州建立了第一家化妆品生产厂家，生产巴黎欧莱雅系列产品。

2002 年　进入新领域——口服美容产品。欧莱雅与雀巢共同推出了 Innéov，进入了营养化妆品的市场。

2003 年　收购美国高端专业护肤品牌 Skinceuticals。

2003 年 12 月 10 日，欧莱雅中国以一个对外保密的价格，全资拿下了与之谈判 4 年的“小护士”品牌。所获包括“小护士”品牌、除了创始人李志达之外的所有管理团队、所有销售网点以及位于湖北省宜昌市的生产基地等。欧莱雅的中国此举，是为了借助一个中国本土成熟低端品牌，完善其在中国竭力打造的品牌金字塔的塔基部分。

2004 年 1 月 26 日下午，欧莱雅集团宣布已经和科蒂集团签订协议，收购其旗下的品牌羽西。

欧莱雅公司邀请了华裔电影明星巩俐作为其在大中华区的形象代表，成功打开中国市场。

欧莱雅在 2014 年 4 月 8 日宣布正式收购美即，这也是欧莱雅在中国美容化妆品市场上最大的一笔投资。

（资料来源：http：//m. hexum. com/news/210 －07 －26/124372302. html. ）

2. 欧莱雅旗下品牌概况

（1）顶级品牌赫莲娜。

赫莲娜（Helena Rubinstein，HR）是欧莱雅集团旗下的顶级奢华美容品牌，成立于 1902 年，也是现代美容行业的奠基品牌之一，至今已有一百多年历史，赫莲娜是第一个国际女性化妆品品牌，以“严谨、科学、艺术、哲学、女性”为精神创新，从创业开始就希望成为“美容界先锋”。一百多年来一直遵守内涵，同时不断创新，其品牌胜出的关键在于首创许多前卫大胆的作风，是女性永远可以追随的典范，而成为美容品牌中的胜出者。

1939 年，赫莲娜夫人发明了世界上第一款防水睫毛膏，1958 年再次推出世界首款管式自动睫毛膏。至此，赫莲娜令人惊叹的睫毛膏传奇便徐徐展开，时至今日，传奇仍在继续，赫莲娜不断在经典之上超越经典，无数先锋首创，成就其不可撼动的“睫毛膏女皇”地位。独特的设计理念：独特的直管式造型设计，配合螺纹刷头，简约、大胆、时尚，睫毛膏历史中独一无二的经典之作。功效特点：巧妙螺纹刷头设计，轻松涂刷至睫毛根部，纤长同时令睫毛根根分明，塑造明亮动人双眸。

2013 年全球顶级奢华美容品牌赫莲娜正式登录微信平台，通过微信服务号建立与用户在移动终端的沟通渠道，当大部分顶级护肤品品牌还处在常规信息推送的阶段时，赫莲娜就开始尝试结合丰富的互动形式传递品牌最新资讯及活动。第一波活动在 2013 年 9 月上线，赫莲娜通过微信发起了其明星产品——赫莲娜明星绿宝瓶的互动体验活动。运用虚拟刮刮卡形式，让微信粉丝通过手机就能感受到抽奖的真实体验，并结合身份识别的唯一兑换二维码，让中奖用户到线下专柜领取，形成了完美的 O2O 闭环。这波活动直接带来的不仅是微信粉丝的大幅度增长，更是将线上的用户有效转换到线下体验产品。线下体验装领取率将近36%。此次互动活动不仅优化了用户体验流程，而且让品牌留下了宝贵的用户反馈信息。赫莲娜产品在世界各大中型商场，特设专柜形式发售。以独特产品包装、神奇的效果、昂贵的产品价格独占市场。赫莲娜睫毛膏如图6-2所示。

图6-2　赫莲娜睫毛膏

（2）高端品牌兰蔻（Lancome）。

一个来自法国古堡的玫瑰，兰蔻诞生于1935年，是由Armand Petitjean（阿曼达·珀蒂让）创办的品牌，其LOGO及中国官方二维码如图6-3所示。作为全球知名的日化高端化妆品品牌，兰蔻涉足护肤、彩妆、香水等多个化妆品领域，主要面向高学历、高收入、白领女士，年龄在25~40岁的成熟女性。凭借着对香水的天才敏感嗅觉、执着不懈的大胆创新冒险精神，以及他立志让法国品牌在当时已被美国品牌垄断的全球化妆品市场占有一席之地的抱负，兰蔻为世界化妆品历史写下美丽一页。一枝来自法国古堡的玫瑰，凭借着高贵的气质，在市场变幻莫测的大浪潮中，始终绽放着美丽。

图6-3　兰蔻LOGO及中国官方二维码

兰蔻以传统、美丽、高贵典雅的兰蔻玫瑰标志，赢得女性青睐。商标中有代表其三个系列的标志物——玫瑰：代表香水系列；莲花：代表护肤系列；天使：代表彩妆系列。品牌特点：细腻、优雅、气质、非凡魅力。“兰蔻”所代表的欧化的美是最易被中国女性接受的，因为它时尚，又不失亲和力；它活泼，又有足够的“内涵”。兰蔻拥有著名的护肤系列NUTRIX、香水系列及彩妆系列。

1935年2月22日，影响了全球女性半个多世纪的兰蔻正式诞生了，作为一个奢侈品牌，成立不到6个月时间就已远销全球30多个国家。1950—1960年，兰蔻相继推出了Marrakech极品香水、Magie魔幻香水、Tresor真爱香水，这几款香水无论包装原料还是香氛上都获得了巨大成功，确立了兰蔻在香水品牌中不可动摇的地位。一年后，被誉为“香水的凡尔赛宫”的兰蔻新工厂在巴黎南部投入运营。20世纪70年代，兰蔻进军美国市场，以高档的品质、优雅的形象、亲切的个性魅力征服了西方市场。1975年，兰蔻第一款睫毛膏推出，至今仍处于世界行业领先地位和最畅销的单品。兰蔻的护肤品也是兰蔻最引以为傲的项目，微脂囊最早运用在1985年推出的新生日间修护霜当中，毫微胶囊分子运用在1996年推出的再生青春修护液及再生青春眼霜中，这些高科技的保养品输送系统都是兰蔻率先应用在护肤品中，印证了兰蔻的高科技形象，强化了兰蔻在业界的领导地位。2005年6月28日，兰蔻设备完善的现代化实验室诞生了，秉承权威性、有效性、安全性和愉悦性四大终极理念，超过14 00名的研究人员每年研发出先进技术和产品，与散布全球的实验室和科学家合作，针对各类人群的不同需求提供高效安全的产品。兰蔻已在全球拥有三大实验室，以奉献用户最有针对性和完美效果产品为目标，历久弥新的经典兰蔻不断焕发出新的活力。

兰蔻产品在世界各大中型商场，特设独立专柜形式进行销售。以独特的产品包装、神奇的效果、昂贵的产品价格独占市场。

（3）大众品牌美宝莲。

美宝莲品牌于1917年在纽约成立，美宝莲（Maybelline）由创始者的妹妹的名字（Maybel）以及凡士林（Vaseline）的后半部分组成，至今已经有百年历史。美宝莲在成立之时，就生产出了世界上第一支现代眼部化妆品：美宝莲纽约块状睫毛膏（Maybelline Cake Mascara）。如今，美宝莲纽约已经成为一个具有传奇色彩的全球化妆品先驱公司。

美宝莲纽约美容化妆品，始终致力于追求产品内在质量的完美，它所提供的各类唇膏、粉底、眼影、睫毛膏、眼线笔及指甲油等均经过专家精心研究，符合国际品质标准。为了迎合东方品位，特于日本设置了庞大的研究机构，专门试验各种色彩及配方以迎合亚洲女性的需要。美宝莲更是世界最大的睫毛膏制造商及创始者。

美宝莲纽约在1995年正式登陆中国，以高品质和大众化的价格迅速为广大消费者所青睐。在中国，美宝莲定位为大众消费品，并邀请章子怡为其代言（见图6-4）。美宝莲有一个口号——“让每一个中国妇女至少拥有一件美宝莲的产品”。

图6-4 美宝莲宣传图

美宝莲纽约的产品非常丰富，有彩妆系列、面部护理系列、眼部护理系列、明星单品系列等，如粉底、遮瑕膏、睫毛膏、眼影、眼线、唇彩、唇线、唇膏、指甲油、卸妆水到保湿霜、润肤露等应有尽有。产品代言人有章子怡、曾轶可、秦舒培、江映蓉等，有了明星的广告宣传，大大提升了品牌宣传力度。

这几年，我国的零售渠道日趋多元化，大型仓储超市、大型综合超市、量贩店、连锁超市、便利店、专卖店等新的零售业态层出不穷。美宝莲这几年在渠道方面走的是与其他外资品牌截然不同的道路，它选择的是渗透力最强的超市和连锁便利店。因为美宝莲被定位于大众品牌，对于这类品牌，除了价格，购买的便利性也是消费者的重要考虑因素。近几年来随着网络营销不断扩大，美宝莲在网络宣传推广方面的方式独特而新颖。运用 iebook 超级精灵制作免费电子杂志，生成在线阅读与下载的方式，通过免费电子杂志推广其新产品。让网民在阅读电子杂志带来的乐趣之时，同时，也在潜意识地接受着美宝莲的新产品、新理念。电子杂志是一种非常好的媒体表现形式，它兼具了平面与互联网两者的特点，且融入了图像、文字、声音、视频、游戏等相互动态结合来呈现给读者，此外，还有超链接、及时互动等网络元素，是一种很享受的阅读方式。电子杂志延展性强，未来可移植到 PDA、MOBILE、MP4、PSP 及 TV（数字电视、机顶盒）等多种个人终端进行阅读。

（4）美发产品。

欧莱雅是世界化妆品行业的领先者，它的销售业绩在全球范围内稳步增长。迄今为止，欧莱雅在亚洲国家的发展势头依然迅猛，其最大动力正是来源于它把亚洲市场作为今后数年扩展的目标。

欧莱雅美发系列产品主要有巴黎欧莱雅（L' oreal Paris）、卡诗（Kerastase）、美奇丝（Matrix）。在世界各大中小型商场、超市，特设独立专柜形式进行销售。以独特的产品包装、神奇的效果、昂贵的产品价格独占市场。

（二）雅诗兰黛集团

1. 雅诗兰黛集团简介

雅诗兰黛集团始创于 1946 年美国纽约，由雅诗·兰黛和约瑟夫·兰黛创立，傲居世界化妆品行业领先地位，以抗衰修护护肤品闻名，生产和营销高品质的护肤、化妆、香水和护发产品，产品销售遍及全球 130 多个国家和地区，拥有 13 000 多家销售网点。

雅诗兰黛夫人一直认为“每一个女人都可以永远拥有美丽和时尚”。由此，她将自己的生活品位和对时尚的敏感度融入雅诗兰黛品牌中，不但重塑了美国化妆品行业的面貌，更影响了全球的化妆品市场。雅诗兰黛公司大约有 2 万名雇员，除美国以外，它的化妆品也在澳大利亚、比利时、加拿大、英国和瑞士生产。2004 财政年度，雅诗兰黛集团的全球销售额达 58 亿美元，并创下连续 56 年年销售额增长的佳绩。

公司成立当年就以雅诗兰黛名字命名的第一款护肤霜上市，赢得了一群忠实粉丝。1953 年，公司不断创新，精于研发，具有革命性意义的 Youth - Dew“青春之露”香水被推出，“青春之露”上市后大获成功，打破了法国香水一统天下的局面，使得高档香水不再是少数贵妇才能使用的奢侈品，而雅诗兰黛也获得了创新和优质的美誉。

2. 雅诗兰黛旗下品牌

雅诗兰黛旗下的护肤、彩妆以及香氛产品都成为科学与艺术完美结合的最佳范例，其 LOGO 如图 6 - 5 所示。

（1）倩碧（Clinique），始创于 1968 年，著名的倩碧三步骤，包括清洁、清理皮层和润肤，是倩碧护肤的精髓所在。

图6-5 雅诗兰黛LOGO

（2）海蓝之谜（La Mer）。于1995年收购La Mer，本品牌将最高等级原料和独特的科学工艺融于一体，极受消费者欢迎。1999年，品牌在最早开发的、也是最畅销的La Mer护肤霜基础上，进一步发展成为一个完整的面部和身体护肤产品系列。该品牌在超过43个国家和地区销售。

（3）雅诗兰黛（Estee Lauder），最具代表性的高端抗衰老产品，产品系列全、品质好、效果佳，深受全球广大女士喜爱。尽管业绩斐然，雅诗兰黛品牌始终坚持创造这个美丽事业时的初衷——为每个女性带来美丽。坚信科学研发的力量；保持积极向上的精神状况；体验护肤品带来的改变；保持与人良好的交流，这些精神至今仍是品牌为女性带来的指引与启迪。

（4）原生（Origins）创立于1990年。品牌的标志寓意深长，特意以两棵绿色大树设计而成，代表着人类与大自然之间相互协调的关系。同时，在全新的Origins品牌标志上，亦特别注明了“Powered by Nature. Proven by Science. 天然为本，科学为证”的品牌宣言，清楚确立Origins作为全球高效天然护肤及化妆品牌的领导地位，该品牌在28个国家和地区销售。

（5）雅男士实验室系列（Lab Series Skincare for Men）创立于1987年。由实验科学研究中心研究开发的男士系列护肤产品，包括剃须用品、润肤霜和洁肤水，是领先的男士护肤产品；是世界男士护肤产品的领导者，具有突破性配方的男士护理产品，配以一个易于领会的色码引导系统。该品牌产品在超过55个国家和地区销售。

（6）Rodan and Fields，2003年收购的由斯坦福大学富有经验的皮肤学家凯蒂·罗丹（Katie Rodan）和凯西·菲尔兹（Kathy Fields）创建仅一年的护肤品牌Rodan & Fields。这一品牌产品针对各种皮肤问题而研制，对于每一种特定的皮肤状况，使用独特的配方。2003年，Rodan & Fields在美国的部分百货商店及指定商店出售，也可在网上订购。

（7）芭比波朗（Bobbi Brown），是雅诗兰黛（Estee Lauder）集团旗下的化妆师专业彩妆保养品品牌。世界顶级专业彩妆品牌，由国际著名彩妆大师Bobbi Brown女士于1991年在美国纽约创立。素有好莱坞裸妆皇后之称的Bobbi Brown以干净、清新、时尚的理念闻名于世，革命性首创的自然妆概念，令它在好莱坞、时尚界乃至各顶级时尚秀场中皆享有盛誉。

3. 雅诗兰黛品牌营销

自从雅诗兰黛集团产品上市以来，非常注重保持品牌的平衡，并将此作为公司的一个根本立足点。在不断研究开发新产品和技术不断更新的同时，公司始终强调保持“经典”产品的完整性、平衡性，使集团品牌不断向纵深发展。集团对于锐意进取、资金充盈的营销计划，不惜投以重金。在广告和商业促销中，它的每一个品牌都有自己全球独一无二的形象。

雅诗兰黛集团成长的诀窍之一，就是收购对公司具有意义的品牌。它在兼并新品牌或公司时，奉行自己的标准，即这些品牌或公司必须带来独特的商业机会，而且与公司现有品牌形成互补而不是削弱的关系。另外，它们必须为公司在美国乃至国际上的长期发展增添潜力。M·A·C、Bobbi Brown、Jane、Aveda 和 Stila 这些品牌的购进，充分体现了公司的这一战略。

雅诗兰黛集团通过不同的渠道销售产品，这样取得与其产品形象相符的效果。这些销售渠道包括高档百货商店、专卖店、大中型超市、专柜、高档香水商店和药房，其次，还包括自营的商店和供应柜、游船上的商店、飞机上以及机场和城市里的免税商店等。收购 Jane 和 Aveda 品牌后，公司的销售点再添两条新的渠道，即自选式零售店和专业美发廊。1998 年 11 月，公司还开始在网上销售部分产品。2000 年 4 月，公司宣布了包括兼并网站在内的综合性网络战略。

（三）迪奥

1. 迪奥品牌简介

迪奥（Dior）1946 年由克里斯汀·迪奥在法国巴黎创立，迪奥公司涉及的时尚领域包括了护肤品、彩妆、香水、服装、手袋、鞋、珠宝配件等。迪奥一直是华丽与高雅的代名词。无论是时装、化妆品或是其他产品，迪奥在时尚殿堂一直雄踞顶端，其 LOGO 如图 6－6 所示。

Dior
迪奥

图 6－6 迪奥 LOGO

迪奥奢侈品标志设计的配色并未采用过多的修饰，直接纯色的黑，整个标志表现得非常流畅、简约。将 D 字母与设计中的每个细节都完整地协调在一起，将 D 字母运用得恰到好处。迪奥标志设计中的 D 字母与 O 的搭配就是一个非常有意思的典型，一个半圆与椭圆的呼应构成了完美的弧线。

2. 迪奥品牌之镇牌之宝

（1）迪奥蓝金唇膏——迪奥标志性的唇膏，丰润柔软，色彩纯正，在舒适和持久之间达到不可思议的平衡，也是无数女性手袋中必不可少的化妆品。

（2）5 色眼影——虽然迪奥每一季都会推出各种令人眼花缭乱的彩妆新品，但这款眼影自 1987 年延续至今，依旧是许多化妆师和女性的最爱。

(3) 迪奥高级女装——重点在于让服装展现女性造型线条而非色彩，强调女性凸凹有致、形体柔美的曲线，在迪奥女装的设计中女性独特的魅力被淋漓尽致地体现，这种大胆的设计使原不被欣赏的黑色经迪奥的手也成为一种流行的颜色，迪奥的设计一扫过去女性呆板的线条、色彩的单一，让法国及西方世界为之轰动，让女性为之动容。迪奥的时装华丽、豪华、奢侈，在传说和创意、古典和现代、硬朗和柔情中寻求统一的晚礼服总让人们屏息凝神，惊诧不已。

(4) 箱包：经典的款式，崭新的色彩和面料处理工艺，让迪奥系列手袋成为众多箱包控们必备的完美单品。橘色、裸粉色、米色的简洁款手袋或绚丽摩登或百搭简约。另外，采用镂空藤编、拉毛拼布、手工串珠等工艺设计的经典款 Lady Dior 手袋更能带来前卫的先锋艺术般的视觉享受。

(5) 迪奥化妆品：克里斯汀·迪奥（Christian Dior）先生爱花的特性也在他的作品中不断出现，在法国为了赞誉克里斯汀·迪奥先生对园艺的热爱，还有一种玫瑰花以他的名字命名为花名，这种名为“Miss Dior”的玫瑰花，亦是他在 1947 年所推出的第一款品牌香水名称。Miss Dior 新式香水，是一种植物性绿色西普香水。迪奥梦幻香水无论从“Miss Dior”到“Dior Addict”的各种香水，都包罗万象，融入梦幻色彩。Christian Dior 香水可迎合各种女性、男性以及不同情绪。这些香水出人意表，诱惑力无从抗拒，也是香水制造业巨子的艺术体现。

自第一款香水品牌问世以来，迪奥不断推出面部护肤品，如面部精华、防晒品、隔离霜、保养眼霜、眼部精华、面部磨砂、去角质卸妆液、面膜、化妆水、爽肤水、喷雾洁面乳液、面霜、活性驻颜修复精华露等系列面部护理产品。

(6) 彩妆：修颜膏、阴影粉、唇线笔、眉笔、眉粉、眼线笔、眼线液、眼线膏、腮红、胭脂粉饼、唇彩、唇蜜唇膏、口红、妆前乳、粉底液、粉底霜、粉底膏、睫毛膏、眼影遮瑕笔、遮瑕膏、美容化妆工具蜜粉、散粉等彩妆系列产品。

(7) 迪奥眼镜：迪奥眼镜款式的精心设计可从其细节上的雕琢，创新的技术及卓越的线条、轮廓上清楚地体现出来，除了高雅的标志外，眼镜本身也以鲜明的轮廓及前卫的设计和颜色吸引大众的眼光。在每款迪奥眼镜架或者太阳镜上都明显地点缀着迪奥的标志，时刻向世人显示佩戴者的品位与身份，是唯美设计与精良制造技术相结合的艺术品。年轻化的镜框，设计融入时装的性感流利线条，令人有焕然一新的感觉。细数迪奥的经典潮流，眼镜总是重要的一环，细而轻巧的镜框，流线型的设计，搭配着佩戴人的眼眸。

【小思考】

思考国际知名日化线企业有哪些共性及区别？

任务小结

任务1结构如图6－7所示。

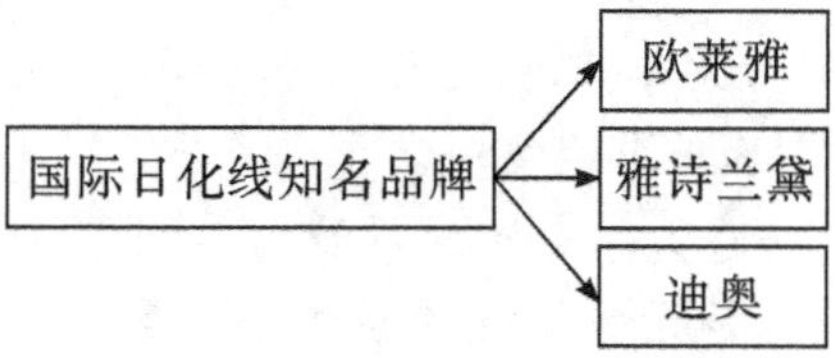

图6－7　任务1结构图

拓展训练

训练项目：国际知名日化线企业市场调研。

训练目的：了解国际知名化妆品企业的历史、品牌、营销模式。

训练组织：

（1）根据国际知名化妆品企业的特点，寻找两款国际知名化妆品品牌。

（2）通过网络和商场实地调研了解知名化妆品的历史、文化、品牌等。

（3）调查国际知名企业的营销规模。

拓展阅读

国际知名化妆品品牌排行榜

1．法国兰蔻（Lancome）

这个法国国宝级的化妆品品牌创立于1935年，迄今已有逾80年历史。自创立伊始，就以一朵含苞欲放的玫瑰作为品牌标记。在逾80年的时间里，兰蔻以其独特的品牌理念实践着对全世界女性美的承诺，给无数爱美女性带去了美丽与梦想。

更难得的是，一个逾80年的老牌子，时至今日还能保持如此年轻的状态，在彩妆以及护肤界均有众多被时下女性拥护的精品。

镇牌之宝：睫毛膏——LANCOME的睫毛膏，在化妆品界有无可争辩的崇高地位。“全球每售出两支睫毛膏中，就有一支是LANCOME的。”独特的刷头设计，层次细致分明；纤维超幼细，无人能及。其中，淡妆首选DE精密睫毛膏，晚妆等场合首选3D立体睫毛膏。

2．美国雅诗兰黛（Estee Lauder）

Abanced Night Repair（简称ANR）系列，无疑是该品牌最为经典和大牌的护肤保养品。自推出20多年来，一直保持经典的琥珀色玻璃瓶包装，创下全球每十秒销售出一瓶的佳绩。该产品的那句“如果你16年前已经用上了ANR系列，那么16年后的今天，你的皮肤依然和16年前一样细腻娇嫩”的广告语深入人心。

3. 日本资生堂（Shiseido）

有130多年历史的资生堂，是亚洲最老牌的殿堂级化妆品。主线资生堂国际系列，以优雅、品位、有效、安全等特色而深入人心。

4. 法国迪奥（Dior）

迪奥，全名为Christian Dior（又简称“CD”）。以做高级时装起家的迪奥品牌，自1947年首次推出香水Miss Dior后，现已全面进军美容领域。经典与高贵是迪奥的代名词，如今，迪奥更是时尚和创新的代表之一。

镇牌之宝：蓝金唇膏——迪奥标志性的唇膏，丰润柔软，色彩纯正，在舒适和持久之间达到不可思议的平衡，也是无数女性手袋中必不可少的化妆品。5色眼影——虽然迪奥每一季都会推出各种令人眼花缭乱的彩妆新品，但这款眼影自1987年延续至今，依旧是许多化妆师和女性的最爱。

5. 法国香奈儿（Chanel）

以高级成衣起家。在美容领域最大的成就是香水。

镇牌之宝：NO. 5香水——这个成就了一段香水神话的香水，已经成为全球无数女子的妆台最爱。它特别幽雅浪漫的格调，把女子内心的细致情怀表达得淋漓尽致，性感女神梦露的那句“我，只穿NO. 5入睡”的名言，更让这款女士香水名扬百年。

6. 美国倩碧（Clinique）

倩碧的名字和品牌的概念来源于法文：医学诊所。是雅诗兰黛集团的另一重量级品牌。以过敏度低，不含香料、无刺激的护理理念闻名于世。倩碧在美国、英国均是销量第一的高档化妆品牌。

镇牌之宝：护肤三部曲——倩碧自1968年品牌创立之初就推出三部曲概念，倡导简单就是美的哲学，至今仍秉承“洁面皂　化妆水　特效润肤乳”的组合。在第一至第三步的三件产品之外再用任何保养品都能得到事半功倍的效果，为肌肤提供最简便、安全、有效的呵护。

7. 日本SK－II

数十年前，一个科学家参观一个酿酒工厂时的偶然发现，诞生了一个美容界的神奇品牌，它就是SK－II。20世纪90年代起，SK－II从MF（MAX FACTOR）公司独立出来。定位为高级保养品牌。其专利成分pitera，提取自米酒的天然酵母。

镇牌之宝：护肤精华露（又称神仙水）——内含高达90%以上的pitera，能调整肌肤的pH值，促进细胞的抵抗力，帮助肌肤恢复天然的水油平衡。

8. 法国碧欧泉（Biotherm）

碧欧泉卓越的护肤功效，来自温泉中提取的精华petp（矿泉有机活性因子），富含多种微量元素、矿物质和蛋白质成分，能温和调理肌肤，使其达到均衡状态。它是法国的科学家在研究温泉对人体的疗养功效时发现的。为了寻求最佳的提取源，科学家不惜涉入法国山脉深处，以20年的努力，终于以生物技术提取到大量的petp因子，并成功研发出适合皮肤每日使用的护肤产品，也就是我们今天的碧欧泉护理全系列。

镇牌之宝：活泉水分露——碧欧泉最初打天下的镇店王牌。每一瓶都含有相当于5 000升的温泉水中所含的丰富的碧欧泉，只需豌豆大小，即可令肌肤水分十足，呈现最完美的状态。

9. 赫莲娜（Helena Rubinstein，HR）

品牌名字取自该品牌创立者 Helena Rubinstein 女士。她也是世界上第一家美容院的创立者。HR 产品以“追求完美”著称，自被欧莱雅集团收购后，更成为该集团的科技先锋，以一流的抗皱、修复系列品的研制为长。

镇牌之宝：极致之美胶原系列、维生素 C 精华系列——有肌肤“急救站”之称的两款抗皱、修复产品，对一切因为衰老而引起的皮肤问题有很好的改善作用，受到了无数不再年轻，但仍然追求完美肌肤的女性的追崇。

10. 美国伊丽莎白·雅顿（Elizabeth Arden，EA）

早在 20 世纪 20 年代，EA 已经是一个全球知名的美国品牌，曾一度垄断整个高级美容护肤市场。一代性感女神玛丽莲·梦露的化妆箱里，就常备有雅顿的眼影、唇膏。在美容界多元化的今天，EA 依然保持其传统的特色，一些产品的巧妙用法仍为人称奇。

镇牌之宝：8 小时润泽霜——该品牌历史最悠久的产品之一，至今已有 74 年的历史，有“万能霜”之称。可用于脸部、眼部、唇、颈和手，任何一处你觉得干燥的地方。滋润度非常持久而有效，它另外还有淡化疤痕、修复肌肤弹性的疗效。

（资料来源：http：//wenda. so. com/q/1361851281068243？src＝150.）

任务 2　国内知名日化线企业

一、任务布置

1. 任务主题

认知国内知名日化线企业。

2. 任务步骤

（1）利用互联网平台或向已经在这个行业工作的同学了解。

（2）选定 1～3 家国内知名日化线企业进行调查，了解企业发展历史、经营现状以及未来发展方向。

（3）以小组为单位进行汇报，组间相互学习。

（4）教师针对学生的汇报进行点评和总结。

二、知识准备

中国化妆品市场通常以销售渠道的差别在行业内划分为日化线和专业线，日化线就是在超市、商场可以买到的化妆品，所以，只要打电视广告的，基本都是日化线化妆品，如雅芳、大宝等；而专业线则主要通过美容院这个渠道进入市场，所以，专业线一般很少打普及性的广告。但对皮肤护理针对性比较强，为专业人士所熟知，所以专业线产品价格也比日化线高。

日化线的产品主要靠广告推动，销售多集中在超市、小商店及批发市场，覆盖面十分广，从业人员也主要以销售为主。由于日化线产品从品质上来讲大同小异，有非常大的同质化倾向，所以消费者的选择主要通过厂家巧妙的营销策略来拉动。这种策略下，各日化线品牌的价格战十分普遍。

三、国内知名日化线

人们生活水平与自身素质的提高，为美容业的蓬勃发展提供了广阔的空间。近年来，正式注册的生产企业已经达4 000多家，品种更达到20 000多种。良莠不齐，同时也加剧了美容产品的市场竞争。

以质为本是美容院选择产品首要重视的问题。美容院产品的品质、效果好坏等问题直接关系到美容院的生存。除了品质要符合顾客的需求，产品能否达到顾客满意和顾客的期望值，以及在与竞争品牌相比时，性能是否落后等，都有可能导致选择产品的失败。产品满意主要来自于顾客的综合评价，顾客对产品的综合评价通常包括产品的效果、使用价值与消费价值。

（一）广州环亚化妆品科技有限公司

1. 环亚公司简介

广州环亚化妆品科技有限公司（以下简称“环亚”）位于广州高新技术产业开发区科学城内，是一家集研发、生产、销售、培训、服务等为一体的综合性美容化妆品企业，注册资金为8 000万美元，其LOGO如图6－8所示。公司目前拥有美肤宝、法兰琳卡、滋源、幽雅和蕾菈五大品牌，产品种类涵盖洁肤、护肤、彩妆、洗发、护发等领域。环亚拥有广阔的分销网络，已建立起覆盖全国各大城市的多个销售网点，在超市、KA（重要客户）卖场、百货商场、化妆品店、美容院均设有品牌专柜。

图6－8　环亚LOGO

自创立以来，环亚始终秉承“做冠军产品、创世界名牌”的战略目标，以科技为导向，以品质为核心，不断研发天然、安全、有效的美容类产品。公司建立了完善的组织架构和管理制度，引进大型 ERP 软件管理平台及条码管理系统，建立起系统化、程序化、制度化的高效管理系统。

2008 年，环亚集团投资 950 万美元建成建筑面积 44 798 平方米的环亚一期科技工业园，拥有 9 条现代化生产线，具有生产各类膏霜、洗护、美容化妆品的生产条件，年生产能力可达 1 亿支。工厂通过了 ISO 9000 质量管理体系、环境管理体系 ISO 14001：2004、职业健康安全管理体系 OHSAS 18001：2007 等国际认证，多次被国家、省市质监、药检部门列为重点参观考察企业，组织有关省市区的厅局长和包括外资企业在内的行业相关企业现场观摩环亚的生产流水线，环亚的生产和质量管理得到了参观人员的高度评价。

2011 年，环亚集团新增投资 1 300 万美元新建的建筑面积 26 712 平方米的环亚二期化妆品研究院，被誉为“亚洲最大的化妆品研发中心之一”。工业园内拥有 GS－MS、HPLC、VISIA 皮肤图像分析仪、防晒系数分析系统、皮肤黑色素／血红素测试仪、MTT175 头发测试仪等精密仪器设备，其软硬件实力已达到亚洲领先水平。目前环亚已取得 58 项专利，建立起中国第一家化妆品院士工作站——广东省环亚日化美妆院士工作站，成功获批广东省中药日化产品（环亚）工程技术研究中心、广州市级企业技术中心、广州市创新型企业等项目。已完成的成果如全波段低刺激性抗紫外线关键技术在化妆品中的研究与应用、基于生物多肽的抗衰老化妆品关键技术的研发、中药保湿抗衰老成分的制备及在化妆品中应用研究、液晶乳化技术在化妆品的应用研究、植物凝脂仿生凝胶技术等达到国内领先水平，同时获得科技进步二等奖 1 项、三等奖 2 项。

2011 年，环亚集团再次投资 5 750 万美元，建成建筑面积 110 183 平方米的环亚三期生产基地，主要生产洗护、彩妆等日化产品，现已投入使用。三期生产基地将为环亚研究院研发成果的大规模产业化提供实现的平台，为品牌成长奠定更坚实的未来。

伴随着企业的快速成长，环亚积极参与公益事业。为弥补我国美容化妆文化展示平台缺失这一遗憾，环亚投入巨资兴办了中国第一、世界第二的广东环亚美容化妆品博物馆。该馆自成立以来，接待了无数中外来宾，积极发挥了其弘扬中国传统美容化妆文化的作用，曾被中共广州市委、市政府评为“广州市爱国主义教育基地”，被广州开发区萝岗区科学技术协会、萝岗区教育局评为“广州市萝岗区青少年科普教育基地”。2012 年，环亚旗下美肤宝品牌冠名赞助央视“3·15 晚会”，用实际行动向外界传达了环亚切实关注消费者需求、积极承担企业社会责任的意愿和决心。同年，公司与共青团中央共同启动“青年就业创业见习基地”项目，定期为在校大学生提供实习机会，进行技能培训和指导。

2. 环亚集团旗下品牌

（1）美肤宝。

1999 年由昆明国花生物制品有限公司与中国药用植物研究（云南）所展开技术合作，共同研发的美肤宝·ABO 正式面世，产品美白祛斑疗效显著，并且快速占领市场。不久后，经过全面整合，精心策划，美肤宝·天然翡翠正式上市。至此，美肤宝品牌一直秉承倡导绿色健康的美容理念，持续近 20 年销售稳定发展。2000 年开始在全国大力推广美肤宝绿色美容形象连锁店。此后，广州奇华顿国际美容连锁机构成立，负责美肤宝品牌在全国市场的拓展和维护。

美肤宝绿色美容连锁店规范系统：店面形象、店内陈列等获得市场认同，建立起第一批美肤宝品牌形象店，为后来美肤宝快速发展奠定了核心网络基础。美肤宝系列产品被中国消费者协会评为“消费者信得过产品奖”。

随着市场不断发展扩大，美肤宝不断推出新品，如美肤宝·经典明珠绚丽上市，凭着时尚的绿金真空包装及稳定的产品品质迅速获得市场认可；美肤宝最核心的拳头产品——“美肤宝美白防晒隔离素”，其市场销售量逐年上升；美肤宝·水晶玫瑰上市，大套装售后服务模式获得成功，同时注重宣传和促销对产品销售起到了很大的推动作用；美肤宝·幽雅香薰上市，填补了美肤宝在香薰精油产品上的空白。

由于美肤宝绿色美容连锁店销售业绩佳、顾客反馈良好，效果一直被消费者认可，被卫生部评为“全国首批放心美容院”。

2006年8月，美肤宝·美丽100上市，美肤宝试水终端日化领域成功，环亚集团不断创新，在专业线、日化线两条不同销售渠道上不断刷新销售纪录。

（2）法兰琳卡。

法兰琳卡（FRANIC）以其独特的纯正美丽时尚理念，自然、清新、时尚、纯美的风格受到了广大女性的青睐。已创造引领了新一轮的时尚热点，给女人自然美丽的同时，传递了自然的护肤品位，散发出时尚文化和美丽风情。

法兰琳卡品牌愿景：自然护肤创导品牌；品牌气质：美丽像花儿一样绽放；品牌理念：纯正美丽原生能量自然天成；品牌承诺：纯正美丽能量、纯正原生能量、纯正植物能量。

法兰琳卡超市系统全面启动，这意味着法兰琳卡品牌正式跨入化妆品主流渠道，为法兰琳卡快速成长开通一条辉煌的道路。法兰琳卡对品牌进行全新定位，在原有的自然故事、植物源护肤品的基础上，继续推陈出新，品牌产品体系不断完善，促进品牌不断发展。法兰琳卡美容品牌正立足中国、放眼全球，日益影响着我国美丽时尚品市场的走向。

（3）滋源。

滋源是环亚集团旗下天然头皮护理品牌，通过无硅油、不刺激的健康洗护产品，让头皮重现健康年轻状态、让秀发绽放健康之美。滋源产品的推出拓展了环亚集团以美容面部化妆品为主导的思维，以全新的滋养秀发之源——头皮护理出发创建无硅油头皮护理品牌——滋源，并斥资4亿元，投建12万平方米国内健康洗护生产基地。

无硅油长期占据洗发水销量排行榜第一名的位置。韩国推崇无硅油毛囊专业护理，注重天然成分和植物药材的头皮护理作用；法国多使用天然植物成分，拒绝硅油等化工类成分添加；瑞士推崇无硅油头皮护理的天然绿色概念；美国在头皮护理产品中去除硅油成分，添加了天然舒缓成分。而90%的中国人没有意识到头皮与无硅油不刺激的重要性，区别于传统洗发，滋源专注头皮护理，创新品类，率先推出不含硅油的天然头皮护理洗头水，精准定位头皮护理市场，面对25～35岁正在升级生活品质的消费群体，为他们提供高品质头皮护理产品，带来天然、健康的头皮护理体验，开启头皮护理新时代。

（4）幽雅。

幽雅品牌以传承千年东方香疗为使命，从原生态的自然万物中幽静雅致地走来。名字取幽之“幽谷芬芳”、取雅之“高贵雅致”之意，蕴含大自然的生命气息，彰显天然与原生态气质。

幽雅将西方美容的疗效性和东方美容的调养性合二为一，强调以中西合璧、内外兼修的中庸美容哲学来服务爱美女性。产品以纯天然芳香原料为载体，囊括沉香、檀香、依兰、雪松等东方珍稀香料成分，融汇现代生物专业萃取科技，实现了东西方医学的“有诸外而形于内，有诸内而形于外”双向疗法。糅合独特的自然疗法护肤理论，通过多种核心植物成分的复原系统来激活肌肤深层的修护、更新能力，令肌肤恢复年轻紧致状态，实现人与自然的和谐。打造平衡、香韵、健康的“内环境”与“外环境”，令爱美女性在东方香疗的萦绕下绽放无限优雅的高贵魅力。

在林海茫茫的东方原始森林中，幽雅寻芳踪秘影，汲取万物灵性，发掘森林美学，成就幽雅智慧，于自然中找寻唤醒肌肤的森林密语，于森林中汲取东方香疗的天地精华，于香疗中增添女性魅力，绽放女性肌肤高贵涵养之美。

（5）蕾菈。

蕾菈作为隶属于环亚集团的专业护发品牌，在渠道建设推进方面具有得天独厚的优势。依托母公司在渠道网络上的成熟体系，蕾菈全面布局 CS（客户系统）渠道。在渠道战略布局稳步推进的同时，品牌大力开展终端促销活动，通过各类活动的执行和沟通，扩大消费者体验广度、体验频次，进而推动渠道扩张。

体验派送是品牌推广、吸引消费者的有力途径。据悉，店主每次进货，蕾菈都会大量配送发膜和洗发水试用装，为终端提供充足的促销品类，以更大吸引客流，提升业绩，打响知名度，帮助产品热卖。在终端形象表现方面，蕾菈紧随国际潮流趋势，以绿色为主调，突出产品健康天然优势，同时又彰显出国际感和时尚感。全国标准化的终端形象，具有高度辨识度，能帮助店铺提升整体实力和销售额。

3．环亚品牌营销策略

环亚集团创始人胡兴国先生指出，要在激烈的终端竞争中取胜，必须在终端稳定化、团队精英化、促销模式有效化三个方面持续改进完善。一是要建立忠诚、团结、稳定的经销商团队，环亚目前的专有经销商团队多年来跟随集团在激烈的市场竞争中共同成长，在开拓市场、维护渠道稳定方面发挥着不可替代的作用，经销商团队在凝聚力和执行力上的优势应该继续保持；二是要培养能征善战的销售精英团队，不断汲取科学的用人理念和智慧，加大对员工的培训力度，完善并丰富培训方式，提升团队整体职业素质；三是要不断从市场实践中提炼成功的终端促销经验，优化促销模式，以良好有效的模式带动整个终端销售增长。

（二）伽蓝集团

1．伽蓝集团简介

伽蓝（集团）股份有限公司（简称“伽蓝”）于 2001 年创立于上海，十几年来，伽蓝始终推行“汇聚全球力量、打造中国品牌”的经营策略。伽蓝在第二个十年中，继续聚焦化妆品、个人清洁与护理品核心业务，分三个阶段实现“成为中国化妆品行业领军企业、进入国际市场、打造中国人自己的世界级品牌”三个目标。

伽蓝追求将美学艺术融入品牌精神、视觉表现、产品开发的每一个细节中，塑造出融合传承与创新的独特品牌形象，用艺术呈现自然之美、人文之美、科技之美，追求“五感六觉”上的完美超越，燃起消费者对美的无限梦想。

伽蓝有赖于明确的发展战略迅速发展壮大。如今，伽蓝拥有直属员工 1 900 余人，网络总从业人员 60 000 余人，他们都坚守着相同的价值观，在全国各地建立起各类零售网络 23 800 余个，覆盖全国所有城市、县城及 10 000 多个城镇，在百货商场、KA 卖场、超市、化妆品店、药房中均设有品牌专柜，市场份额持续扩大，已成为中国市场业务规模和增长速度均居于领先地位的行业领跑者。伽蓝 LOGO 如图 6－9 所示。

JALA
伽蓝

图 6－9　伽蓝 LOGO

2. 伽蓝集团旗下品牌

伽蓝（集团）与法、美、德、日等国在科技、创意、设计等领域居于全球领先的企业合作，先后创立了自然堂、美素、雅格丽白、医婷 4 个个性鲜明的品牌。

（1）自然堂。

运用自然的成分和先进科技，为乐享自然的消费者带来美丽生活。自然堂已成为深受消费者喜爱的著名品牌。产品有自然堂产品系列、雪域精粹系列、雪润皙白系列、凝时鲜颜系列、红毯肌密时尚新宠。自然堂品牌愿景：做中国人自己的世界级品牌；品牌定位：自然与科技相结合；品牌宣传语：你本来就很美。

（2）美素。

美素针对东方人文化、饮食和肌肤特点，采用世界尖端科技，从中国经典养颜成分中萃取精髓，打造独具东方时尚魅力的高端品牌。美素以独树一帜的“前店后院、自选销售”的营销模式创造了发展奇迹。这种模式以“想怎么美就怎么美，美丽由自己选择”为特点，以“前店销售产品，后院提供售后美容服务”为核心，结合了美容院和化妆品零售店的全部优点，彻底改变了传统的销售方式，依靠这种模式，美素仅用 5 年时间就在全国发展了 4 500 多家加盟连锁店。如今，美素已成为中国美容行业的标志性品牌。

（3）雅格丽白。

雅格丽白致力于挖掘植物的强大护肤能量，带给肌肤植物源头之美，成为温和的植物护肤的代表性品牌，同时展现平凡人的非凡美，让每个人做不平凡的自己——释放出自己内心的美慧女神。雅格丽白品牌愿景：中国最受消费者喜爱的植物护肤品牌；品牌定位：荟聚植物精萃·唯你所用；品牌宣传语：植物呵护你的美。

（4）医婷。

秉承“健康、安全、安心”的护肤理念，医婷为消费者提供安全、有效产品，帮助消费者解决各种肌肤问题，缔造健康美丽肌肤。品牌愿景：中国女性健康护肤的首选品牌；品牌定位：海洋药妆品牌，蕴含海洋精华·体验美丽肌肤；品牌宣传语：医婷，健康肌肤之美。

3．伽蓝集团品牌营销策略

自伽蓝集团产品上市以来，迅速在上海各区拓展数以百计的加盟店，以“前店后院”的形式进行品牌营销，一时改变了广大消费者的消费习惯，过去人们习惯在商店、超市购买产品，回家自用，由于伽蓝产品的介入，消费者可以在店里消费，还可以进行免费护理，增加了产品的附加值，消费者也得到了超值的价格叠加。

在伽蓝，渠道多元化与专业化得到了充分结合和创新，根据产品特色灵活选择终端促销、商业流通、院线专柜、商场超市等多种渠道，并在各渠道进行专业化操作和创新。如今，伽蓝集团成长为中国美容行业的领头羊，是目前中国规模最大、实力最强、最具发展潜质的美容化妆品企业之一。伽蓝还将进一步发挥强势媒体对企业发展的战略作用，进一步整合优势资源，实现“有女人的地方就有伽蓝品牌”及“创造中国人的世界名牌”的愿想，让中国的美容事业更加辉煌！

（三）丸美（中国）控股集团

1．丸美公司简介

丸美公司成立于2000年，隶属于丸美（中国）控股集团，是一个以“肌肤的真正需要”为研发理念的知名护肤品牌。集化妆品与健康食品研发、生产、销售、教育、连锁为核心的多元化企业，业务涵盖生物科技、时尚化妆品、健康食品、职业连锁教育、美容SPA连锁，其LOGO及中国官方二维码如图6－10所示。

图6－10　丸美LOGO及中国官方二维码

丸美股份营运制造总部位于国家级经济技术开发区的广州科学城——投资2亿元、建筑面积达5万平方米的丸美5C中心，汇聚世界上最先进护肤专家，成为顶级的丸美研发中心、制造中心、培训中心、信息中心和艺术中心。集团还拥有广阔的营销网络，覆盖全国31个省（自治区、直辖市），为中国女性消费者及时提供一流品质的产品。

丸美源于“圆为美”的哲学思想——“丸是圆，圆是美”，以圆为美，在丸美的审美观里，圆形是世界上最美的形状，无论东方和西方，对圆之美的推崇永恒不变，而圆，也最能体现女性的优美柔性。作为一个奇妙的图形，从起点到终点，圆给人一种回环往返的美感，生生不息，从一个终点出发，又是一个新的起点，不断追求圆，不断追求完美——丸美一名，由此而来。

丸美，以优雅为表，以梦想为心，以价值为核，选取全世界文化传承中最优秀的精髓，铸就现代的、东方的、世界级品质的轻奢品牌。

2. 丸美旗下品牌

丸美十几年如一日，专注眼部肌肤护理。以“眼部护理专家”著称于世，从最早的招牌产品眼部多元细胞修护素，到获卫生部第一个批文的眼部防晒乳，再到名动天下的弹力蛋白眼精华，多达13款的全线眼部产品，在各大商场无论是销量还是市场占有率都遥遥领先。凭借在眼部护理和肌肤青春保养的出色表现，丸美一直跻身于300~400元高端品牌主流市场。

丸美产品囊括了眼部精华、眼霜、面部精华、乳液、日霜、晚霜、眼霜、隔离霜、粉底、防晒、面膜及眼膜、化妆水/爽肤水/喷雾、洁面等多个品类，以适应中国女性深层清洁、保湿、补水、抗衰老/抗皱、美白、祛斑、去黑眼圈、去眼袋、晒后修护、收缩毛孔、舒缓肌肤、提拉紧致、滋润、祛痘、去黄、控油等不同护肤需求。

丸美弹力蛋白精华系列之丸美巧克力丝滑水广告语：弹弹弹，弹走鱼尾纹；主打：“如墙壁钢筋断裂般”的支柱型肌肤老化；特色：护肤品和食品产业的跨界之作，成功从可可豆中萃取精华，实现肌肤丝滑、细嫩、润泽、匀净。

丸美细胞级美白系列之代表产品：丸美高机能激白精华隔离霜，丸美高机能激白精华系列广告语：不用点，不用拍，一抹就有好肤色；主打：高机能美白；特色：激活细胞，健康美白，通过“去除、培育、保护、给予”，实现细胞级的健康美白。

3. 丸美品牌营销模式

丸美的产品主要通过百货公司专柜、美妆精品店发售，目前在全国各地设有百货专柜近1 000家，特许授权专营店9 000多家，产品加盟美容院近3 000间，覆盖全国销售网点总计过万个，同时有自成体系的专业护理产品，并在授权的专业美容院销售，需要在持牌美容师指导下使用。

【小思考】

思考国内知名日化线企业有哪些共性及区别?

【小资料】

卡姿兰公司

1. 卡姿兰（Carslan）公司简介

卡姿兰（香港）有限公司，成立于2001年，以国际化的视野为中国女性开创了时尚的彩妆品牌“CARSLAN 卡姿兰”，同年10月，卡姿兰彩妆品牌在广州成立中国区营销总部。从此，融合了欧洲最新时尚潮流和中国文化理念的卡姿兰彩妆全方位地进入中国女性的视野，开始在中国演绎她时尚的魅力！

我的时尚，我的卡姿兰——自2001年品牌创立以来，卡姿兰始终倡导“美妆亦护肤”时尚理念，帮肌肤减轻负担，在每一张渴望美丽的脸庞、每一寸肌肤上，妆点美丽魔法。

2. 卡姿兰品牌

品牌融合了国际时尚潮流和中国文化理念，起用一线时尚明星作为代言人，倡导“美妆亦护肤”的理念。产品以彩妆、护肤两大系列为主，涵盖眼部、脸部、唇部、护肤等。

卡姿兰主要代表性产品有卡姿兰睫毛膏、卡姿兰粉饼、卡姿兰眼影、卡姿兰水亮晶透唇釉、卡姿兰丝锻亮润唇膏、卡姿兰眉粉、卡姿兰眼线笔、卡姿兰亮彩啫喱、卡姿兰唇彩、卡姿兰腮红等。

3. 卡姿兰品牌营销模式

卡姿兰凭着对国际、国内流行色彩的准确把握、全球化原材料采购和雄厚的产品研发能力，定位于中国大众时尚彩妆品牌的卡姿兰，凭借青春时尚的风格、卓越的品质、丰富专业的产品线、高回报、低风险的代理加盟政策、灵活务实的市场推广方式、强大的终端支持及完善的市场维护体系，在中国日化市场取得了骄人的市场表现，奠定了今天国内一线时尚彩妆品牌的强势地位。

卡姿兰强大的销售渠道遍布国内大中型城市，百货商超、专卖店等品牌专柜以稳定数量逐年增长。卡姿兰让时尚变得简单，为中国女性演绎时尚魅力！

（资料来源：http：//baike. so. com/doc/4017933－4215154. html.）

任务小结

任务2结构如图6－11所示。

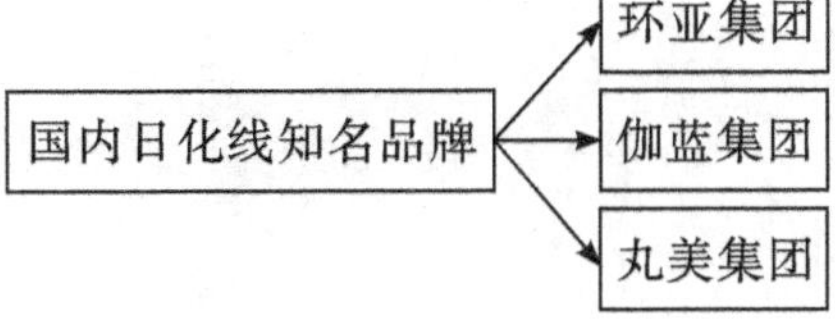

图6－11　任务2结构图

拓展训练

训练项目：调研国内日化线知名企业。

训练目的：了解国内知名化妆品企业。

训练组织：

（1）根据国内知名化妆品企业的特点，寻找一家知名化妆品公司。

（2）调查并了解该知名化妆品公司的历史、文化、品牌等。

（3）调查该企业的品牌营销规模、经营渠道。

拓展阅读

日化线与专业线的区别

日化线一般是客户在超市、商场的柜台上能买到的东西，一般“日化线”这个称谓多见于中国化妆品市场。由于化妆品市场细分，因此以销售渠道差别在行业内划分了日化线和专业线，日化线就是在超市、商场可以买到的东西，所以，只要打电视广告的，基本都是日化线化妆品，如雅芳、大宝等；而专业线则主要通过美容院这个渠道进入市场，所以，专业线一般很少打普及性的广告。但对皮肤护理针对性比较强，为专业人士所熟知，所以专业线产品价格也比日化线高。

日化线的产品主要靠广告推动，销售多集中在超市、小商店及批发市场，覆盖面十分广泛，从业人员也主要以销售为主。由于日化线产品从品质上来讲大同小异，有非常大的同质化倾向，所以消费者的选择主要通过厂家巧妙的营销策略来拉动。这种策略下，各日化线品牌的价格战十分普遍。

而专业线产品则集中在美容院里销售，价格较高、针对性强是其主要特点，由于这类产品基本上不靠广告推动，美容院人士的推荐及顾客的试用产生销售显得尤为重要，所以这个行业对产品的功能性要求十分严格。

很明显，日化线产品与专业线产品的区别就在于前者功能性不突出，后者则需要有显著的肌肤、机体作用；前者多靠广告来刺激消费者的购买，后者主要以口碑营销和过硬的功能作用赢得消费者的青睐；前者由于价格便宜，销售范围极广，而后者价格较高，消费群体始终有限。

（资料来源：http：//baike. so. com/doc/2182381 －2309201. html. ）

项目7

美容专业线企业

学习目标

知识

- 了解美容服务型企业特点、运营模式
- 了解美容综合类企业的特点、运作模式
- 了解美容综合类直销企业的特点、运作模式

技能

- 能够掌握美容服务型企业运作模式
- 能够掌握美容连锁店与美容直营店的区别
- 能够掌握美容服务性企业、美容综合类企业、美容综合类直销企业特点、运营模式

案例导入

阿燕经营了一家美容院，已有4年时间，目前顾客情况尚稳定，月销售额4万元左右。一天，一好朋友跟她介绍说做连锁加盟店好，而另一朋友跟她介绍说做直营店更好，阿燕发愁了，她完全不了解连锁加盟店和直营店这两者有什么区别，分别好在哪里，也不知是应该选择做连锁加盟店好还是选择做直营店好，哪类方式更适合。

思考延伸

1. 美容专业线有哪些类型的企业？
2. 美容专业线服务型企业有哪些？
3. 美容专业线服务型和日化线企业有什么区别？

任务1　美容服务型企业

一、任务布置

1. 任务主题

美容服务型企业调查。

2. 任务步骤

(1) 请以所在学校或单位为原点搜索周边的美容服务型企业或美容院。

(2) 以小组为单位选定1~2家连锁加盟店或直营店进行门店调查。

(3) 以小组为单位进行汇报（汇报以PPT或微视频方式阐述）。

(4) 教师针对学生的汇报进行点评和总结。

二、知识准备

美容专业线主要是针对美容行业中以研发、生产、管理、销售、服务等为主的企业。它的所有产品和服务以美容院为核心，所有的产品主要通过专业的美容院进行销售，所以市场上比较少见。专业线流通渠道与日化行业的渠道不一样，主要经过厂家—代理商—美容院这样的方式流通。销售场所主要在美容院，产品分为客装和院装，院装是美容院给到来的客户在美容师的指导操作下使用的，客装是指美容院卖给客户，客户自己带回家使用的。

美容连锁是美容行业中的一种经营模式，即多家美容院统一名称、统一管理、统一采购，使用同一种产品。它的特点是在同一个城市经营或者跨地区经营。

三、美容连锁加盟店

（一）连锁加盟店的界定

连锁加盟是指主导企业把自己研发的产品及服务的营业系统（包括商标、商号等企业形象、经营技术、营业场合和区域），以营业合同的形式，授予加盟店在规定区域内的经销权或营业权。让加盟业主可以用加盟总部的形象、品牌、声誉等，在商业的消费市场上，招揽消费者前往消费。而且加盟业主在创业之前，加盟总部会将企业理念、产品技术以及经营方案等，教授给加盟业主并且协助创业与经营，双方签订加盟合约，以达到事业之获利为共同的合作目标，而加盟总部则可因不同的加盟性质而向加盟业主收取加盟金、保证金以及权利金等。

（二）美容连锁加盟方式

美容连锁加盟方式包括整店输出与整店输入两种截然不同的方式。

1. 整店输出

整店输出模式是指包括开店投资、店面选址、店内产品、店内形象、装饰风格、营业员培训、产品陈列、运营流程、收银系统、财务分析、物流系统、促销模式、新品上市、广告媒体支持、售后服务体系完善等涉及连锁店经营、管理、人员等各个方面的项目均由营运总部实行全部统一的一种开店经营模式，简单地讲就是一个成功经营店铺完整的复制。它确保每一家店都是统一的风格、统一的产品、统一的服务、统一的价格等。如果有差别，也仅是店的面积大小有别或所在的位置不同而已，从而充分保证了单店的市场竞争和持续盈利能力，从根本上保障了投资者和消费者的利益。如：广州雪依氏生物科技有限公司，面向创业投资者，雪依氏整合优势资源，行业首创推出多元双向式的“整店输出”加盟管理模式。该管理模式，由雪依氏上百人组成的市场专家团队进行开发与营运推广，不断加强创新，推出一系列针对店务、营销、拓客、服务等方面的管理解决方案，由直营店先行试验，再而复制到全国加盟店，使整个服务连锁体系日趋完善有效，让投资者可以快速地创建属于自己的美容会所，轻松赢得回报，收获美丽事业与人生。

2. 整店输入

整店输入也叫整店连销。整店输入的核心是通过教育营销推广企业文化、产品、技术及整个经营管理体系。整店连销即为整店输入加盟，它经营的是一个名店体系，不仅仅是一个产品系列或一个品牌，就像“麦当劳式”的整个经营管理体系。

整店输入模式是将教育培训系统放到了首要位置，加盟商只有了解了美容行业的操作规则和方法，才能独立经营好自己的生意，摒弃了完全依赖总部协助的方式，在自主创业前将产品知识、美容技术、仪器操作、店务经营等知识输入到头脑中，然后选择性地找出适合创业的模式，因此在未来的经营过程中，信任和合作多了，依赖和抱怨少了，心里有底，经营有方，从而达到品牌运作的一个良性循环。

整店输入模式提高了创业成功率，首先提出“要创业，先教育”的理念，并首先将此种模式命名为“整店输入”，此举在业内尚属首创，通过合作前的培训教育，使创业者认清自己的方向和目标、具备自我掌控市场的能力，也使合作双方彼此了解，即俗话说的“双向选择”，这样的合作才更具有战略性和长远性。

（三）美容连锁加盟店的特点

随着连锁加盟经营方式的导入，国内许多美容化妆品企业纷纷推出了自己的连锁加盟体系，部分美容化妆品业的连锁经营者取得了骄人业绩。但是，由于市场运作的不规范，更多的企业为此付出了巨大代价。尽管如此，在美容化妆品业市场竞争日趋激烈的今天，众多经营者仍然坚信“连锁经营”是使其企业迅猛发展，在短期内实现全国扩张战略的重要手段。

目前，国内美容化妆品业的连锁加盟主要有三种形式：一是松散型的产品加盟，其实质是美容化妆品生产企业以单纯的美容产品销售为目标，通过发展中小型美容院进行产品加盟而扩充完善企业产品销售通路，进而促进其产品销售；二是紧密型的美容院品牌加盟，加盟商必须按照加盟总部的规范要求开展经营管理及日常经营运作活动；三是美容教育加盟，以规范的美容技术培训为核心，通过加盟连锁的方式，在全国形成强大的美容教育连锁网络。

这三种形式的连锁加盟已经成为推动国内美容化妆品业快速发展的主导力量，但是由于我国美容化妆品业连锁的发展尚在起步阶段，再加上一些连锁经营者的不规范行为，连锁经营形式尚缺乏有效、统一、规范的管理，从而阻碍了美容化妆品业健康、有序地发展。有些美容院经营者的心态及行为还停留在单店式的管理上，尚未上升到企业运作的层面，不能用企业管理理念去经营，误以为多开几家挂同样招牌、穿同样工作服、销售同样产品的美容院就是连锁加盟。

（四）美容连锁加盟优势

1. 提供完整的专业训练

优良的师资与科学的教学，为员工制订详尽的培训内容与计划，无论实际操作与理论皆能相互运用，达到科学的成果，并能在工作上展现出优质的服务。

企业根据不同岗位提供专业训练，如人力资源培训、战略管理培训、采购培训、生产培训、物流培训、企业文化培训、商务礼仪培训、市场营销培训、销售培训、员工职业化培训、责任体系培训、财务管理体系培训等。

2. 提供完整的员工管理手册

员工管理手册内容包括员工录用、晋升管理规定、行政管理、营销管理、财务管理等，优质的管理，可让员工有序可循，建立员工对公司的向心力，减少人员的流动性，也可相对稳定客户群。

3. 提供优质的系列产品体系

根据公司的经营理念及市场需求情况，企业提供系统的品牌架构和产品体系，形成多元化战略品牌，已经成为许多企业在竞争激烈的市场中谋求成长与发展的重要手段。例如，广州尹姬化妆品有限公司经营的品牌系列有尹姬、尹妃、尹媚、劳莎等，不同品牌有不同的受众体，能满足人们的不同需求，从而占领市场。

4. 提供互助的人力资源

企业提供高级讲师、医学专家、技术指导定期给予加盟店相应的支持，提供员工专业素质的培训及提高整体业绩，并定期提供加盟店人员进行集中式全国或地区的再教育训练，提升整体员工基础素质、技术水平、销售能力等。

5. 提供互惠的加盟权利

由于特许连锁经营特有的规模经营优势，加盟商可以获得比常规更优惠的供货价，利润空间更宽阔，经营回报更丰厚。企业根据加盟等级级别，给予不同的优惠政策，同时还能享有规划完整的区域保障制度及合理完善的产品回馈制度。

6. 提供整体行销计划

连锁集团实行统一的管理模式及宣传形式，容易收到理想的经营效果，能有效地提高加盟商的市场经营效率。为加盟商提供完整的市场分析报告、全年营销计划方案及全年计划实施措施，并进行有效监控，以保证计划的有效实施。

四、美容直营连锁店

（一）美容直营连锁店的界定

直营店是指由总公司直接经营的连锁店，即由公司总部直接经营、投资、管理各个服务机构的经营形态。总部采取纵深式的管理方式，各直营店在总部统一领导下进行共同经营活动，总部直接下达指令管理所有的服务机构，服务机构必须完全接受总部指挥。

直营连锁的主要任务在于“渠道经营”，即透过经营渠道的拓展从消费者手中获取利润。因此直营连锁实际上是一种“管理产业”。

（二）美容直营连锁店的特点

美容直营连锁店所有权和经营权集中统一于总部。其所有权和经营权的集中统一表现在：所有成员企业必须是单一所有者，归一个公司、一个联合组织或单一个人所有；由总部集中领导、统一管理，如人事、采购、计划、广告、会计和经营方针都集中统一；实行统一核算制度；各直营连锁店经理是雇员而不是所有者；各直营连锁店实行标准化经营管理。

（三）美容直营连锁店的优劣势

1. 美容直营连锁店的优势

美容直营连锁店经营完全在总公司的掌握之中，具有以下几个方面的优势。

（1）能有效显示总公司的实力，提供规范形象。特别是旗舰店的形象展示要有说服力和参考性，同时更能有效地提高品牌知名度和美誉度。

（2）企业直接面对消费者，了解消费者的需求特点，有助于品牌企业获取最有效的市场信息，为公司决策提供第一手的资料。

（3）拥有直接控制权，便于操作管理，能及时准确地执行公司的营销理念、方针政策。

（4）可以统一调动资金，统一经营战略，统一开发和运用整体性事业。

（5）在人才培养使用、新技术产品开发推广、信息和管理现代化方面，易于发挥整体优势。

2. 美容直营连锁店的劣势

连锁经营虽然有巨大的优势，但也存在一定的风险。连锁经营不是一用就灵，它只不过是一种经营组织方式，只有和经营者的能力、资金以及市场环境等各方面因素相结合才能发挥最大的功能。

连锁经营中可能存在的风险有以下三种。

（1）连锁体系的整体性风险。

连锁企业，它的劣势同样隐藏在它的优势中，这就是连锁体系的整体性风险。即使是世界超级连锁品牌，也难以避免和防范这种整体性风险。从 2003 年亚洲爆发大规模禽流感以来，以鸡为主打食品的肯德基亚洲连锁体系遭遇了打击，据悉当年营业额下降高达 20%。2005 年，肯德基又遇到了“苏丹红 1 号”危机，一个小小佐料中的隐患却让一个庞大的快餐连锁王国遭遇了短时间的重创。

（2）总部对连锁体系的管控风险。

整个连锁体系是原创店的复制和放大，是总部管理能力的放大和输出。如果原创店和总部做不好，整个连锁体系中的绝大部分店面也做不好；如果原创店做得好，不一定整个连锁体系中的每一家店面也能做得好，但是如果原创店做得好，同时总部管理得好，整个连锁体系中的绝大部分店面也容易做得好。

（3）市场需求变化带来的风险。

市场变幻莫测，消费者的需求呈现多层次、多样化的趋势，连锁经营者面对的是不确定因素的增加和更加激烈的市场竞争。连锁企业是卖产品或者卖服务的，当市场上不再需求某一类产品或者某一类服务时，连锁企业面临能否尽早感知市场需求变化的风险，以变化来应对变化，从而保证连锁网络的有效性。

（四）美容加盟连锁店和美容直营连锁店的区别

1. 产权关系不同

加盟连锁（特许连锁）是独立主体之间的合同关系，各个特许加盟店的资本是相互独立的，与总部之间没有资产纽带关系；而直营连锁店都属于同一资本所有，各个连锁店由总部所有并直接运营、集中管理。这是加盟连锁与直营连锁最本质的区别。加盟连锁总部由于是利用他人的资金迅速扩大产品的市场占有率，所需资金较少。相比之下，直营连锁的发展更易受到资金和人员的限制。

2. 法律关系不同

加盟连锁（特许连锁）中特许人（总部）和被特许人（加盟店）之间的关系是合同关系，双方通过订立特许经营合同建立起关系，并通过合同明确各自的权利和义务。而直营连锁中总部与分店之间的关系则由内部管理制度进行调整。

3. 管理模式不同

加盟连锁（特许连锁）的核心是特许经营权的转让，特许人（总部）是转让方，被特许人（加盟店）是接受方，特许经营体系是通过特许者与被特许者签订特许经营合同形成的。各个加盟店的人事和财务关系相互独立，特许人无权进行干涉。而在直营连锁经营中，总部对各分店拥有所有权，对分店经营中的各项具体事务均有决定权，分店经理作为总部的一名雇员，完全按总部意志行事。

【小案例】

天懿美容直营店理念

天懿企业管理集团是一家自主创业型企业，从公司股东到门店员工全部来自一群创业者。企业者在经营中敢于打破行业惯例，勇于创新，不断摸索和总结出一套行之有效的行业发展模式，从2008年6月至今，短短几年时间内，在广州地区开设了100家以上美容加美发综合型经营的天懿品牌店铺，目前已成为广东省美容美发行业较大规模的连锁品牌企业之一。

天懿美容美发连锁品牌店，以总部统一品牌授权，各门店集中管理，以装修风格统一、物品供货统一、消费价格统一、教育培训统一、财务管理统一的模式经营。全套的经营管理模式，保障了店面数量的快速增长。天懿各品牌店遍布广州地区大街小巷，为广大消费者提供了行业中性价比较高的便捷、健康、超值的优惠服务，还不断统一推出各种优惠项目，令会员享受到真真切切的实惠。天懿将“效果就是硬道理”作为服务目标，致力于更方便、更简单、更具操作性的服务形式。作为一家具成长性的传统行业企业，天懿在刚性高效的制度建设之外，还着力培植以中国传统文化“真、善、美”为核心的企业文化。真、善、美是天懿企业每个职员所必须遵循的经营宗旨，孝悌忠信、礼义廉耻是天懿企业每个职员所必须遵循的道德标准，因与果是天懿企业每个职员在企业中的成长规律。《弟子规》《论语》等中华经典文献，是公司大力推崇所有天懿品牌门店员工去学习和体会的教材，令员工们在具有自主创业、平等竞争、团队合作等现代精神的同时，赋予了传统优秀文化的底蕴。先学做人再学做事，是天懿企业文化的处世之道，也是企业与个人发展的光明之径。天懿的路很漫长，因为所有天懿人都要做到严于律己、戒骄戒躁、勤奋修炼，为最终达成他们共同的愿望去奋力拼搏。

（资料来源：http：//www. gzdalan. com/. ）

【小思考】

请阐述美容服务类企业的特征，区分美容连锁加盟店与美容直营连锁店的区别。

任务小结

任务1结构如图7－1所示。

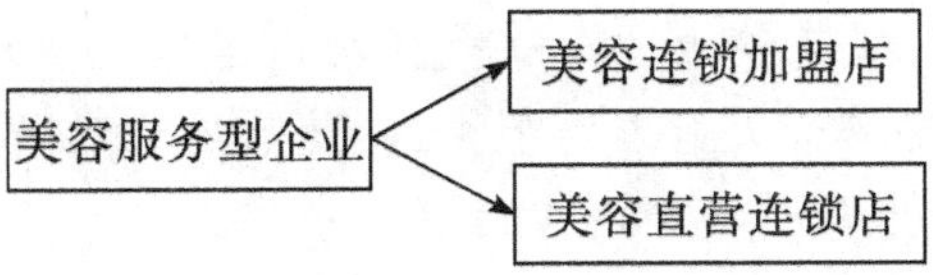

图7－1　任务1结构图

拓展训练

训练项目：美容服务型企业市场调研。

训练目的：了解美容服务型企业。

训练组织：

（1）根据美容服务型企业的特点，寻找一家美容服务型企业。

（2）调查并了解该美容服务型企业的历史、文化、产品组合、价格、经营规模、营销策略及消费人群等。

（3）以小组为单位进行汇报。

（4）教师针对学生的汇报进行点评和总结。

拓展阅读

服务型连锁企业如何实行标准化

众所周知，连锁企业经营成功的要诀在于复制总部的产品和服务到各个分店。而复制的前提是标准化，复制的最佳结果也是标准化。所谓标准化，是指为持续性生产、销售商品及服务而设定的合理条件以及能反复运作的系统。我们认为，标准化是连锁经营这种商业模式的“落地”，是连锁经营的实现之道。综观全球范围内成功的标杆型连锁企业，例如快餐业的麦当劳、肯德基，超市业的沃尔玛，便利店行业的7－Eleven，以及国内餐饮行业的真功夫、一茶一座，美容美发行业的文峰、永琪，汽车租赁行业的神州、一嗨，酒店连锁行业的如家、汉庭等这些连锁品牌，它们的成功，莫不是因为建立了标准化的模块，从而实现了快速的复制、扩张。

连锁企业与一般传统企业重要的区别就在于其连锁的特性，其本质的含义便是千万个位于不同地点的门店网络构成了企业的整体。在这种不同空间、不同时间的背景下，如何保证各个网点门店的行为与企业的总体规划一致与协同？如何将不同思维与思想的人统一到相同的角度上去考虑？如何确保总部创始的产品和服务能以同样的面孔到达每个分店的每个顾客面前？我们知道，服务业具有四个缺点（服务的生产和销售同步不可分，服务无形不可见，服务易消逝，服务容易异质化），而连锁化经营又容易进一步放大上述缺点（服务的创始者与分店内服务的实际提供者远离，导致服务更容易异质化）。在这种情况下，服务型连锁企业的标准化就显得尤为重要——只有标准化的、可复制的体系，才能规避服务业上述四个缺点，实现服务的可见、与创始者可分、不消失、同一水准！我们以标准的服务型连锁企业——教育培训连锁北大青鸟为例。北大青鸟认为“标准化是实现培训教育品牌最大最强的重要途径”。对于教师标准化的问题，北大青鸟的办法是，把优秀教师身上具有共性的东西总结出来，对教师在每个教学环节的教学质量、教学方法、教学进度、目标任务都进行量化和进度考核。北大青鸟编制的标准化手册总计300多万字，覆盖了IT职业教育在日常管理、市场、教学、就业等关键业务环节的1 400余项岗位事件、标准和流程。这是目前国内计算机职业培训行业第一套公开发行的标准化手册。标准化的结果是，北大青鸟在中国IT培训市场的份额占到38.6%，而前十名IT培训机构的市场占有率总共才64.7%。相对于产品，服务更难以传递到各个分店。这凸显了服务型连锁企业标准化的特殊重要性。

一般连锁企业做标准化时，其模块主要分为两大类：(1) 营建模块，包括连锁模式的标准化、合作者选择的标准化、选址的标准化、装修的标准化、开业的标准化等。(2) 营运模块，包括前台（外部）的VI及环境标准化、产品及设施标准化、销售标准化，以及后台（内部）的人力资源标准化、物质及流通的标准化、资金流通的标准化、信息流通的标准化等。服务型连锁企业特殊的标准化模块主要在于其“服务的标准化”，包括服务动作的标准化、服务流程的标准化、服务态度的标准化等。

（资料来源：http：//www. doc88. com/p－0714738296116. html.）

任务2　美容综合类企业

一、任务布置

1. 任务主题

美容综合型企业调查。

2. 任务步骤

(1) 以所在学校或单位为原点搜索周边的美容综合类企业。

(2) 以小组为单位选定1～2家美容综合类企业进行调查。

(3) 以小组为单位进行汇报。

(4) 汇报形式以PPT或微视频方式阐述。

(5) 教师针对学生的汇报进行点评和总结。

二、知识准备

综合类企业是指经营多种不同性质业务的企业集团，旗下通常有多个从事不同业务、各自独立运作的子公司。美容综合类企业包括：美容化妆品科技研发、制造、生产、自主经营、连锁经营、品牌管理、产品销售、综合服务、教育培训等为一体的美容综合型企业。

三、美容综合类企业

（一）广东华好集团有限公司（以下简称“华好集团”）

1. 华好集团简介

华好集团是一家以美容科技为核心，集美容化妆品研发制造、连锁经营、高职教育、品牌行销、市场研究和终端服务于一体，并涉及生物科技、健康保健等领域的大型综合性集团公司，其LOGO及官方二维码如图7－2所示。华好集团创建于2002年，前身为中国美容业杰出贡献企业、改革开放30周年杰出贡献企业、广东省诚信示范企业——尹姬企业。华好集团拥有尹姬、劳莎、尹妃、尹媚、碧塑等知名品牌，已经成功实现了由起步到蜕变的跨越式发展，成为声誉卓著的中国美容业明星企业。

华好集团
HUAHAO GROUP

图7－2　华好集团LOGO及官方二维码

十多年来，华好集团一直保持着健康、稳定、快速的增长，以强大的研发、制造实力为后盾，以优秀的市场开拓、专业的服务团队为支撑，迅速跃升为中国美容行业佼佼者。在韩国首尔、法国巴黎以及中国香港等地设立有运营管理机构，在中国拥有6 000多家优质连锁加盟店以及几十家品牌代理公司、分公司、直营店，并通过遍及全国30多个省（自治区、直辖市）的庞大销售网络，为千千万万爱美女性提供优质产品及贴心服务。

在蓬勃发展中，华好集团始终坚持“以市场为导向，以创新为灵魂”的发展战略，不断推陈出新，建构自身的竞争优势，多年来率先推出诸多瞩目业界的战略及举措，创行业先河聘请外籍专家加盟华好阵营，与境内外知名专业机构长期合作，组织代理商、加盟店出境考察学习，签约歌手进行品牌推广，首创“区域专营公司营运模式”，上榜央视品牌，启动代理商、企业中高管理层EMBA课程研修班，举办千人规模大型美容文化节，多次冠名各类公益活动、业界大型活动等，积极弘扬健康美容文化，构建高端行业平台，将企业的核心价值观贯彻在全行业繁荣事业中，成为中国美容行业具有良好公众口碑的标杆型企业。

华好集团的每一次创新及蜕变无不充分体现着华好人求新、求变、求进的企业精神及经营风格。凭借行业的声望及贡献，华好集团程文平董事长、江平总裁分别荣膺“影响中国科技美容十大先锋人物”“影响中国科技美容十大领袖人物”奖，江平总裁还获选为中国美发美容协会副会长，并被评为“2007年中国美容化妆品业劳动模范”，展示出标杆人物的非凡魅力。华好集团荣膺“中国美容业杰出贡献企业”“2012年度广东省最佳雇主”“2012年度广东省诚信示范企业”“广东省诚信公约会员单位”等殊荣，尹姬品牌先后荣膺中国美容业最具影响力品牌、十大最佳品牌、十大领袖品牌、最受消费者欢迎品牌、2010凤凰年度品牌大奖等多个荣誉；劳莎品牌赢得中国美容业抗衰老科技领袖品牌、十大先锋品牌、抗衰老科技领先品牌等奖项，尹妃、尹媚则分别获得了养生美容最佳品牌、十大养生美容品牌以及中国专业眼护杰出品牌、杰出眼护时尚品牌、最佳专卖店眼护品牌等几十项极具价值的殊荣，被誉为“中国美容行业品牌价值快速提升的典范”。

华好集团在中国的生产基地不断壮大，公司引进国际先进工艺设备，导入国际质量管理标准，推动着企业规模及产能的不断扩大，而集团整合资源，以广州为圆点，以珠江三角洲为半径，强势进军直营连锁事业——楚伊国际SPA养生连锁会所正在快速递增，计划15年内达到100家，将楚伊真正打造成南国富有特色的美丽事业连锁新航母。同时，华好集团旗下的全国第一家公办校企合作高等职业教育新型学院——华好学院已于2011年正式面向全国招生，通过强强联手，深度合作，由学院最优秀的名师教育专家和企业实战教练组成最强师资队伍，致力于打造成美容界的“黄埔军校”，势必发展成为影响业界、培育高素质专业人才的摇篮。

广州华好生物科技有限公司是一家集研发、生产及销售为一体的专业化妆品OEM/ODM加工企业，隶属于华好集团，在行业内颇具口碑、影响力，厂房面积超过42 000平方米，生产车间环境完全按照GMP认证所需要的条件建设，参照美联邦标准FS209E以及日本JIS（9920—1989）标准进行设计建造，其中实验室、原料室、灌装间、内包材消毒存放间和更衣室均采用十万级空气净化标准，其他区域采用三十万级空气净化标准。目前拥有多条现代化的生产线，多台/套国际、国内先进乳化、自动灌装、试验、杀菌、检测等仪器，具备各类膏霜、洗护、美容化妆产品的生产条件和能力，年生产能力可达到数千万支，同时工厂不仅能生产各种形态、规格、品种的化妆品，还能实现化妆品所有常规检验项目的检测，全方位保证企业产品在消费者手中的安全使用，让消费者放心消费。

2. 华好集团品牌

秉持“和谐、进取、创新、超越”的企业精神及“经营美、创造美、传播美”的经营理念，十几年来，华好集团实现了起步、发展到蜕变的跨越式发展，拥有跨越专业线、日化线五大品牌：药用植物美容专家——尹姬，抗衰老专家——劳莎，穴道养生美容专家——尹妃，生态植物护肤专家——尹媚，女性保健护理专家——G. 1 + 1（华好集团为解决女性生理期的难言之隐而采用原产于秘鲁的玛卡为原料制造的一款女性护理产品）。

尹姬——药用植物美容专家品牌：源自1967年的美丽传奇，由韩国医学美容博士尹姬道经过多年研究，从医学角度成功破译肌肤基因密码，找到一种可以令肌肤永葆年轻、美丽的方法——“药用美容”科技，震惊了国际美容界。为了让更多女性实现美丽梦想，尹姬道博士于同年成立韩国尹姬株式会社，从事药用美容科研、开发、推广及服务，以天然药用芳香植物精华为能量之源，成功推出一系列药用植物美容品，激起韩国白领女性的抢购热潮，并迅速成为亚洲时尚女性心中的最爱。尹姬品牌于2002年正式登陆中国。秉持“为亚洲女性提供最优质产品”的宗旨，专注为亚洲白领及上流社会女性提供独特的美容理念及专业护理服务。

竞争的时代总是伴随着英雄辈出，伟大的品牌总是成就于伟大的时代。在全球化的美容市场竞争中，尹姬“药用植物”独特的美容理念，领先的技术，流金的品质，鲜明的品牌形象和不断创新的品牌内涵正成为主流市场的风向坐标。尹姬原创的、优雅的、个性的品牌诉求被无数爱美女性奉若珍宝，不断推陈出新的经典技术理念风靡韩国、日本，誉享亚洲。

劳莎——抗衰老专家品牌：以“扮靓全球女性，延缓人类衰老”为己任的劳莎，行销世界30多个国家和地区，迄今已有100多年历史，深受全球女性喜爱。2004年12月28日，劳莎公司凭着在中国美容市场的良好信誉，成功牵手巴黎劳莎，结成战略合作联盟，共同进军中国美容市场，带来法国时尚、高雅、浪漫的美容文化和高品质的护肤产品。

尹妃——穴道养生美容专家品牌：尹妃是韩国宫御养生美疗的传奇开创者。据《三国遗书》记载，她乃韩国始祖檀君最小的女儿。古书形容其貌：“唇朱而齿皓，形美而薰香常伴，细腰雪肤，手如柔荑。”人问其故，曰有韩方相助，其韩方是为韩国宫御养生美容之原本。

后来，韩国宫廷医女中有专人研究宫廷美容秘方，而世人尊称为“尹妃之女”。尹妃千年宫御美疗后来经过了扶余时代、三韩时代、三国时代、新罗王国、高丽王国、朝鲜王国宫廷美容秘方的补充及探索，逐步发展形成以穴为道的养生美容新理念。

1989年，尹妃（东方）养生美容研究中心医学美容专家正式对尹妃千年宫御养生美疗偏方进行深入的科学研究，取得重大突破——现代尹妃千年宫御美疗产品正式诞生，并迅速风靡市场，被誉为“从皮肤医院走出来的养生品牌”“建在肌肤细胞里的美容院的健康美疗品”。从此，神秘的千年韩国宫御养生美疗文化，终于跟随尹妃品牌的诞生而走出宫廷秘殿，走向现代美容的宽广殿堂。

2005年年底，尹妃由中国著名美妆企业华好集团全面引进，优秀的品质、高端的科技、独特的护理概念，让尹妃悄然成为众多亚洲时尚女性趋之若鹜的座上娇宠，使身处现代繁忙生活的优雅高贵女性随时随地能享受到韩国御用珍品的尊贵呵护。在中国，尹妃先后获得“中国专业美容养生引领品牌”“中国美容业养生美容最佳品牌”等多项殊荣。

3．华好集团品牌营销策略

华好集团一直保持着健康、稳定、快速的增长，销售业绩每年保持30%以上的增长率。该企业已实现集团化经营，走品牌创建之路，不断超越创新的华好集团正朝着集约化、多元化、规模化、国际化的经营战略转变，2010年，随着广州科学城建筑面积25 000平方米的集团综合办公大楼及蓝亿保健品生产基地的计划建成、按年产值20亿元规模建造的蓝婷科技工业园的顺利筹建，华好美容学院将挂牌办学，华好集团正朝着多元化、规模化、专业化的产业格局积极转变。展望未来，华好集团将继续构建融科技力、创新力、营销力于一体的企业核心竞争力，力争跻身中国最具成长性、最具竞争优势的集团行列。

（二）慧妮（国际）美容机构（以下简称“慧妮”）

1. 慧妮（国际）美容机构简介

慧妮（国际）美容机构，创立于1992年，是一家集美容品的研发、生产、（直营）连锁加盟、专业美容美发服务、美容教学和ODM加工“六位一体”的大型跨国美容、美发产业集团，属下分别有中国广州、中国香港、泰国、澳大利亚、美国五大生产营销基地，有千余家代理分支机构，全球有近千家连锁美容、美发中心。历经20多年智慧沉淀，慧妮已有着稳定的组织架构、全面的多品牌模式、齐全的产品品类，以及遍布海内外的营销网络，俨然打造了一艘“美容航母”。无论市场如何变幻，这艘“航母”依然屹立如山，稳步前进。慧妮（国际）美容机构LOGO如图7-3所示。

图7-3　慧妮（国际）美容机构LOGO

其中在中国的属下公司有生产工厂、营销公司、美容学校。生产工厂又分为自有品牌生产厂、对外生产OEM加工厂；营销公司又分为专业市场营销公司、专卖连锁营销公司、国际市场销售公司，慧妮集团已跨越专业、日化、网购三大领域，慧妮集团以其高瞻远瞩的全球视野，在迈向国际化征程的同时，也为中国美容企业树立了行业标杆。

作为一个全球性的美容国际集团，给予人们自信、美丽、幸福的生活一直是慧妮人追求的目标。多年来，为解决人们的皮肤问题，让女性充满自信与活力，在产品上，慧妮针对各个区域环境研发出最适合个人肤质的产品；在理念上，慧妮一直倡导健康的生活方式，强调饮食健康和皮肤保养的重要性，崇尚健康而美丽的生活；在服务上，慧妮不仅仅给予的是皮肤的护理，更重要的是心灵的舒缓和调节，通过各种有益的形式使女性更自信和独立，拥有和谐幸福的生活。

慧妮人坚持创造健康美丽生活，以主人翁人精神孜孜不倦地努力工作和学习，为“创百年品牌”的目标而不懈奋斗。

2. 慧妮旗下品牌

慧妮旗下拥有艾丽素、美丽小铺、碧蔻诗、爱卉妮丝、九宫御养、艾兰多等多个品牌，在全球拥有几千家品牌代理分支机构及近万家品牌连锁美容中心，服务过全世界超过 4 亿位爱美女性。

艾丽素：创造和谐美丽的世界。艾丽素是慧妮国际美容机构的一个专业化妆品品牌，1992 年创立至今已经有 20 多年的历史。艾丽素共有 50 个系列，1 200 多个单品；产品结构完整，有高级品类的“粉红精品世界”、基础品类的“白与黑完美世界”和特色品类“彩妆、纹绣”等，以及顶级消费类的“皇家四季精典”品牌。艾丽素自创立以来，始终坚持“专业缔造高品质，科技演绎高功效”的品牌理念，在中国专业美容市场持续发展，获得了较高的美誉度。20 多年来，艾丽素凭借突出的品质和卓越的功效，在中国大地上掀起一阵阵“艾丽素粉红风暴”，经久不衰，深得爱美人士的信赖与追求。

艾丽素——健康 · 美丽 · 新元素，它将在中国专业美容领域中继续深度发展，努力打造出最专业最权威的美容院著名品牌。

美丽小铺：源自天然植物活性成分的研究，来自全世界天然资源保护最好的国家之一——澳大利亚，开创出具有历史意义的“一站式”绿色美容服务。美丽小铺顺应现代人们对绿色环保的需求和对天然植物化妆品的热捧，为都市女性和家庭提供了“绿色、专业、时尚、健康”的美容护肤新生活，产品从婴儿到 80 岁以上的老人护肤品，从居家男士护肤品到美少男护理品，从成熟职业女性护肤品到美少女护肤品，全面呵护现代家庭的每一位成员。美丽小铺家庭个人护理品拥有 19 大系列、216 类产品和 352 个单品，充分满足了不同阶层人士的需求。

美丽小铺自 2004 年 5 月登陆中国后，已先后在中国 300 多个城市开设了连锁专卖店和商场专柜，创业十几年来，已拥有了一支成熟的有战斗力的销售团队和具有规模的连锁体系，并成功运作了完整的单店营利、多店管理以及区域连锁管理中心等盈利模式，成为加盟商信赖的商业合作伙伴。

碧蔻诗：“为高贵容颜绽放”，是慧妮与澳大利亚权威美容品研发机构经过多年精心研究，于 2003 年成功引入中国市场。碧蔻诗定位高雅，以打造中国专业线高端标志性品牌为己任，产品萃取澳大利亚纯天然无污染绿色植物之精华，集世界领先的萃取工艺，其物料、成分极其昂贵，为亚洲量身打造高端美容护肤所需。

碧蔻诗产品萃取澳大利亚天然无污染绿色植物之精华，如凯恩庭、左旋 C、葡萄籽油、玫瑰精华、薰衣草精华、冰河泥、深海鱼子精华等。首批入市 11 个系列，70 多个单品，其化妆品包装精美，风格经典，为亚洲女性量身打造高端美容护肤所需，给予女人全身心的呵护。

爱卉妮丝：一个在专业美容市场运作了十几年的品牌，经历过洗礼、沉淀，今日终于惊艳绽放。爱卉妮丝共 30 个系列、1 000 多个单品，产品对人体肌肤在自然美白、活化去皱、延缓衰老、控油祛斑、抗敏舒缓等方面有显著的保养和治疗效果，其中，神奇童颜拉皮魔法套，因一次使用仅需 30 分钟，就可见到去皱的神奇效果，产品一经上市就在我国掀起了抢购热潮。

爱卉妮丝一直倡导健康的生活方式，强调饮食健康和皮肤保养的重要性，崇尚健康而美丽的生活；在服务上，崇尚不仅仅给予的是皮肤的护理，更重要的是心灵的舒缓和调节，通过各种有益的形式使女性更自信和独立，拥有和谐幸福的生活。

九宫御养：传承祖国千年传统医学衣钵，汲取古代中医养生精髓，集结现代众多养生专家，深度把脉现代人生活习惯，创造性地推出适于现代都市生活的全新养生理论与疗法，以补充气血、调养五脏、平衡阴阳，精心打造以“调整脊柱，颐养五脏，全息调理，药膳御养”为核心的中医健康养生品牌，全力推动中医养生文化。九宫御养品牌循《黄帝内经·素问》，集三千智慧经典传承，由18位医学名家历经六载提炼归纳，终成国医养生之大作。九宫御养在国内首创“因质定养”的模式，大大提高了中医养生及防病治病的效果。

3．慧妮品牌营销策略

慧妮有着“五星级服务质量标准”，拥有以高级美容讲师、美容导师、销售业务人员、产品售后质量跟踪服务人员等近300人的服务团队，提供给消费者更全面、更细致、更具品质的服务。

慧妮始终倡导健康的生活方式，创造和谐美丽的世界，追求品质第一，研发创新，在服务上用心倾听，完美服务，以“自信、美丽、幸福、独立”的理念创造新生活。慧妮不断推陈出新，随着互联网运营模式在美容行业中不断推出新模式，慧妮也追赶时代潮流，不甘落后，以“传统＋单店＋多店＋区域连锁＋互联网”等多种经营方式，占领中国市场，在今后，慧妮将以更加创新的模式，多种经营的方式，不断创新，开拓新未来。

慧妮以开放进取的思想迎接全球化，以创新奋发的精神打造世界名牌。

四、美容综合类直销企业

（一）玫琳凯公司

1．玫琳凯简介

玫琳凯是全球最大的护肤品和彩妆品直销企业之一。玫琳凯公司创办于1963年9月13日，总部设在美国得克萨斯州达拉斯市，是一家业务遍布五大洲超过35个国家和地区、在全球拥有5 000余名员工和300余万名美容顾问的500强跨国企业集团，其LOGO及官方微信二维码如图7－4所示。如今，玫琳凯已成为全球顶尖的美容品牌和直销商，年销售额逾35亿美元。玫琳凯专为女性美丽提供专属的护肤、彩妆、护体等系列产品。

图7－4 玫琳凯LOGO及官方微信二维码

1995年，玫琳凯首次进入中国，成立玫琳凯（中国）化妆品有限公司，简称“玫琳凯中国”，并经由国家工商总局批准，成为首批被获准在中国经营的三家直销公司之一。

同年4月，在中国杭州成立工厂，以供应中国地区的市场需求。经过12年的发展，玫琳凯中国就已成为玫琳凯在全球最大的市场，并在全国三十几个省市设有分支机构，拥有50万名美容顾问，为2 000多万消费者提供面对面的个性化美容咨询与服务，销售额超过20亿美元。

玫琳凯经过50多年不懈的努力，已成为全美乃至全球最畅销的护肤及彩妆品品牌。玫琳凯以提供消费者优质化妆品为经营准则。玫琳凯公司每年对产品研发的投资都超过5 000万美元，并在美国和中国等国家和地区拥有自己专业化的工厂和产品研发实验室。

玫琳凯的产品全部采用最先进的科技调制而成，确保产品的品质及顾客的满意度是公司的首要目标。从包装材质的严密检验，到微生物科技的样品抽检、人员及电脑系统同步检控生产线，层层措施确保为不同年龄、不同肤质、不同需求的用户提供优质的产品。

自2001年中国加入世界贸易组织，国际市场经济规则已全面导入，规范的直销必将成为中国市场经济的一个有机组成部分。2005年8月10日，国务院第101次常务会议通过《直销管理条例》，2005年12月1日，《直销管理条例》施行，这是中国政府第一次对直销立法，中国的直销产业开始迈进法制化、规范化的高速道路。

2. 玫琳凯旗下品牌

玫琳凯中国目前有9个产品系列，200多个产品：基本保养品、补充保养品、彩妆品、护肤品、护发品、沐浴护肤用品、防晒用品、香品和男士护肤品。

护肤品系列：根据不同肌肤的护肤需求，针对每个季节的肌肤问题，为每个人精心制定个性化的护肤方案，逐渐缔造无瑕肌肤。

彩妆系列：针对不同场合的需要，为消费者提供专业的个人彩妆指导，变换不同的妆容，并亲临演绎，为消费者每一刻的美丽再添光彩。

妆容造型：应对重要场合，为消费者带来时尚新颖得体的造型建议，悉心打造最适合消费者的妆容造型，让消费者在举手投足间展现自信与美丽。

产品营销：不仅有产品专送，更有贴心服务。进一步拉近与消费者的距离，尽情分享使用感受和交流美丽心得。

目前全球每年约有2 000万消费者购买约1.4亿件玫琳凯产品。

3. 玫琳凯品牌营销策略

玫琳凯以面对面直销且非定点之方式，销售商品和服务，直销者绕过传统批发商或零售通路，直接从顾客手中接收订单。玫琳凯不断创造新营销理念，主要表现在以下几方面。

(1) 玫琳凯知识营销。

知识营销指的是向大众传播新的科学技术以及它们对人们生活的影响，通过科普宣传，让消费者不仅知其然，而且知其所以然，重新建立新的玫琳凯产品概念，进而使消费者萌发对新产品的需求，达到拓展市场的目的。随着知识经济时代的到来，知识成为发展经济的资本，知识的积累和创新，成为促进经济增长的主要动力源，因此，作为一个企业，在搞科研开发的同时，就要想到知识的推广，使一项新产品研制成功的市场风险降到最低，而要做到这一点，就必须运作知识营销。

（2）玫琳凯绿色营销。

玫琳凯企业在整个营销过程中充分体现环保意识和社会意识，向消费者提供科学的、无污染的、有利于节约资源使用和符合良好社会道德准则的商品和服务，并采用无污染或少污染的生产和销售方式，引导并满足消费者有利于环境保护及身心健康的需求。其主要目标是通过营销实现生态环境和社会环境的保护及改善，保护和节约自然资源，实行养护式经营，确保消费者使用产品的安全、卫生、方便，以提高人们的生活质量，优化人类的生存空间。

实施绿色营销战略，需要贯彻5R管理原则，即研究（Research）：重视研究企业对环境污染的对策；减少（Reduce）：减少或消除有害废弃物的排放；循环（Recycle）：对废旧物进行回收处理和再利用；再开发（Rediscover）：变普通产品为绿色产品；保护（Reserve）：积极参与社区的环保活动。玫琳凯以绿色营销组合的观念和方式去组织生产和销售活动，采用ISO 4000系列标准组织生产，并及时了解目标市场的有关绿色信息、发展动向、新技术和新方法，不断调整企业活动加以适应。

（3）玫琳凯个性化营销。

玫琳凯个性化营销是企业把对人的关注、人的个性释放及人的个性需求的满足推到空前中心的地位，企业与市场逐步建立一种新型关系，建立消费者个人数据库和信息档案，与消费者建立更为个人化的联系，及时地了解市场动向和顾客需求，向顾客提供一种个人化的销售和服务，顾客根据自己需求提出对玫琳凯商品性能要求，玫琳凯尽可能按顾客要求进行生产，迎合消费者个别需求和品位，并应用信息，采用灵活战略适时地加以调整，以生产者与消费者之间的协调合作来提高竞争力，以多品种、中小批量混合生产取代过去的大批量生产。

（4）玫琳凯创新营销。

创新营销是企业成功的关键，玫琳凯企业经营的最佳策略就是抢在别人之前淘汰自己的产品，这种把创新理论运用到市场营销中的新做法，包括营销观念的创新、营销产品的创新、营销组织的创新和营销技术的创新，要做到这一点，玫琳凯市场营销人员必须随时保持思维模式的弹性，让自己成为新思维的开创者。创新的意义就在于先进，而不仅在于别人没有，而且一旦发现是一种新技术，就要及时捕捉，以免错过时机。

玫琳凯直销的成功是以“黄金法则”为准则来发展事业而不是用竞争来取胜。通过“赞美使人成功”和“三明治策略——夹在两大赞美中的小批评”等准则，玫琳凯为全球的女性全方位发展销售队伍创造了事业机会。

（二）雅芳（中国）有限公司（以下简称“雅芳”）

1. 雅芳简介

1886年，一位来自纽约州乡村的年轻人产生了一个革命性的创业想法。大卫·麦肯尼在挨家挨户推销百科全书时注意到，与购买他出售的图书相比，女性顾客更愿意购买他免费赠送的香水。因此，麦肯尼在他的地下室里开设商店，并创立加州香氛公司

（California Perfume Company）。他招募女性向其所属社区销售香水，并聘请其他人作为“总代理”或独立直销员从事这项工作。一年后，麦肯尼在纽约州萨芬市创立了一个制造实验室，并发行了他的首份全彩目录。

1886 年至今，在 100 多年历史长河中，凭借着与女性建立的坦诚的关系和互信的情感联系，雅芳从美国加州的一个香氛公司发展成为颇具规模的美容品跨国公司，位居全美 500 强之列，向全球 100 多个国家和地区的女性提供优质的产品和服务，开启了全球数百万女性的事业之门，并通过全球最大的女性基金会“雅芳女性基金会”为妇女的健康和福利做出努力。雅芳 LOGO 及官方微信二维码如图 7－5 所示。

图 7－5　雅芳 LOGO 及官方微信二维码

1990 年 1 月 23 日，雅芳投资 2 795 万美元，与广州化妆品厂合资成立“中美合资·广州雅芳有限公司”，开始了在中国的首次业务。1999 年 5 月，“广州雅芳有限公司”更名为“雅芳（中国）有限公司”。2007 年 9 月，国家工商总局商标局认定“雅芳 AVON”为中国驰名商标，使雅芳成为国内首家在直销行业中获得驰名商标称号的化妆品外资企业。

继成为中国唯一一个直销试点之后，2006 年 3 月，雅芳迎来了一个振奋人心的历史时刻——中国第一张直销经营许可证花落雅芳。目前，雅芳已建立了一套整合乎零售和直销的优势、具有中国特色的新渠道模式，巩固了专卖店、直销员与雅芳之间坚不可摧的“铁三角”关系。这是中国直销历史上具有里程碑意义的一页，雅芳正为越来越多的中国女性提供优质的产品、完善的服务和多元化的购物乐趣，为希望加入直销事业、完善自我成就的中国女性提供具有强大竞争力的企业支持——包括“铁三角”式的渠道优势、优质的产品、完善的售后服务、高覆盖率的销售系统、高质量的培训，以及长期建立起来的消费者的良好口碑和合法的经营环境。目前，在雅芳（中国）超过 69% 的员工，以及 75% 以上的主管均为女性。

2. 雅芳旗下品牌

雅芳为不同年龄、不同品位的女性提供了多元化的选择，以美容护肤为主，产品达两万余种，雅芳产品包括著名的雅芳色彩系列、雅芳新活系列、雅芳柔肤系列、雅芳肌肤管理系列、维亮专业美发系列、雅芳草本家族系列、雅芳健康产品和雅芳香水系列，以及珠宝饰品系列等。

护肤：面部精华、防晒/隔离乳、唇部护理、眼霜/眼部精华、面部磨砂/去角质、卸妆水、面膜、化妆水/爽肤水/喷雾、洁面、乳液/面霜等。

彩妆：眉笔/眉粉/眉饼、腮红/胭脂、粉饼、唇彩/唇蜜、唇膏/口红、粉底液/粉底霜/粉底膏、眼影、遮瑕膏、化妆/美容工具、蜜粉/散粉等。

美发：洗发产品、护发产品、造型产品等。

香水：男士香水、女士香水等。

美甲：洗甲水、彩色指甲油、指甲修护霜等。

3. 雅芳品牌营销策略

在中国，雅芳现有70家分公司。在雅芳的合作伙伴中，80%的直销员和约65%的服务网点经营者也都是女性。目前，雅芳（中国）通过其遍布全国的销售网络——超过6 000多个销售及服务网点和数十万名直销员，遍布全国74个小大中城市。营销渠道：专柜、专卖店和超市，几乎都有着雅芳的影子，并都取得了不俗的业绩，专卖店的开发，为雅芳深入中国三、四线城市提供了一个很好的渠道，雅芳在三、四线市场成功制造了一个能抵御假货而又能顺利地做深度分销的专卖店渠道。雅芳为满足不同消费习惯的顾客，迅速开拓多元化的购物渠道，为中国女性提供优质的产品。

2000年11月，中国雅芳开始进行产品的网上销售。2003年4月，雅芳DRM（经销商管理）系统在全国范围内得到全面推广和使用，从此，雅芳经销商可以享受网上订货、网上付款的便利。2006年2月，雅芳（中国）有限公司被商务部授予国内首张直销经营许可证，推出了“服务网点＋直销员”的新直销模式。2007年11月，雅芳与中国电信强强联手，通过400热线为消费者、直销员提供一站式服务，并率先为直销员提供手机上网下订单的移动商务服务。

雅芳，曾经是单层次直销的代名词，被尊为直销业的鼻祖。雅芳的直销制度中，只有SM－FD这两层，所有的收入都必须建立在销售的基础之上。

【小思考】

请阐述美容综合类企业及美容综合类直销企业的特征与区别。

任务小结

任务2结构如图7－6所示。

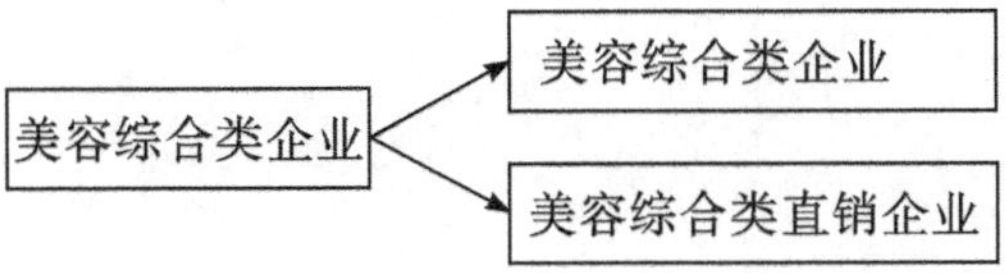

图7－6　任务2结构图

拓展训练

训练项目：美容综合类直销企业市场调研。

训练目的：了解美容综合类直销企业。

训练组织：

（1）根据美容综合类企业的特点，找一家美容综合类企业。

（2）调查并了解该美容综合类企业的历史、文化、产品组合、价格、经营规模、营销策略，消费人群等。

（3）以小组为单位进行汇报。

（4）教师针对学生的汇报进行点评和总结。

拓展阅读

美容专业线

专业线因销售渠道、销售方式、销售地点、销售对象、技术服务、产品效果不同而统称专业线。销售方式：美容院或者专业的美容会所，由有专业美容知识的美容师指导购买和使用，不同皮肤状况，不同的年龄段，有不同的搭配使用方案，甚至一个顾客的整个治疗和美容过程，需要按疗程的不同及时调整产品的搭配方案，有的要在美容院由美容师给客人做专业护理，客人必须在美容师的指导下家居使用，有的还用于医疗美容。性质：强调的是功效性，即对不同的皮肤对症下药，客人使用后要解决一定的皮肤问题，如斑、疮、痘、疹、毒等。使用一定时间后要达到美容的效果，使用前后皮肤的状况要有很明显的变化。有的要配合内调，最终使皮肤达到健康的状态。随着人们生活品质、对美容护理要求的提高，专业线已经显现了自己的优势，尤其是随着人们对化妆品知识的增加，及化妆品中毒给人们留下的阴影，绿色天然已经成了人们的美容向往。中药化妆品尤其受到美容界的欢迎。

专业线化妆品，属于美容院里的专业产品，技术门槛相对较高，是美容院在产品销售后由专业的美容师为消费者提供服务的化妆品。专业线化妆品通常除了依靠美容师的技术之外，还依靠美容仪器来进行操作，让产品效果达到最大化。

（资料来源：http：//rc. mbd. baidu. com/pjjeldv. ）

项目 8
“互联网 +” 新型美容企业

学习目标

知识

- 了解“互联网 +”的概念
- 分析美容行业与“互联网 +”结合的优势所在
- 探究“互联网 +”新型美容企业与传统美容企业的异同

技能

- 掌握“互联网 +”的特点
- 掌握“互联网 +”与新型美容企业的运作模式

案例导入

阿燕是一家传统美容院的老板，公司经营了 4 年，但是状况一直不理想，随着“互联网 +”模式不断地深入与扩大，特别是合并嘟嘟美甲、美吖后的 58 到家等美业 O2O 平台的搭建给美容化妆品企业带来了新的生机。阿燕也想尝试着将“互联网 +”运营模式引进到自己的美容院，但是，她不知道如何将“互联网 +”与自己传统的美容院运营结合起来，也不知道这样的切入能够给自己带来什么好处，公司又会面临什么样的挑战？

思考延伸

1. “互联网 +”新型美容企业的概念与特点。
2. 美容互联网企业如何运作？
3. “互联网 +”新型美容企业将会面临哪些机遇和挑战？

任务1　基于电商平台的美容互联网企业

一、任务布置

1. 任务主题

认知与体验基于电商平台的美容互联网企业。

2. 任务步骤

（1）利用网络搜索周边的或你感兴趣的美容互联网企业。

（2）选定1~3家，对企业运行模式进行调查，并参与其项目的体验。

（3）以小组为单位进行汇报。

（4）教师针对学生的汇报进行点评和总结。

二、知识准备

随着人们消费水平的不断提高，社会文明程度的日益加深，新兴的美容产业已逐渐成为当今社会不可或缺的现代新型第三产业。据资料显示，中国的“美容经济”逐渐成为继房地产、汽车、电子通信、旅游之后中国居民的“第五大消费热点”。全国城镇美容机构总数为1 542万家，年产值为1 680.4亿元，占全国GDP的1.8%，占第三产业产值比重的5.21%。

然而，就在这一欣欣向荣的行业里，互联网的运用程度却极其落后。这一点从两方面足以证明：第一，据不完全统计，在发达城市如北京、上海、广州等的美容企业包括专业线化妆品厂商、美容公司、美容院、美发店，真正用互联网进行管理的企业不超过1%。计算机在美容企业只是充当文件打印、上网接收邮件、QQ聊天的工具。第二，在网络经济蓬勃发展的今天，美容企业利用网络宣传、推广、销售企业产品的不超过0.01%，拥有企业网站的就更少了，除了一些化妆品厂商外，基本上没有网站。

然而，如何紧跟市场的发展，降低营销成本，拓展新的营销思路才是当前美业最为迫切的需求。移动营销以其成本低廉，不受地域、时间限制，操作方式灵活，受众规模广泛的优势，成为众多中小企业提升品牌知名度、拓展销售的有力手段。美容企业迎合营销趋势和用户需求，开拓“一体两翼”的运营模式（详见图8-1），充分利用移动互联网营销来拓展新顾客、提升营业额。下面，我们先简单地了解一下移动互联网营销的特点。

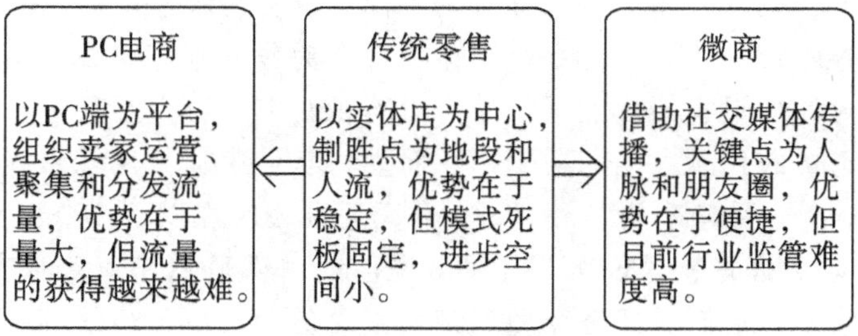

图8－1 美容企业的“一体两翼”运营模式

（资料来源：根据中国微商发展状况研究报告2015整理）

一是拥有高度便携性和黏性。智能手机、平板电脑等移动终端具有先天的随身性，让人们的大量碎片化时间得以有效利用，美容企业可借由社交运用（如微信），快速形成品牌黏性。

二是拥有高度精准性。借助App、手机网站、微网页等，只需要“关注”“分享”或“生成二维码”，就能在中国十几亿人海中，锁定目标人群并将信息有效地传播开。

三是营销成本相对低廉。移动互联网的营销成本微乎其微，与20世纪90年代的央视标王和WEB时代相比，制作一个App或发起一个网络营销活动的费用可以视同为零。

由此可见，“互联网 +”是把互联网的创新成果与经济社会各领域深度融合，推动技术进步、效率提升和组织变革，提升实体经济创新力和生产力，形成更广泛的以互联网为基础设施和创新要素的经济社会发展新形态。在全球新一轮科技革命和产业变革中，互联网与各领域的融合发展具有广阔前景和无限潜力，已成为不可阻挡的时代潮流，正对各国经济社会发展产生着战略性和全局性的影响。积极发挥我国互联网已经形成的比较优势，把握机遇，增强信心，加快推进“互联网 +”发展，有利于重塑创新体系、激发创新活力、培育新兴业态和创新公共服务模式，对打造大众创业、万众创新和增加公共产品、公共服务“双引擎”，主动适应和引领经济发展新常态，形成经济发展新动能，实现中国经济提质增效升级具有重要意义。

近年来，我国在互联网技术、产业、应用以及跨界融合等方面取得了积极进展，已具备加快推进“互联网 +”发展的坚实基础，但也存在传统企业运用互联网的意识和能力不足、互联网企业对传统产业理解不够深入、新业态发展面临体制机制障碍、跨界融合型人才严重匮乏等问题，亟待加以解决。为加快推动互联网与各领域深入融合和创新发展，要充分发挥“互联网 +”对稳增长、促改革、调结构、惠民生、防风险的重要作用。

知识链接

新型美容业发展的出路

尽管由于各种各样的原因，使得美容互联网企业不多。但是，我们却不能由此认为美容企业不值得走“互联网+”的道路，更不能忽视互联网与美容业融合的重要作用。

第一，“互联网+”对美容企业乃至整个行业的作用不容忽视。信息化建设的内容很广泛，在各行业的应用也不尽相同。结合美容业的特点，“互联网+”与美容企业的融合能起到立竿见影的作用。“互联网+”新型美容企业就其表现形式即对企业日常经营信息的输入、存储、处理和输出过程，其作用主要表现在以下几个方面。

(1) 提高美容企业的管理效率及经济效益。应用互联网系统可以节省人力、物力，并减少管理上的漏洞，从而提高企业的经济效益。例如，广州的达芬尼斯连锁店使用电脑化管理之前，11家连锁店共需要5名专职会计负责员工工资的计算和发放、4个仓管员负责产品的配送和仓库的管理，在2006年7月通过采用电脑化管理后，现20家连锁店只需要2名会计和1名仓管员。

(2) 提高服务质量。完善的顾客档案管理更使客人的“个性化”服务得以很好地实施。利用计算机以及互联网保存大量的客人历史资料，通过统计分析，可对常客或消费额达到一定数量的客人自动给予折扣；也可对客人的消费特点进行分析，总结出客人生活方面的要求和特点，研究如何为客人提供更合适的个性化服务，推荐适合客人的护理疗程，甚至细致到给客人生日送什么礼品等。

(3) 完善美容企业内部管理体制。科学、规范、系统的管理系统在美容企业管理体系中发挥着强有力的稳定作用，可明显地减少员工及管理人员的流动对美容企业管理运作的不良影响。系统提供的多种安全级别，保证各类数据不被无权过问的人查阅和操作。每天的审核制度，各种费用的优惠控制，应收账款的管理，员工工作量的考核，员工操作过程的跟踪，均可加强美容企业管理。

(4) 全面了解经营情况，提高美容企业决策水平。“互联网+”新型美容企业能提供完备的历史数据，又可提供各种分析模式，可使管理人员很方便地完成复杂的统计分析工作，并加强对美容企业运营的内部控制，增强管理人员的控制决策水平。

(5) 充分利用互联网优势，拓宽营销渠道。如今，企业建网站已不是什么新事物，但是，如果企业还没有利用网络开展经营活动将面临落后挨打的局面。对美容企业而言，企业利用在线管理信息系统可达到随时随地了解企业经营状况、方便会员查询消费记录及余额情况、开展网上销售，拓宽企业营销渠道、及时发布企业信息、提升企业品牌形象的作用。

由此可见，一个成功的美容企业，不仅要建立一套科学的忠诚顾客体系，提高服务水平和服务质量，还要提高管理水平，有效地控制成本。在信息时代，“互联网+”新型美容企业便于为顾客提供更好的服务，以便更好地管理美容企业。

第二，行业的激烈竞争迫使企业不断创新，谋求新的发展模式。美容行业在走过20年（1980—2000年）蓬勃发展后，从“仅此一家”进入了“星罗棋布”激烈竞争的年代。现在，业内人士普遍的共识是经营企业不能因循守旧、故步自封，而要不断创新，表现最为突出的是企业不断引入高科技，不断增加企业的科技含量。同时，经营模式采用连锁加盟，不断扩大品牌影响。因而，摆在经营者面前的是如何提高管理效率，如何加强顾客的忠诚度，以及如何节约经营成本等以适应企业的不断壮大。而且，在经营过程中，也需要摸索出一套“互联网+”新型美容企业有效的运行管理模式。

总之，美容业的繁荣带来了行业的激烈竞争，美容企业要在竞争中取胜，必须变革企业的运行管理模式，提高管理水平，提高整体竞争能力，与“互联网+”的有效融合无疑是实现这一目的的必由之路和明智之举。

（资料来源：邓创．美容企业管理信息系统的设计与实现［D］．北京：北京邮电大学，2007：1－3.）

【小思考】

请思考：在大数据时代，传统美容企业面临的挑战及其发展的出路。

三、入驻电商平台的美容化妆品企业

随着互联网商务应用的不断拓展和电子商务理性的发展，互联网商务应用模式和电子商务模式越来越成熟。互联网的广泛应用，使得电子商务在发展过程中取得了降低信息收集及交流的成本，从而具有了一定规模的优势。在我国电子商务“十二五”发展规划中，明确提出推动网络零售业规模化发展，特别强调了把电子商务的优势用于服务行业，更高效率地满足不同层次消费者的需求。

一个行业的互联网化，不仅仅是利用互联网工具，更重要的是“人”的互联网化。移动互联网市场环境下，线下实体美容化妆品企业的优势在于它的体验性，但是它们也正面临着极大的挑战。因为人们去实体美容化妆品企业不仅是为了享受服务、体验过程，同时还有专业的售后服务。所以，单一进行门店项目销售的美容企业面临的最大挑战就是用户到店的频次开始迅速下降。所以，美容化妆品企业应该充分利用电子商务平台，在企业定位上追求变革，向体验化、专业化、个性化、快捷化的方向转变。

（一）聚美优品

聚美优品作为中国第一批从事化妆品垂直型专业网站，借团购之力逐步发展成一家有影响力的新兴B2C电子商务平台。聚美优品前身为“团美网”，2010年3月由陈欧、戴雨森、刘辉三位海归学子创立于北京，同年9月，正式全面启用聚美优品新品牌，宗旨为“聚集美丽，成人之美”，致力于创造简单、有趣、值得信赖的化妆品购物体验。

截至2015年年底，聚美优品拥有超过5 000万线上注册用户，已发展为中国最大的女性美妆团购网站，在化妆品团购的市场份额达80%以上。聚美优品致力于为用户提供更优质专业的服务，让变美更简单。作为一家垂直行业的B2C网站，从最初每日一件限时折扣团购模式到如今每日多件产品限时抢购，主要以推荐明星产品为主，并搭配其他产品进行销售。立足于化妆品行业，通过对市场细分的基础上，聚美优品在准确定位企业的同时，灵活地运用了4P理论，开辟了中国网络销售业的新天地。

【小案例】

聚美优品上市之前的故事：借力徐小平，陈欧得雷军真传

2015年5月16日，化妆品电商网站聚美优品新总股本约为1.42亿股。陈欧的持股比例降至35.8%，投票权75.8%，以此计算陈欧身家达到13.8亿美元；联合创始人戴雨森持股比例为5.6%，投票权11.8%，身家约2.16亿美元。

年仅31岁的陈欧身家就近14亿美元，这是上市之后的故事。在上市之前，聚美优品和陈欧并非一帆风顺。

首次创业创办在线游戏对战平台 Garena

事实上，陈欧是在新加坡拿到第一桶金的。2006年，他还在新加坡读大四，伙同师弟刘辉创办了在线游戏对战平台Garena。直到现在，Garena都是新加坡最好的一家在线游戏平台。陈欧管理期间，已经达到10万人同时在线。但是，从一开始创业，陈欧就一直受到父母的阻拦。远在四川的父母得知陈欧在新加坡创业，而且做的这个事只有用户没有赚钱，父母开始电话规劝，后来干脆远涉重洋劝说，希望陈欧能回心转意。他们都是公务员，对陈欧的期望是当一名博士。“父母觉得创业很丢人，不务正业，创业是找不到工作的表现。”直到后来陈欧从Garena退出，把股份换成真金白银，他们才开始支持儿子的决定。

聚美优品 App 下载二维码

在新加坡大学毕业后，陈欧决定申请斯坦福MBA。

“当时看到很多很糟糕的项目都能融到资。一看，创始人是斯坦福、哈佛的MBA，后来总结一下，这两个学校的MBA融资比较容易，自己做得这么好却拿不到钱，是因为没有斯坦福的MBA。”陈欧这个决定，完全是为创业做准备。

斯坦福申请上了，陈欧最开始是想读着MBA，同时远程管理在新加坡的Garena，当时刘辉仍然留在公司。但远程遥控却没有想像中的那么简单。Garena引进了职业经理人，同时因为距离太远，陈欧已经无法掌控公司，2008年中旬，他卖掉股份，拿到千万级别的现金。“对于24岁的年轻人来说，这笔钱足够了，未来10年不用工作也能养活自己，可以更好地去追逐自己的梦想。”陈欧说。

在斯坦福，陈欧认识了戴雨森。后者在斯坦福待了三个学期，就被陈欧拉回国内创业。刘辉也在2009年卖掉股份，同时放弃未到手的价值100万美元期权，追随陈欧回国创业。这是为数不多的一开始就具备相对健康的创始团队的企业之一。陈欧有技术经验，长于融资、战略、市场；刘辉在两个创业项目中都是技术负责人；戴雨森是很好的视觉设计师。“从产品、视觉设计、技术实现到推广，我们完全都可以做，是一个非常互补的团队。”刘辉说。

在美国期间，陈欧就开始筹备回国创业计划，最后选择了游戏内置广告商业模式，他开始不断回国，和投资人进行接触，最后得到了徐小平的资助。“天使投资人的钱是一个放大器，后面找A轮会容易一点。”找徐小平，陈欧考虑的是对方的名气。一边喝茶，陈欧一边给徐小平讲商业计划。“说实话，那个项目很难讲清楚。我讲了很久，有广告商、游戏公司、游戏玩家，搞的是一个链条，是一个系统工程。徐老师也是知名投资人，装作很懂地就把18万美金给我了。”

这家名为Reemake的游戏广告公司在中国诞生后，迅速遭遇了水土不服，几个月的时间，公司账面上只剩下30万元了。陈、刘、戴三人整天窝在海淀黄庄附近的一间民居里思考出路。他们没有勇气完全放弃原有业务，陈欧担心完全停掉，风险太大，不如先去投石问路，尝试化妆品团购的业务。当时，他们尝试过很多事情，唯一的目标就是能让公司活下来，找到下一个方向。

化妆品团购被他们认为是离钱比较近的一件事，可以让公司活下来，但是能不能做大，当时三人并不知道。他们花了两天的时间搭建起团美网，在线上做一些简单的推广，观察有没有人点击。如果有人购买，再把单子加上去。结果效果很好，真的有消费者愿意来买。随着团美网越来越积累人气，挣钱的可能性也比原有项目高出很多，他们决定集中全公司之力，转型做化妆品。“刚开始转型的时候，觉得几个大老爷们卖化妆品，我们还有点不好意思。后来一想，如果我们不好意思，别人也不好意思，所以更有机会。后来发现，做化妆品团购的全是男人。”陈欧说。

2010年2月，抱着拓展人脉、便于融资的想法，陈欧申请了亚杰商会的摇篮计划，面试他的正是雷军。“雷军觉得陈欧的创业项目超级不靠谱，但是雷军曾经告诉过陈欧三点，让他觉得受益匪浅：要做一个市场足够大的东西，而不是自己喜欢的东西；正确的时间做正确的事；早期低成本高速扩张。”

团购符合这三点，陈欧一度认为，这是最好的商业模式——预付款，30天以后再打款给商家，现金流非常好。但是此时，市场上已经有了36团、VC团这些团购公司，市场已是一片红海，凭借着早期就开始做的仓储物流基因，陈欧再次转型，团美网从“千团大战”中抽离出来，变身化妆品B2C的650万美金的A轮投资。

像注重自己的个人品牌一样，陈欧一直非常在乎聚美优品的品牌，努力在购物体验、进货渠道等方面严格把控。陈欧致力于提高顾客的购物体验，聚美承诺消费者30天内无条件退货，哪怕是在已经拆封的条件下。这个疯狂的想法是陈欧提出来的。戴雨森第一反应是“很酷”，同时也担心在实际操作过程中会存在风险。最后，为了在用户体验方面赢得口碑，这个风险很大的政策被施行起来，“事实证明，它对用户体验提升帮助很大”。

规模的增大，让聚美在供应商面前的话语权产生了变化。从一开始的“不好拿货”，转变为有一定的账期。他们还延伸了业务链条，研发、生产自有品牌，比如化妆棉、化妆刷等消耗类产品。这些打着“聚美优品”标签的产品不仅强化了品牌形象，还让他们意外发现其销量大大超过其他品牌。

在陈欧看来，自有品牌的发掘是电商未来的趋势所在。“因为你不能一直在卖别人的东西，有自己的东西会让你活得更好。一是利润率更高，二是供应链可控。”目前，聚美优品已经筹建上海和广州地区的仓储。因为化妆品不能走空运，导致货物从北京仓发往上海、广州地区的时间很长，这严重影响了用户体验。分仓以后，上海、广州地区也能实现当天或次日到货。

遭徐小平逼问，承诺绝不投卖假货

随着聚美优品渐渐打开销售局面，“聚美优品”假货传言开始困扰陈欧。对此，陈欧曾经对媒体表示，“我们是服务体系出了问题，但那不是假货问题，我一想到我陈欧的名字与假货联系到一起，就浑身都不舒服，不是，不是，不是!”

假货问题也让投资人徐小平大为发火。“你到底有没有卖假货？凭什么让用户相信你没有卖假货？没有假货为什么用户如此多投诉……”对陈欧一向和蔼的徐小平曾经这样对陈欧吼道。对此，陈欧表情窘迫，口气着急而急促地说：“没有”“徐老师，你说我是那种卖假货的人吗?”“我会为了一点假货，高调地用自己的名誉去赌吗?”“用户投诉都是因为我们后台跟不上，爆仓了，客服电话接不起来”“那个造谣发帖我们卖假货的虚假‘前员工’，已被抓到”“竞争对手什么黑招都使出来了，我们应接不暇”。

就在上市当天，行业内还频繁抛出对聚美“卖假货、水货也能上市”的质疑。不过现在陈欧应对这些质疑，比之前成熟稳重得多。陈欧说：“化妆品天生会被质疑，聚美优品上市后业务会变得透明，可以建立起消费者的信任。”陈欧说，未来，公司将会将重点放在供应链的整合和改善用户体验上，并推行防伪码体系，实现真正让消费者放心。

[资料来源：项目对接网（有改动）. http://www.xmdj.com/xinwen/detail/57981.html.]

【小思考】

结合以上小案例，请你思考：聚美优品的制胜之道。

1. 聚美优品的4P分析

营销组合策略可以简单概括为4P，即：产品（Product）、价格（Price）、地点或渠道（Place）、促销或传播（Promotion）。

下面，我们将从营销理论的产品、价格、渠道和促销四个方面，具体分析聚美优品的运作模式。

（1）产品策略。

面对化妆品团购市场已有的竞争，聚美优品从创立之初就严格地保证产品的质量，并建立严格的采购系统。所有的产品都要经过严格的质量检测，聚美优品只选用目前市场上最畅销的20%的化妆品，从中低端品牌到雅诗兰黛、巴宝莉等国际大牌化妆品牌，拥有500多个品牌，团购的化妆品涵盖各个层次的消费群体。聚美优品是团购网站中首家获得A级信用级别认证的网站。聚美优品承诺所有出售的商品均为100%正品。此外，聚美优品提出行业最高标准30天拆封无条件退货政策：如果消费者对从聚美优品购买的商品不满意，用户也可在收货之日起30天内无条件退回货物并获得全额退款。

聚美优品将服务技术视为企业的活力源泉，在网站制作上也下了很大一番功夫。网站页面设计合理，搜索也相当快捷。此外，为了最真实可信的美妆购物体验，聚美优品斥巨资筹建专业摄影棚，并聘请专业摄影师，清晰展现产品的每一个细节和使用效果。通过“一点就通”设计，用户只要消费一次，其相关的订单信息就会被保存下来，方便下次购买。

（2）价格策略。

①折扣定价策略。聚美优品在网页上直接注明产品的降价幅度，所有的产品都折扣

2~3折，以促进购买、提高竞争力，保证顾客的消费享受。这始终是聚美优品重要的经营策略。价格低廉是聚美优品最吸引顾客的地方之一，而且，相对于传统的网上化妆品商城，由于团购数量的优势，聚美优品所经销的化妆品不仅比市价低，在价格折扣上依然超越同行。

②免费价格策略。聚美优品会不定期在网站上推出抽奖免单和赠送产品的活动，这对顾客来讲是一个极大的吸引。一方面会吸引已有会员关注当天的限时特卖；另一方面也将产品以零价格的形式提供给顾客，满足客户需求，提升消费者满意度。

（3）渠道策略。

聚美优品除了以网站销售为主，还同时使用搜索引擎营销、病毒式营销、社交营销、论坛营销、博客营销、交换链接营销等多元化的网络营销模式。2010年11月，聚美优品还推出手机版，方便客户随时随地浏览抢购。会员只需要绑定手机号码，就可以每天获得网站的团购内容，并且直接从电话订购。在配送方面，聚美优品还与物流公司合作，在北京地区建立了有效的物流体系，并推广至全国其他一线城市。

（4）促销策略。

聚美优品口碑中心是一个美容品使用体验交流平台，只有在聚美优品购买过该美妆的用户才能发表口碑报告，保证了口碑报告的真实公平。目前口碑中心已有约10万篇来自聚美优品用户的使用心得，并成为用户在选择购买化妆品时的可靠依据，杜绝品牌托儿的存在。

此外，韩庚、何炅、吴奇隆、赵奕欢等大牌明星陆续签约聚美优品，成为其品牌代言人。之后，聚美优品迅速在北京等全国一线城市的公交站牌打出海报，并凭借韩庚在全国的较高人气，迅速吸引一大批年轻顾客，月销售额紧接着突破3 000万元。聚美优品针对大学校园也展开了一系列的优惠促销活动。除了参与红杉资本举办的2012年的校园招聘之外，聚美优品还通过在学校招代理人的方式，推出无日期限制的优惠券活动，刺激大学生顾客群的销售额迅速攀升。

知识链接

杰瑞·麦卡锡（Jerry McCarthy）教授在其《营销学》一书中第一次将企业的营销要素归结为四个基本策略的组合，即：产品（Product）、价格（Price）、渠道（Place）、促销（Promotion）。1967年，菲利普·科特勒在其畅销书《营销管理：分析、规划与控制》进一步确认了以“4Ps”为核心的营销组合方法。

因而，4P理论的核心内容包含：产品策略、价格策略、渠道策略、促销策略。如图8-2所示。

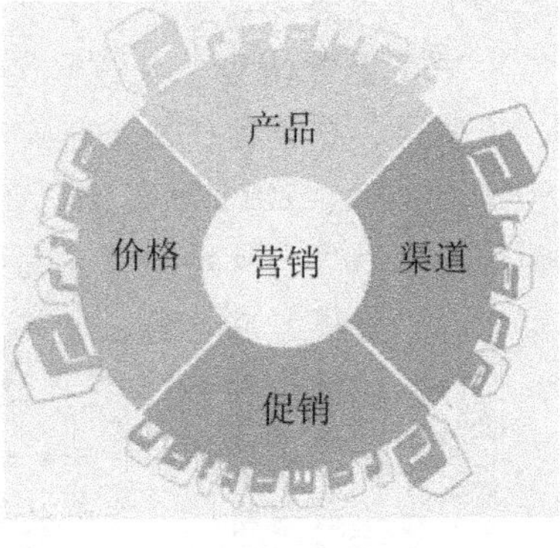

图8-2 4P营销策略

1. 产品策略

从市场营销的角度来看，产品是指能够提供给市场
被人们使用和消费并满足人们某种需要的任何东西，包括有形产品、服务、人员、组织、观念或它们的组合。

2. 价格策略

是指顾客购买产品时的价格，包括折扣、支付期限等。价格或价格决策，关系到企业的利润、成本补偿以及是否有利于产品销售、促销等问题。而需求、成本、竞争是影响定价的主要因素，其最高价格取决于市场需求，最低价格取决于该产品的成本费用，在最高价格和最低价格的幅度内，企业能把这种产品价格定多高则取决于竞争者同种产品的价格。

3. 渠道策略

所谓销售渠道是指在商品从生产企业流转到消费者手上的全过程中所经历的各个环节和推动力量之和。

4. 促销策略

促销是公司或机构用以向目标市场通报自己的产品、服务、形象和理念，说服和提醒他们对公司产品和机构本身信任、支持和注意的任何沟通形式。广告、销售促进、人员推销、公共关系是一个机构促销组合的四大要素。

（资料来源：http：//baike. baidu. com/item/4p/1100？ fr = aladdin.）

【小案例】

解读聚美优品的促销策略

聚美优品签约形象代言人韩庚，众多韩庚粉丝一夜之间便知道了一个叫作聚美优品的化妆品网站，借助娱乐元素将电商品牌与潜在客户的情感建立了联系，借此机会更多人认识了聚美优品的帅气掌门人、CEO 陈欧。接下来，陈欧不断在天津台的一档热播的求职节目《非你莫属》中出现，随后又出现在国内第一档美女综艺脱口秀节目《Lady 呱呱》中，聚美优品要将娱乐营销进行到底。

同时，这位帅气的掌门人凭着“我是陈欧，我为自己代言”这句话，也道出了无数80后的心声。2011 年，陈欧第一次为自己公司代言时的广告词：“我是陈欧，聚美优品创始人。蜗居，裸婚，都让我们撞上了。别担心，奋斗才刚刚开始，80 后的我们一直在路上。不管压力有多大，也要活出自己的风采，做最漂亮的自己。相信我们，相信聚美。我是陈欧，我为自己代言。”这句广告词也激励着许多为梦想拼搏的年轻人们。“我们做的是自己，为了梦想而奋斗。只要努力、自信，每个人都可以是自己的代言人。”

而一年后的新版广告更是来势汹汹，广告词如下：“你只闻到我的香水，却没看到我的汗水；你有你的规则，我有我的选择；你否定我的现在，我决定我的未来；你嘲笑我

一无所有不配去爱，我可怜你总是等待；你可以轻视我们的年轻，我们会证明这是谁的时代。梦想，是注定孤独的旅行，路上少不了质疑和嘲笑，但，那又怎样？哪怕遍体鳞伤，也要。我是陈欧，我为自己代言。”

紧接着 2013 年 2 月，在网络上流行一种新的流行文体叫陈欧体，正是源于陈欧为自己代言的一则商业励志广告，其句式如“你有××，我有××。你可以××，但我会××……但那又怎样，哪怕××，也要××。我是××，我为自己代言!”“我是学生，我为自己代言”“我是单身，我为自己代言”……网友们在发挥想象力的同时，玩了一把自嘲式的幽默。各类改编版“陈欧体”走红大江南北。

最终，网站导航来优网的数据中心统计显示：当时那几个月，聚美优品的流量、销量都在逐渐上升。2012 年 12 月份，综合流量排名居第九位，月均 IP 访问量为 25.2 万；2013 年 1 月综合流量排名居第七位，月均 IP 访问量为 29.7 万；而 2 月 11—17 日一周的 IP 访问量就已达到 24.2 万，接近 12 月份一个月的访问量。

（资料来源：聚美优品网络营销案例：网络营销能力秀［EB/OL］. http://www.wm23.cn/tekezh/465347.html.）

【小思考】

结合以上小案例，请概括并总结聚美优品的主要促销策略，并结合搜索到的资料，思考当前美容企业的促销还有哪些。

2. 聚美优品的竞争分析

由美国学者迈克尔·波特（Michael Porter）在其经典著作《竞争战略》中提出波特“五力”模型，是进行行业竞争环境分析的重要工具。“五力”即行业现有竞争力、供应商的议价能力、购买者的议价能力、替代品的威胁、潜在竞争者的威胁。波特认为这五种力量的消长关系决定了企业的盈利能力，并指出企业战略的核心，在于选择正确的行业，以及行业中最具吸引力的竞争位置。

（1）行业现有竞争力量。

据欧睿信息咨询有限公司（Euromonitor）统计，2014 年中国化妆品零售交易规模为 2 937 亿元（含个人护理产品），其中，中国美妆个护市场增长率为 7.2%，预计到 2019 年，化妆品零售交易规模将达到 4 230 亿元，年增长率将稳定在 8% 上下。化妆品和服装一样，是国内少数几个高利润行业，平均利润达 25% ~ 30%，而一些高端品牌的利润更高。聚美优品选择从化妆品这一与书籍、百货等相比之下比较冷僻的市场切入，可以避免与腾讯、阿里巴巴或当当这些电子商务巨头们“正面冲突”而遭遇他们的狙击。目前，聚美优品、乐蜂网等几家知名的基于电商平台的美容化妆品企业引领风骚。

乐蜂网：聚美优品线上最大的竞争对手。2013 年 3 月，乐蜂“桃花节”与聚美优品三周年店庆的开年大战，便可看出二者竞争的激烈程度。乐蜂网是以专门提供“女性时尚解决方案”为主要服务，由著名节目主持人李静带领团队打造而成的互联网品牌。其一，乐蜂名气更大。凭借影视资源的优势，乐蜂与各地电视娱乐节目相结合，如李静主持的《超级访问》《非常静距离》等，在娱乐圈内拥有一定的地位。其二，乐蜂品类更丰富。乐蜂网品类极其丰富，几乎可以找到任何我们需要的商品，而且拥有自己的品牌静佳（JCare）等，毛利率很大，而聚美优品则主要代运营市场上最畅销的20%化妆品，毛利率不如自有品牌高。

聚美优品线下主要竞争对手以屈臣氏为主，秉承“个人护理”概念经营，屈臣氏是目前国内最大规模的保健及美容产品零售连锁店。其一，屈臣氏在店内不仅有其他品牌的专柜，且自有品牌数量达700余种，约占所销售总商品数量的20%；在销售价格上，大约比同类其他品牌便宜20%～40%，由此带来的利润相当可观。其二，化妆品团购最近几年才开始火爆，一些保守型的顾客不相信网站上的东西，尤其像化妆品这类敏感性产品，而屈臣氏的商品看得见摸得着，质量有保证，品牌知名度更大。其三，2011年年底，屈臣氏进驻淘宝商城旗舰店，2012年年底，开设屈臣氏网上商城，都对聚美优品产生了很大的冲击。

面对来自行业内乐蜂网和屈臣氏的竞争，聚美优品首推30天拆封无条件退货，上百万用户的口碑中心的差异化服务，支撑了强大的品牌可信度，赢得了万千女性消费者的信赖。综合以上分析，聚美优品所面临的行业内竞争十分激烈。

（2）潜在竞争者的威胁。

目前，化妆品电商的潜在竞争者主要是大品牌商以及品牌制造商，他们具有规模经济效益，品牌影响力巨大，是行业内的潜在进入者。且电子商务方面的法律法规不是十分完善，加上政府的政策支持，一旦大的品牌商或者制造商自主建立网络销售渠道，对聚美优品的影响将非常大。

首先，品牌制造商自主运营电子商务网站，产品质量方面比聚美优品更有说服力，更能赢得消费者的信赖；其次，企业直营可以有更大的让利空间，价格方面拥有自主权；再次，产品差异化程度高，化妆品卖的不仅是有形产品本身，还有其背后强大的精神意象及产品的差异化对顾客个性化需求的满足，而聚美优品只卖20%最畅销的明星产品，产品种类较单一。因此，潜在竞争者的进入对聚美优品产生了很大的威胁。

（3）替代品或服务的威胁。

化妆品的主要功能是皮肤护理，美容同样满足了消费者皮肤护理的需求，但是如果消费者通过美容而减少对化妆品的使用，此时美容是化妆品的替代品。如果美容促进了化妆品的使用，那么就是化妆品的互补品。通常，化妆品行业的替代品几乎不存在，也就几乎没有来自替代品方面的威胁。因此，聚美优品可以通过提高价格来提高利润率。

此外，与大多数化妆品网购企业推崇“轻”模式不同，聚美优品越来越追求“重”模式。聚美优品具有完整的采购、物流和服务团队，自己掌控从进货到发货的全过程，其最终目的是为了提升消费者的服务体验。聚美优品的“重”模式经营，不仅可以让消费者享受到物美价廉的产品，还可以有效地掌控全供应链，提供给顾客独特的购物服务与享受。

（4）供应商的议价能力。

供应商的议价能力，不仅取决于企业自身的品牌实力，还取决于对方企业的进货渠道、转移成本的多少等。聚美优品作为国内目前最大的化妆品团购网站，销售量巨大，具有稳固的市场地位。再加上陈欧的励志广告“我为自己代言”引来了无数80后的关注，给聚美优品带来了深远的品牌影响力，无疑是众多供应商希望长期合作的对象，即使是像雅诗兰黛、兰蔻这样的国际性大品牌，也通过聚美优品这个平台增加其销售量。其次，许多品牌商、制造商在实力不足以自主经营网络销售渠道的情况下，也会选择与聚美优品这样的垂直类 B2C 网站合作，依托聚美优品强大的运营能力、专业的口碑中心，为客户提供专业化电子商务服务，实现互惠双赢。

综上所述，供应商们会对聚美优品产生强烈的依赖感。一般来说，供应商在面对聚美优品的大额订单时，谈判能力会受到冲击。因此，聚美优品来自供应商的议价方面的竞争不是很强。

（5）购买者的议价能力。

购买者主要通过压低价格与要求提供较高的产品或服务质量，来影响行业的盈利能力。对于化妆品行业，市场主要集中于女性消费者，购买者总数多且购买周期不长，但每个购买者的购买量较小。对于消费者在需求范围内，供选择的、可信赖的网站就是淘宝旗舰店、京东、乐蜂、聚美优品等，线下就是各品牌专柜和屈臣氏等，但是从线上到线下的转移成本高。而电商的网络销售模式，较实体店成本低，通常为折扣价销售，消费者已经享受了低价的优惠，所以买方的讨价还价能力较低。

“丛林法则”是自然界里生物学方面的物竞天择、优胜劣汰、弱肉强食的规律法则，作为电商创新营销的扛鼎者，笔者通过运用波特“五力”模型对聚美优品竞争环境的分析可知：第一，继续实施 CEO 品牌营销战略。相比传统的营销方式，陈欧的 CEO 营销不仅节约了大笔的广告成本，而且带来的效果更为明显。“不管压力有多大，也要活出自己的风采，做最漂亮的自己。”励志的广告语激起了众多 80 后、90 后的强烈共鸣，聚美优品应当发挥陈欧的个人魅力，运用 CEO 营销来塑造品牌差异，增强自身竞争实力。第二，在多元化发展的同时，突出差异化竞争优势。聚美优品应当坚定不移地实施差异化竞争战略，以塑造品牌忠诚，形成较强的行业进入壁垒。继续强调上乘的质量特性和 30 天拆封无条件退货的特色服务，并充分利用口碑中心的排他性，在行业内塑造独特的品牌形象，是聚美优品在化妆品行业激烈的竞争中发展的关键。

聚美优品的网络营销，开辟了电子商务时代网络营销的新纪元，不仅启发了其他行业的网络销售，更激活了网络销售的潜力，使得网络销售成为市场的又一主体，丰富了市场经营的模式。

当然，笔者在关注其成绩的同时，也要看到其存在缺陷：一方面，聚美优品大量地投入网络病毒式营销，轻于其他网络营销。小广告深入人心，但是网络病毒式营销，在某种程度上可能会使人们产生厌烦情绪。另一方面，在同类行业中，聚美优品向综合商城转变，陆续推出了服饰、保健品、食品等诸多非化妆品类，这样多元化业务种类的拓展，虽然可能会保证一定程度上的客户需要，但是，聚美优品目前为止并未把化妆品做大而精，就要投入其他的产品，难免会使客户觉得它并不是一个专业的网站。毕竟中国人的思想还是觉得做事要专而精，他们最看重的除了电商的产品品质、服务质量外，是否低价无疑是他们消费决策中最敏感的一个参考指标，只顾拉销量、冲规模，却忽视了用户的切身利益。这不仅是一个企业的代价，也是其他企业发展应该避开甚至加强研究的课题，才能确保网络销售走在健康的良性轨道上。

【小案例】

解读聚美优品的创始人陈欧

陈欧，1983 年 2 月 4 日出生于四川德阳，16 岁留学新加坡就读南洋理工大学，大学期间曾成功创办在线游戏平台 Garena，26 岁获得美国斯坦福大学 MBA 学位，27 岁创办化妆品限时特卖商城聚美优品并兼任 CEO，迅速成为企业家，成为 80 后中国青年的创业榜样。2012 年陈欧亲自出镜为公司拍摄的“我为自己代言”系列新版励志广告（如图 8－3 所示），引起 80 后、90 后强烈共鸣，在网络上掀起“陈欧体”模仿热潮。

图 8－3 陈欧拍摄系列新版励志广告

2011 年 5 月，在第十届创业中国高峰论坛暨中国“创业领袖、新领军者、创业新锐”颁奖盛典，陈欧荣获“2011 年度中国创业新锐”称号。2012 年、2013 年，陈欧两次荣登福布斯中文版评出的“中国 30 位 30 岁以下创业者名单”，并荣获“2014 年中国互联网十大风云人物”称号。2014 年 5 月 16 日，聚美优品正式在美国纽约证券交易所挂牌上市，股票代码为“JMEI”，开盘价 27.25 美元，较 22 美元/股发行价上涨 23.86%，市值超过 35 亿美元。陈欧成为纽交所 220 余年历史上最年轻的上市公司 CEO，其所持股份市值超过 11 亿美元。2015 年，陈欧以 11 亿美元获得亚洲十大年轻富豪第六名。

[资料来源：http://www.baike.baidu.com/item/%E9%99%88%E6%AC%A7/21946?fr=aladdin（有改动）.]

【小思考】

结合以上小案例，请思考陈欧具有哪些能力禀赋？美容企业的 CEO 们都具备哪些共同的特征？

知识拓展

“互联网＋”的大势所趋

国内“互联网＋”理念的提出，最早可以追溯到 2012 年 11 月于扬在易观第五届移动互联网博览会的发言。易观国际董事长兼首席执行官于扬首次提出“互联网+”理念。他认为“在未来，‘互联网+’公式应该是我们所在的行业的产品和服务，在与我们未来看到的多屏全网跨平台用户场景结合之后产生的这样一种化学公式。我们可以按照这样一个思路找到若干这样的想法。而怎么找到你所在行业的‘互联网+’，则是企业需要思考的问题”。

2014年11月，李克强出席首届世界互联网大会时指出，互联网是大众创业、万众创新的新工具。其中“大众创业、万众创新”正是此次政府工作报告中的重要主题，被称作中国经济提质增效升级的“新引擎”，可见其重要作用。

2015年3月全国“两会”上，全国人大代表马化腾提交了《关于以“互联网+”为驱动，推进我国经济社会创新发展的建议》的议案，表达了对经济社会创新的建议和看法。他呼吁，我们需要持续以“互联网+”为驱动，鼓励产业创新、促进跨界融合、惠及社会民生，推动我国经济和社会的创新发展。马化腾表示，“互联网+”是指利用互联网的平台、信息通信技术把互联网和包括传统行业在内的各行各业结合起来，从而在新领域创造一种新生态。他希望这种生态战略能够被国家采纳，成为国家战略。

2015年3月5日，十二届全国人大三次会议上，李克强总理在政府工作报告中首次提出“互联网+”行动计划。李克强在政府工作报告中提出，“制定‘互联网+’行动计划，推动移动互联网、云计算、大数据、物联网等与现代制造业结合，促进电子商务、工业互联网和互联网金融（ITFIN）健康发展，引导互联网企业拓展国际市场”。

2015年7月4日，经李克强总理签批，国务院日前印发《关于积极推进“互联网+”行动的指导意见》（以下简称《指导意见》），这是推动互联网由消费领域向生产领域拓展，加速提升产业发展水平，增强各行业创新能力，构筑经济社会发展新优势和新动能的重要举措。

2015年12月，《咬文嚼字》杂志发布2015年度“十大流行语”，“互联网+”排第二。

2015年12月16日，第二届世界互联网大会在浙江乌镇开幕。在举行“互联网+”的论坛上，中国互联网发展基金会联合百度、阿里巴巴、腾讯共同发起倡议，成立“中国‘互联网+’联盟”。

四、自创电商平台的美容互联网企业

根据《中国美容经济年度报告》显示，中国“美容经济”正在成为继房地产、汽车、电子通信、旅游之后的中国居民“第五大消费热点”。全国美容业就业人员总数约为1 120万人，全国城镇美容机构总数约为154.2万家，年产值1 680亿元；占全国国内生产总值比重1.8%。在未来5年内，中国美容服务业营业总收入将突破40 000亿元。这么庞大的产业，若是能够搭建一个平台，类似饿了么、美团外卖等餐饮O2O，用平台建设笼络中小美容店，通过行业信息平台的建立携用户以令诸侯，凭借建立一个涵盖全国的提供美容信息和预订功能的一站式服务美业O2O，并深耕女性美业产业巨大的潜在市场，这种模式的发展前景将会非常可观。

（一）基于自创电商平台的美容互联网企业发展现状

伴随着移动互联网的热潮，O2O 模式成为创业者和投资人追捧的热门领域，从餐饮美食到休闲娱乐，围绕着本地生活服务 O2O 的各种新模式的兴起让人眼花缭乱，从雕爷的河狸家开始，再到秀美甲、美丽加以及 58 到家，中国美业 O2O 成了创业的新风口。

目前，中国美业 O2O 行业的主要参与者包括美美豆、放心美、时尚猫、美容 360 等，这四家算是相对做得早一些、好一些。就目前的定位看来，大家的本质是一样的，美业 O2O 均以预约为核心功能。但各家侧重点会有不同，美美豆以发型师和用户之间关系的构建为核心，放心美是主打优惠预约理发，时尚猫则是更注重发型图片的质量，上海吾美信息科技有限公司旗下的“美容 360”则专注于提供美容院的美容师与顾客之间的预约服务。

（二）全球最大的美容电商平台 StyleSeat

美业 O2O 创业项目 StyleSeat 为美容美发等业主提供了一个平台，让他们可以创建包括店铺位置、发型师及其简历、发型图片、给客户的建议等内容。用户可以在 StyleSeat 网站上通过搜索和浏览来寻找专业发型师和其他的专业美容人员（如美甲、温泉服务等），用户能够直接查看专业人员的资料，浏览他们的工作照片，完成预约并且提供用户预约时间表。与此同时，发型设计师可以利用 StyleSeat 的平台来管理预约客户名单以及他们自己的资料和照片。其实，从另一个角度来看，美国的 StyleSeat 平台，俨然就是将大众点评服务如 Yelp 的垂直化处理，并且提供更进一步的服务，如可以网上预约等更加精细化的服务。

作为 2011 年硅谷 20 大最值得关注创业公司之一，StyleSeat 平台创立之初，就获得了 70 万美元的天使投资和种子基金，被美国媒体称为是美容美发版 Opentable。上线一年，入驻 StyleSeat 在线预约平台的美容院和温泉中心数量已从 2012 年的 5.5 万家攀升至 20 万家以上。StyleSeat 声称，平均来算，这些专业服务机构在进驻其平台后的头 15 个月内能够实现 68% 的收入增长，依靠手机进行预约的预约量占 3/4，而一天后重复预约比例能达 1/3，这是顾客愿意“回头”再进行消费的表现。

据 WWD 报道，StyleSeat 成立至今，已与美国超过 32 万名造型师达成了合作，是一个帮助普通大众进行美容美发预约的 App。目前每月的预约量约 150 万次，年总预约量已超 3 000 万次。StyleSeat 的交易量已超 10 亿美元。未来该公司将把精力更多地放在服务消费者上，计划在移动端为用户提供更多发现和预约的方式。

知识链接

美业 O2O 鼻祖 StyleSeat 教你：如何抓住手艺人的心

成立于 2011 年的 StyleSeat 算得上是美业 O2O 领域的鼻祖了：它最早从 CRM 系统切

入，帮助独立的发型师们进行日程管理和客户维护，历经6年的成长，如今已发展成为一个综合型的美业类服务预约平台。

据统计，美国女性平均每年要花费3 000美金在与“美”相关的服务上。这样一块诱人的大蛋糕自然少不了创业者们的纷纷涌入：StyleSeat的竞争对手还包括Lifebooker，BeautyBooked，MyTime，StyleSquad以及Beautified等。与此同时，欧洲的美业O2O平台Wahanda也来势汹汹，截至2015年1月底，平台共打通了线下超过8 000家SPA和沙龙店，并且这个数量以每年280%的速度在快速增长。

虽然面临着白热化的竞争，但作为唯一的一个从“独立手艺人”群体切入的平台，StyleSeat的表现可圈可点：2015年1月中旬，公司对外宣布了一笔2 500万美金的B轮融资，由复星昆仲资本（硅谷团队）领投，Lightspeed Venture Partners，Cowboy Ventures及Slow Ventures跟投。在此之前，这家硅谷创业公司已累计融资近1 400万美金，早期投资人包括Uber的创始人兼CEO Travis Kalanick，以及好莱坞电影明星Ashton Kutcher和Sophia Bush。同时，全球最大的美妆集团欧莱雅也从去年开始大力鼓励造型师们加入StyleSeat。当前，平台上共汇聚了美国15 000个城市的32万名美发、美容师，预约量超3 000万次。

作为此轮领投方，复星昆仲资本的管理合伙人鲍周佳近日接受了36氪的远程采访，重点向我们解答了团队投资StyleSeat的背后逻辑和思考：

在他看来，StyleSeat之所以做得比较成功，和美国当地的线下业态有很大的关系。过去几年以来，美国独立发型师的成长趋势愈加明显，人群比例已上升到65%，这些发型师们通常拥有自己的工作室或合租工位，经验较为丰富，客源也算稳定，平时主要通过社交媒体来宣传自己、吸引客流。

对于发型师而言，最大的痛点在于缺少运营支持，每天都要花费不少时间在烦琐的预约沟通上；同时，服务O2O领域里供给端资源一直是撬动市场的重要支点。因此，StyleSeat在成立之初就选择先从供给端入手，它的解决方案是打造一款帮助发型师们实现时间管理和档期预约的CRM工具。当发型师们开始慢慢上手，习惯用这款免费软件打理自己生意的时候，StyleSeat又陆续开发了记账系统、市场推广等功能，目的是进一步帮助这群手艺人有效地管理时间，并且腾出更多的精力倾注到自己的本职“手艺”上面。

（资料来源：http：//www. chinaz. com/start/2015/0728/427556. shtml.）

（三）StyleSeat的运营模式

1. StyleSeat的点评服务

StyleSeat为美发沙龙和水疗SPA的业主提供了一个平台，让他们可以创建包括店铺位置、发型师及其简历、发型图片，给客户的建议等内容的小站。消费者还能在该网站上预约服务，而StyleSeat也将为沙龙提供用户预约时间表。对于消费者来说，StyleSeat网站的用户不仅可以访问某个美发沙龙发型师的所有相关信息（包括建议、照片等），还可以依照成本、头发类型或特殊要求搜寻到本地发型师。比如，如果你有一头卷发，那可能就会需要一个善于打理卷发的发型师，那么 StyleSeat 会告诉你，在你所在地区哪些美发沙龙可以提供这样的服务。而通过 StyleSeat 预约美发服务的用户也会收到短信和电子邮件提醒。

2. StyleSeat 的营销服务

StyleSeat 的免费增值服务收取各种专业工具的访问费用，如邮件营销、先进的日程安排、提醒功能等。该公司还开始尝试通过站内广告来创收，该项服务可为它带来 30% 的预约分成。这两项业务均进展不俗，不过该公司并未披露转化率、营收等具体数据。

此外，StyleSeat 提供市场营销的 SaaS 软件作为服务，跟 Opentable 的营销方式非常类似。通过 StyleSeat 可以在 Facebook 上分享内容，也能获得关于流量和转化率的分析，向客户发送营销电子邮件，以及张贴促销和优惠活动。例如，StyleSeat 可以告诉一位发型师他的用户预约状况如何，何时是他工作量最少的时候等数据。客户的所有信息都放在一个位置，发型师可以从 iPhone 和 Android 应用程序获得这些信息。StyleSeat 公司还计划推出一项服务：让美发沙龙可以为顾客提供奖励计划。

3. StyleSeat 的技术服务

StyleSeat 已经推出移动应用，承诺 100% 安全，支持数据备份，所以，用户永远也不必担心信息的丢失。目前，StyleSeat 的使用量有 68% 来自移动端的访问量，因此，公司先后推出了 iOS 版和 Android 版客户端，并且与 iPhone、iPod touch 和 iPad 兼容，更酷的是它完全免费，对于顾客来说，有了 StyleSeat，从此再也不必把时间浪费在排队上面了。如果你是发型师、美容师或按摩理疗师，可以通过 StyleSeat 应用管理自己的日程安排和顾客列表，了解和顾客的预约情况。所有的顾客信息资料都存储在同一位置，发型师可通过该应用访问查看自己的预约时间表。支持无限上载、共享造型照片。无须电话即可在线为客户取消或重新安排预约的贴心服务，据悉，StyleSeat 还计划推出奖励计划，沙龙可针对自己的客户提供相应奖励。移动应用 StyleSeat 的推出，是让 StyleSeat 腾飞的一个最重要因素，因为它顺应移动互联网的发展趋势。StyleSeat 移动应用，致力于将这个美容美发垂直行业的预约服务做到极致。

（四）StyleSeat 的推广与运用

StyleSeat 的 CEO Melody 在一封公开信中声称："2013 年 StyleSeat 平台整合了 20 万美容商家，完成了 550 万次预约。" Melody 同时认为，在中国能整合 20 万商家的 O2O 平台比比皆是，550 万单也不是一个特别大的数据，全球最大的 O2O 平台，不久将诞生在中国。

知识链接

欧莱雅集团携手 StyleSeat 合作推出专业美发产品营销网站

据世界时尚潮流资讯网报道，美容巨头欧莱雅集团旗下的专业产品部门将在美国与

StyleSeat合作，这是一个帮助发型师、造型师、按摩师与顾客对接的网页与移动平台。欧莱雅希望通过这种O2O的协作，全方位帮助和支持与欧莱雅合作的美发沙龙和造型师网络。

“这次合作是探索通过美发沙龙与消费者互动的方式，”欧莱雅美国专业产品部门总裁Pat Parenty说道，“消费者的购买途径、获得产品与服务的方式都已改变，然而我们在数字层面与消费者的互动仍十分匮乏。”

该项合作分两个阶段实施，囊括L'Oréal Professionnel，Kérastase，Redken，Matrix，Pureology，Shu Uemura Art of Hair，Mizani和Essie Professional几大美发沙龙品牌。第一阶段，欧莱雅将对StyleSeat上提供的服务产品进行定制——上面会标有它们的品牌，简介和其他元素，从而对品牌进行充分展示。第二阶段，即开展电子商务，欧莱雅旗下专业产品部门和StyleSeat会为美发沙龙提供自己的迷你网站，这样他们就可以将产品直接卖给顾客。

不过，美发沙龙无须承受开展电子商务的巨大负担，欧莱雅将支持并承担主要的物流工作。欧莱雅美国专业产品部门电子商务和数字战略副总裁助理Sarah Liang表示：“我们会处理运输和包装事宜，所以他们不必担心沙龙里堆满了快递公司的标签或包装箱。给美发沙龙的销售佣金是按天结算的。”

到目前为止，欧莱雅一直不允许其他公司和企业在网上销售它的专业产品（不过人们依然可以在很多第三方网站买到这些产品）。

“我们知道很多发型师想在网上销售产品，只是被技术上的挑战与物流障碍所牵绊，”StyleSeat创始人兼首席执行官Melody McCloskey说道，“同时，我们知道消费者的购买方式和习惯已经改变，他们想要在网上购物，而并不总是有时间到沙龙里去。”

McCloskey说：“StyleSeat迄今已经完成了价值5亿美元的美发业务，与250 000位专业人员和位于超过15 000个美国城市的美发沙龙合作。造型师们在使用StyleSeat的第一年增加68%的收入。”

为了推动这项新业务，欧莱雅鼓励与其合作的造型师和美发沙龙通过Styleseat.com/salontools进行免费注册。为开展电子商务，欧莱雅正在统筹旗下所有品牌的电子邮件和网站营销。根据业内人士透露，欧莱雅已经投入200万美元用于在与StyleSeat的合作中建立沙龙与顾客的联系。

“我们想要确保沙龙拥有一套数字化解决方案，”Parenty说道，“因为这不只是电子商务，这是关于如何拥有真正的数字领域的消费者。我们想要帮助这些沙龙满足市场的新需求。”

Parenty拒绝透露销售预测。但是，根据业内人士的说法，欧莱雅专业产品部门的电子商务第一年销售额可以达到400万~500万美元。

（资料来源：http：//news.ladymax.cn/201407/28－24478.html.）

任务小结

任务1结构如图8-4所示。

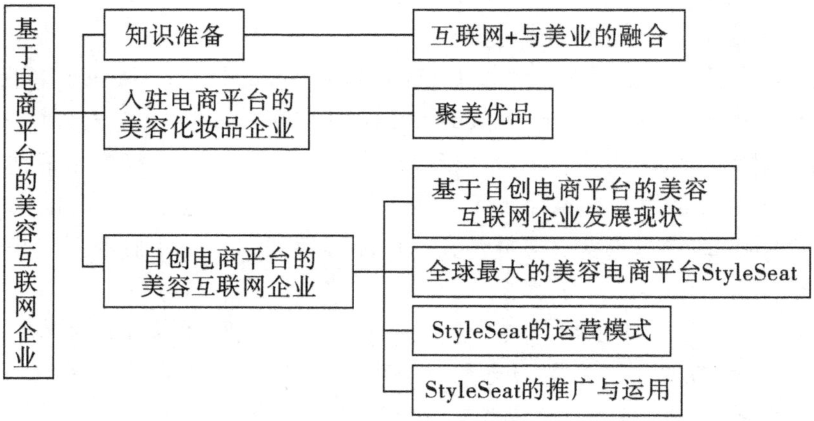

图8-4 任务1结构图

拓展训练

训练目的：了解美容互联网企业的运营模式

训练要求：

(1) 根据“互联网+”的运营模式，调研一家美容化妆品企业经营品牌是如何通过“互联网+”的运营模式运作的。

(2) 调查并了解该企业的经营历史、企业文化、品牌管理等。

(3) 调查企业传统的运营模式，并做对比分析。

训练方法：以小组为单位完成，合理分配工作并有效分工。

训练成果：小组提交调研报告，以PPT、微视频或Word的方式进行提交，教师点评和归纳。

拓展阅读

傲美汇：美业O2O的消失

最近这段时间，无论是在互联网、电商界还是美业，美业O2O或者在线美容都是大家争相议论的热点话题。同时一部分互联网观察家和团购类网站的经理人对在线美容市场的问题也多次在网络媒体里表述自己的观点。尽管各家的意见有所不同，但有一点是大家共识的。那就是未来美容业市场一定需要在线美容去冲击去革新，而谁将是吃这块蛋糕的领航人？那就是具有互联网思维、互联网行业经验，并对传统美容营销又很熟悉的人。

那么在2011年创建的，有传统美容市场经验，美业O2O的先行者傲美汇美容网为什么在两年时间内彻底消失了呢？本人基于对在线美容的长期探索、研究以及对美容事业的热爱，为大家一一分解。

第一，傲美汇美容网的内容离其宣传的口径有很大的距离，傲美汇是想做美容商家和消费者之间联系的平台，其中有优惠券下载和点评环节、美容信息分享、社区互动等。但是结果是，合作的商家有大部分是其投资商傲之美公司产品合作的商家，因此点评就很明显失去了公正和公平。其中美容信息的披露也没有互联网企业应有的公开分享精神，这离一个垂直美容电商的形象有一定的距离。

第二，傲美汇的团队尤其是CEO，对互联网推广和运营完全陌生，而且他本人也承认对这些不懂，如果CEO不懂，COO懂或者部门总监懂也可以，然而，他们的团队在两年内都没有这样一个人。傲美汇的流量也说明了推广确实是一个很大的问题。

第三，傲美汇的产品无特色，如果拿其他行业的互联网产品来做比较，可以说傲美汇的互联网产品没有一个是自己创新的，优惠券、点评、达人圈这些别的网站都可找到。没有创新，就很难抵挡同业的竞争。

第四，傲美汇的发展速度非常慢，两年时间居然就只做了一个北京主站，尽管其他城市的商家信息零零碎碎都有一些，但是这样的发展速度与互联网企业格格不入，同时也反映团队的文化缺少互联网基因。

第五，作为美容行业的革新项目，傲美汇没有体现一丝要革命的气质，在线美容项目显然是一个能整合商家渠道资源和品牌厂家的革命者，它能带给消费者信息和价格的逐渐透明，给一些口碑商家良好的形象推广，给优秀美容品牌更多的市场份额；更重要的是它肩负净化美容市场环境，开创行业新格局的重任。在这些方面我们都很难看到傲美汇的影响。

以上五点的严重缺失足以说明傲美汇美容网失败的原因，同时也可让正在运营的相关美容网站引以为戒。

（资料来源：http://b2b.toocle.com/detail-6179178.html.）

任务2 基于微商平台的美容互联网企业

一、任务布置

1. 任务主题

体验基于微商平台的美容互联网企业。

2. 任务步骤

（1）利用微信平台搜索周边的或你感兴趣的美容行业微商。

（2）选定两家美业中的微商企业，了解企业运行模式，并参与其项目体验。

（3）以小组为单位进行汇报。

（4）教师针对学生的汇报进行点评和总结。

二、知识准备

（一）美容微商的起源

十年前，马云开启了电商时代，为无数低成本创业者创造了“逆袭财富”的机会；十年后，微信已经成为90%的年轻人热衷使用的社交工具，用微信来转发、分享情感信息和新闻资讯已成为生活的常态。2011 年年初，腾讯发布微信移动社交软件，发展至今，微信已成为绝大多数人生活中不可或缺的一款社交软件。在 2013 年前后，这种以移动手机端为平台的“微商”渐渐“入侵”朋友圈，为广大新生代创业者提供了一个商机无限的“金矿”。

在微时代的大背景下，移动互联网技术的应用已经改变了我们的生活方式和商业规则，其中，微商最重要的一个领域，就是化妆品。全国工商业联合会美容化妆品业商会会长马娅告诉记者，仅其所在行业就至少有 1 000 万名微商从业者，占行业 1/3 左右。

（二）美容微商简介

2011 年 1 月 21 日，微信 1. 0 的 iOS 版正式发布，它是腾讯公司推出的一款通过网络快速发送语音短信、视频、图片和文字，支持多人群聊的手机聊天软件。用户可以通过微信与好友进行类似于短信、彩信等方式的联系。与此同时，为吸引更多用户使用，微信也在不断升级版本，完善各种功能。

微信主要有三个模块，一是私人微信账号，每个人都可以建立自己的微信账号，与好友进行交流，并支持多人群聊，其功能主要包括朋友圈、扫一扫、摇一摇、漂流瓶、附近的人、签名、购物、游戏。二是微信公众平台，每个人、每个机构都可以通过微信公众平台创建自己的公众账号，然后对自己的粉丝进行分组管理，并实现实时交流、消息发送和素材管理的功能。三是微信网页版，这是一种通过手机的二维码识别功能，在电脑上登录微信的方法。

正是由于微信拥有庞大的用户数量，并且功能齐全、使用方便，使得大量企业将目标市场定在微信这款人人一学就会的聊天软件上，而微信电商也就是在这样的大环境下产生的。

表 8－1　美容微商的价值分析

主体	价值分析
国家	微商是“互联网 +”国家行动计划下诞生的新模式，是促进电子商务创新发展的新动力、是促进人们消费的新机制。2015 年 5 月国务院印发《关于大力发展电子商务加快培育经济新动力的意见》给予微商发展更大的鼓励
行业	微商基于第三代“移动 + 社交”的互联网技术，是电子商务行业的新升级，微商虽然在一定程度上冲击了传统的营销模式，但同时也激发了现代营销模式的发展活力，推动着移动电商领域的变革与发展

续上表

主体	价值分析
企业	在“互联网+”方向的引导下，微商成为众多传统企业和新兴企业实现互联网化的重要手段，拉动了国际合作与中西部和沿海城市的经济平衡，并在与传统行业的并购融合中，不断催生新的商业模式和资本机会
从业者	微商行业的经营以其门槛低、投入小、范围广、易操作为优势，成为大众互联网创业的首选方式，受到更多从业者青睐。与传统的实体店和平台式电子商务相比，微商创业各方面的限制少，经营管理模式更简单
消费者	移动购物一方面给大众购物方式提供了更多的便利，另一方面打破了传统零售行业的僵局。而社会化电商通过熟人网络完成，更具信任度，它带动了创意经济，使得更多个性化消费得到了满足，从而提高了消费者的满意度，促进了社会消费力

（资料来源：根据中国微商发展状况研究报告2015整理）

中国信息经济学会《微信对社会经济影响力研究报告》显示，截至2015年第1季度，微信对信息消费的拉动达到960亿元人民币，对就业的拉动已达1 007万人，占移动购物市场规模的26.49%。随着微商行业的快速发展，越来越多的美容企业及品牌转战微信电商。美容微商，就是通过手机里的微信朋友圈去宣传美容化妆产品或服务，实现顾客下单购买的过程，产生的价值体现在国家、行业、企业、从业者和消费者等众多方面（详见表8－1）。其操作过程简单易学，不仅适合专职，也可以兼职来做，所以美容微商的老板们大多数是宝妈、残疾人士和部分学生，他们利用碎片时间做生意，不仅充实了生活，还减轻了家庭负担。

三、美容微商的运营分析

（一）美容微商的运营现状

截至2014年年底，美容微商市场容量突破100亿元，占比化妆品市场总量的6%，同时，年增长率达到惊人的500%。美容微商渠道已成为百货、KA卖场、CS营销、直销、电商之外的全新销售渠道。

美容微商最开始立足于个人，是基于移动社交而产生的一种信任经济。这种社群化是建立在相同的兴趣爱好和情感共鸣之上，它没有数百万的用户基础，也没有特别高的影响力和号召力，它更多的是充当品牌代言人的角色，商家与商家，商家与用户之间的口碑传播。随着加入的人越来越多，产品同质化日益严重，这种个体的美容微商一批批被淹没，取而代之的是巨额广告的砸入和大规模美容微商团队的兴起。

（二）美容微商的运营特征

微商并没有改变传统电商的交易本质，商品还是原来的商品，只是营销手段和展现方式改变了。以前是直接买卖关系，先有需求后购买，交易完成后基本很难做到用户沉淀了，而微商发展的是一种先有认知再购买，它对人和商品的要求会更加严格，而且只要经营得好，基本上是可以做到用户沉淀的。微商对营销和传播的要求非常高，无论是发动社群的力量还是粉丝的力量，前提是产品必须具备足够的亮点吸引人，这些亮点包括：故事、情怀、归属感、信任度、溢价等。到目前为止，微商媒体化是最节约成本的营销方式。

此外，产品多元化将是微商区别于淘宝电商的一个很大特性，微商更适合做非标产品。这种多元化主要体现在“小而美”的产品会逐渐崛起，带有独特风格和差异化的产品会越来越受欢迎。根据微信购物的调查报告显示，个性淘货的仅次于精明消费，占到整个消费的1/5，与此同时，用户对非标产品的购买率不断在增加。

【小案例】

大学生微商成功案例

微商是由微盟CEO孙涛勇提出的一种社会化移动社交电商模式。它是企业或者个人基于社会化媒体开店的新型电商，主要分为两种：基于微信公众号的微商成为B2C微商，基于朋友圈开店的成为C2C微商。下面小编给大家介绍大学生微商成功案例。

一、大学生微商成功案例一

1. 俏十岁：一夜爆红的微信电商品牌

2013年年初，俏十岁正式进入市场，第一个月的销售额不到1万元，第二个月也仅仅2万元左右。一年之后销售额就已过亿元。这一火箭般的成长速度让外界十分震惊。原本只是打算将长期堆积的存货通过微信免费赠送给周围的朋友，没想到在朋友圈却引起多米诺骨牌效应式的裂变，迅速在朋友圈传播开来。

2. 思埠：明星效应的后起之秀

思埠成立于2014年3月13日，成立之初的注册资本仅50万元，启动资金15万元，经过8个月的发展，其注册资本跃升为1亿元，靠微商发家的思埠，通过一种品类（面膜），跟准了一个好时机（移动端的迅速崛起），再运用传统日化的市场推广手法和会议营销的方式，抢占了微商发展的先机。思埠用一年时间走了很多企业十年的路，思埠在2014年经历了爆发式的增长，并于同年10月18日，拿下央视春晚倒计时广告。并且思埠的黛莱美BB霜在上市当天，回款金额就达3 000万元。

二、大学生微商成功案例二

互联网时代的蓬勃发展，为人们带来了前所未有的机遇，特别是新时代的年轻人，在互联网思维的影响下，不断挖掘商机。精品学习网为大家推荐“90后”女大学生创业故事。

对于她们来说，年轻可以创造很多的可能，何不放手一搏？正如当下，微店不断出现在人们的视野中，一切仿佛是在一夜之间，这些当年在淘宝初期呈现的励志创业故事开始一幕幕地呈现在人们面前。如今微信朋友圈不断改变着人们的生活方式，微店也改变着人们的创业和赚钱的方式。她们多数是“80后”和“90后”，迸发着创业的热情，用微店来实现自己的梦想。

开微店的创业者很多，但并不是每一个人都能成功地经营致富。2014年，一位90后的姑娘查佳利，萌生了开微店的想法，到如今，一路走来，月入已经远远过万，其实，她的经营不同于传统微商，有着自己的一套方法。那么我们一起跟着她的故事来看看她是如何成功创业致富的。

开启创业之旅，事无巨细一人包圆

创店之初，查佳利勤恳地操持着各种事务，从衣服款式的选择，到联系服装厂家，事无巨细一人包圆。“起初成衣出品，我喜欢送给好友们，她们给钱我也统统不收，好姐妹嘛哪有问人家要钱的。”查佳利爽朗地笑着说。

查佳利是苏州大学凤凰传媒学院戏剧影视文学（主持人艺术）班的学生。爱笑爱闹爱美丽，从刚进学校那会儿起，艺术团、歌唱赛，哪儿都少不了查佳利活跃的身影。2014年7月，还在享受暑期惬意的查佳利，萌生了开微店的想法。“女孩子嘛都爱漂亮，每天把自己打扮得美美的，心情也好呀!”查佳利说。

自当模特展示搭配技巧，吸引了越来越多的关注

好衣服有了，也得找模特来展示啊，这可难不倒查佳利，自己的微店自己当模特!每次衣服要上新，查佳利都是自己做模特，找来朋友帮忙当摄影师，拍下美图上传网络，也展示出她对穿搭的独到见解。可能是这份率真与对做好一件事的执着，查佳利社交网络的朋友们好心帮忙转发，让更多人了解到“咖喱家”微店的存在。

网络的力量是巨大的，数不清的转发为查佳利的微店吸引来了不少目光，“好多陌生人找我买衣服，很开心大家能喜欢我的穿搭，这不仅是对我微店的肯定，更是对我莫大的支持与鼓励!”查佳利说起这些满是感谢。

微店越做越好，未来需要不断探索

随着微店越做越好，查佳利有了自己“私人定制”的服装标识、代加工的服装厂，“咖喱家”平均月收入过万，还有位朋友从开始帮忙打理微店到成为“咖喱家”的客服，帮查佳利一起悉心经营……小小微店的成长让人心生欢喜。

说到未来，大四临毕业的查佳利也有自己的想法：“有想过以后能做出自己的品牌，还是想以网店起步，如果做实体店考量的因素可能会更多。”

那她的做法与传统的微商有何不同呢?

为自己代言，模特就是真实的自我

要说这查佳利第一个与众不同就是模特的选择。查佳利自己为自己的微店当模特，展示给大家一个女孩子的日常打扮，显得很真实，不像其他网店被严重PS过的模特展示，这对消费者来说，显得更真诚更有说服力。

只做陌生人生意，不做朋友圈的生意

查佳利的第二个与众不同就是她从来不做朋友圈的生意，虽然她开店之后，朋友都很支持，但是她只是送衣服给朋友，从来不收钱，真正的生意全部都是来自陌生人。查佳利透露，不管衣服质量好与坏，如果做朋友圈生意，时间长了，朋友之间就变了味，所以坚决不做朋友的生意。而这些朋友也很感激查佳利，于是非常卖命地帮助她转微博、微信，慢慢地她借助朋友的力量打开了市场。

打造属于自己的品牌服装，拒绝代理生意

第三个与众不同就是查佳利没有代理微信圈里的其他品牌服装，而是自己寻找加工厂，自己设计LOGO，打造属于自己的品牌服装。

查佳利表示，自己微店的LOGO是用手机上的软件一个一个试出来的，都是自己的想法。自己觉着哪些个组合好看了，就截图保存起来，再去找服装工厂请专人制作。代加工的工厂是自己先在网上过滤信息筛选出来后，再去实地考察。

至于设计的服饰，查佳利表示，平时逛街的时候都会留心当季流行，会自己买些私服，再进行一些改变；逛街的时候遇见喜欢的也会试穿，拍拍照片问问朋友意见。有需求才有市场嘛，从这点来说，查佳利会照顾到客户的心理需求。她身边有些家人、朋友也做服装，在微店服装的选择上，也会给她一些专业性的意见。

依靠客服打理，精心设计打造更好的微店

现在查佳利的微店好的时候有两万元/月，差的时候几千元/月，平均下来月收入过万元。

查佳利表示，刚开始做微店的时候就自己一个人，所有事情都一个人做是挺辛苦；有了客服之后自己就轻松很多，后来基本上有什么关于微店的事儿，都第一时间联系客服。客服也是大学生，是比自己年龄小的一个老乡。

三、大学生微商成功案例三

“微商”生于自媒体时代，它存在于现代人的每一个网上社交圈，一时间，似乎大家的空间、朋友圈、微博等私人领域成了一个大卖场。有人对之不胜烦恼，有人对之趋之若鹜，而商家却从中嗅到了商机。

一个人，一部手机，一个圈子构成了一个大舞台——让微商创业者尽情展示聪明才智。这些“创业者”敏锐大胆，对新生事物敢于尝试，勇于行动又富有商业头脑，虽然没有多少资本，却有很多新的点子。几乎零门槛、零成本，建立在熟人基础上的社交平台成为他们最好的创业舞台。

胆大心细才是王道——罗敏“90后”投资公司行政

“来找我拿授权，30盒面膜给授权，30盒都担心卖不出去，我就先不吐槽你的不自信了……”每天罗敏的“生意”就从在朋友圈和空间里面发这些信息开始。胆子大，是记者对她的最初印象。

在市区某投资公司做行政的罗敏一直都有个创业梦——自己做生意，自己当老板。但苦于没有启动资金。2013年，网上铺天盖地的“微商”创业故事唤醒了罗敏的创业梦，她也想这样做生意——用很少的时间维护，风险可控，成本低。

罗敏花了整整一个月在网上找寻要代理的产品，后来她选择代理一款比较知名的美容产品。这款产品需要自己先购买一定量才能拿到代理权，别人都是最低限度的数量先购买两箱做最初级代理，然而罗敏一口气买了十箱，整整300盒面膜，才拿到了三级代理权。

“舍不得孩子，套不住狼。”罗敏告诉记者，要是自己对自己都没有信心，怎么能做好事情，创业就是需要“胆子肥”点。就这样罗敏正式踏上了她的“业余的创业”路。

早上上班之前在朋友圈和空间发一次产品消息，中午休息时间发一次产品代理消息，下午下班后在微信上统一回复咨询产品信息的顾客，晚上确定订单，打包明天要快递的货物——罗敏就是这样一点点地“捡起”每个零散的业余时间，规划着自己的生意蓝图。

与其他淘宝商家相比，罗敏算是细心的，她认真地记下每个顾客购买面膜的时间和数量，做好顾客维护，预计顾客快要用完面膜的时间，发一条私人的问候消息，看顾客是否还有购买的需要。这使罗敏的生意慢慢做大，每个月的营业额在10 000元左右。

看准才出手——侯远鑫“90后”大学生村干部

侯远鑫是个标准的“90后”，已经做村干部两年的他在工作中练就了沉着冷静的性格，从微商的出现，再到周围的人纷纷做起了“微生意”，他观察了很久，思考了很久——到底要不要做？做什么类型的生意？

2013年10月，侯远鑫发现原本工作稳定的表姐在空间里面发了一条关于某洗发水产品的说说。他试着询问表姐这是怎么回事，表姐告诉他，自己代理了一款洗发水，在自己的朋友圈和空间里面做推广宣传，生意也还不错。

当时的侯远鑫还有些许犹豫——这种营销模式到底有没有消费者埋单？他试着在自己的朋友圈和空间里面帮表姐做宣传，没想到来询问的人还不少，所以2014年年初，他自己也跟着表姐做起了“微生意”，在朋友圈和空间卖表姐代理的产品。

每天两个小时的业余时间，电脑或手机操作，接订单，发订单，就这样，侯远鑫慢慢当起了“微商”。刚开始他在空间和朋友圈里面发信息，很多人都问他是不是QQ被盗了，当时的他觉得又好气又好笑，但他都一一耐心解释。

从一个月只能卖出一两套产品甚至零订单，到现在，侯远鑫一天能接三四个订单，一个月下来能挣2 000元左右。他告诉记者，“微生意”需要慢慢地积累人气，靠朋友间的口碑来做宣传，可能一开始没人理解，没有订单，但是既然选择了，就应该坚持。

坚持一直在路上——林婷婷“80后”专职微商

“灵魂和身体，必须要有一个在路上。”这是林婷婷的座右铭。她喜欢自由，性格大方泼辣，买家们都喜欢叫她大婷。她不喜欢呆坐在办公室，喜欢用自己的脚步丈量世界，不喜欢墨守成规，喜欢走出自己独特的风格。

2010年，大学毕业后的大婷回到宜宾，在一个事业单位工作。工作两年后，大婷决定辞职出去走走。在旅途中思考自己的人生方向，在偶然的机会下接触到了“微商”这个特殊群体，经过市场分析，她认为女性市场很有“做头”，所以她决定代理女性保健品。

通过特殊的渠道，大婷直接与一家国外女性保健产品的厂商取得联系，代理了这家厂商的部分产品。

起初，产品很难在朋友圈和空间有太大的扩散效果，大婷就专门注册了一个微博，天天在一些微博大V的微博下面评论推广自己的产品和微信，有时一天就要回复上百条微博。半年之后，大婷的微信好友就已经达到2 000多人，月收入上万元，并且还专门聘用了一个人帮她处理发货和订单。

在做“微商”过程中，因为每天要发数十条产品消息和顾客的反馈信息宣传自己，所以很多大婷的微信或QQ好友有些怨言，说她烦人。大婷就直接回复：“看不惯我刷屏，你可以把我删掉，别觉得代理代购有什么见不得人，靠自己挣钱胜过啃老。”

大婷说她自己很“凶”，有很多人喜欢，也有很多人不喜欢，但是她坚持做自己。她喜欢将四川女孩子的直爽性格说成“凶”，“凶”也许就是大婷可以把微商做得如此成功的秘诀吧。

（资料来源：http：//www. xuexila. com/chuangye/gushi/481217. html.）

【小思考】

结合以上小案例，请你思考大学生微商的优势在哪里，关注你身边的美容微商，分析大学生美容微商成功的关键是什么。

（三）美容微商运营存在的问题

随着微商逐渐向专业化方向发展，渠道结构将会呈现立体化。厂商、批发商、零售商、代理商、消费者有机结合起来，构成一个有机的网络系统。通过建立渠道“面”的网络化与系统化，提高渠道网络的效率，最终实现渠道主体子系统及渠道客体主系统的优化。渠道立体化可以将原来朋友圈那种层层代理、层层压货的现状扭转过来，代理商、经销商等不需要囤货和压货，通过社交媒体分销就可在线交易。

与此同时，我们也发现美容微商的发展也存在一些问题：首先，在某些方面，微商营销已经濒临传销的边缘，甚至有的通过不断发展下线已经算得上是在线传销了，如果任由其发展，最后势必会造成严重恶果；其次，面对恶意营销，暴力刷屏破坏用户体验的行为，微信方面一定会大力整顿、惩治。在微商政策制定层面，国家和微信团队还是会表现出比较柔性的一面，毕竟微商是一种新型的商业体，微信的朋友圈活跃用户很大一部分群体来源于这些微商，而根据中国信息经济学会发布的《微信社会经济影响力研究报告》称，微信带动的就业数量已达到1 007万人，因此，有理由相信微商会迎来大发展。

四、广东思埠集团有限公司

（一）微商红利的产物：思埠集团

广东思埠集团有限公司创办于2014年3月，公司总部位于广州市花都区，是最早一批做微商的代表企业，被称为移动互联网时代发展的产物。2014年3—9月，思埠的面膜卖了5亿~6亿片，不仅拥有了自己的办公大楼，还在2015年1月份收购了一家日化行业的上市公司。思埠致力于打造全球领先的女性一站式购物平台，经过自强不息的创业历程，迅速发展成为国内知名集团企业，现为首个政府试点的“‘互联网+’微商孵化基地”。

思埠集团虽然是新兴的微商企业，但是思埠旗下已经控股了三家生产型公司进行研发、生产以打造更好的产品。首先是广州思埠无纺制品有限公司，该公司成立于2014年，是一家专业生产经营无纺布面膜巾的公司，集研发、生产、国际国内销售为一体的高科技企业。拥有标准30万级净化无尘车间，自动摇布机、先进裁断机、激光刀模等。日均产能600万片，月均产能近2亿片。其次是广州黛莱美化妆品有限公司，该公司成立于2004年，经过11年时间苦心孤诣的打造和沉淀，积累了丰富的生产经验和一大批高素质的人才。黛莱美车间通过ISO 9001—2008质量管理体系认证，欧洲化妆品生产标准，采用10万级无尘净化，达到GMPC微菌化标准；实验室采用万级无尘净化标准，达到国家生物实验室标准。最后是广州静美化妆品科技有限公司，汇集了国内外工程师与专家，组建了幸美联合实验室，长期与国内外尖端研发机构保持紧密合作。10万级的GMP净化车间配合专业的质量控制体系，是静美科技产品高品质的强有力保障。

【小案例】

“85后”的创业“领袖”吴召国

在迎宾大道平安银行楼上的董事长办公室内，总经理吴玉明、董事长吴召国以及执行CEO朱强同在办公。根据公开披露的消息，思埠集团初创的三人分别是吴召国、朱强和吴召国妻子。业内多个消息源和区经贸部门确认，成立刚满两年的思埠集团背后投资人实为思埠集团主要创办人兼CEO朱强。“朱总负责宏观方向，吴总负责具体业务，可以理解为幕后与台前的关系。”吴玉明说。

事实上，无论从哪个角度来看，1986年出生的吴召国都是该公司最具有号召力的灵魂人物。“他的故事具备了年轻、奋斗、富有感染力的特点，很符合时代的需要。”一名业内人士说。但关于思埠之前的经历，吴召国只愿三言两语概括：“做过8年化妆品，两年的自媒体。”

吴召国本是山东临沂人，2003年吴召国在西北大学的自考生涯并没有持续太久，3个月便宣告结束，父母给的500元生活费很快花光。为了给家里减轻负担，吴召国选择了放弃自考，提前走入社会，接受工作的磨炼。在经历了发传单、创立职业介绍所和倒卖工艺品等几次工作尝试失败后，18岁的吴召国接受了父亲的建议，去哈尔滨打工。但只有高中学历的吴召国初到这个城市，就饱尝到了辛酸的味道。

“那时候找工作都没人要我，我去找过卖化肥的工作，卖油漆的工作，都不要我。都觉得我长得丑，穿得差，连皮鞋都没有。只有一个化妆品公司要我，说只要你能去跑业务就行。”吴召国进入的是一家刚刚起步的化妆品公司，最苦的时候，每个月只有600元的工资，但他能省500元出来。每天他花5块钱住旅馆的床铺。去超市买5毛一包的方便面，问旅馆老板要开水泡面，能省则省。

“那时候夏天特别热，我每天穿戴整齐去跑业务，经常中暑。中暑后躺在那里，特别难受，但是想一想，今天业务还没跑完，就花一块钱买个矿泉水，洗一洗脸继续跑，每个月两双皮鞋必跑坏。后来很多人问我为什么能成功，我说你一个月跑坏两双皮鞋肯定能成功，但是现在能做到的人太少了。”吴召国还记得第一次跑客户时，人家问他推销的是什么产品，功效类还是保养类？刚入行的吴召国被问得一时语塞。对方一脸鄙夷地骂道："这都不知道！滚！"

被客户骂出来，吴召国就找个墙角蹲下来，吸几口烟，告诉自己加油。"当然也想过放弃，被人骂了之后就会想，这种生活太累了，每次去人家门口都恐惧，我应该找个安稳工作，做网管当保安或者端盘子都好。后来又想，那要一辈子都端盘子吗？不行！就抱着一个信念，成功总在下一家，就继续跑。"最初跟吴召国一起跑业务的同事有四五十个，但出一次差就辞职几个，3 个月之后他一看，就剩两三个了。

就凭借这份执着与坚持，不到一年的时间，刚满 20 岁的吴召国，却成了公司的创业元老。

［资料来源：解瑞．微商帝国，居者三千万［J］．情感续本，2015（4）：56－58.］

【小思考】

结合以上小案例，请你思考吴召国具有哪些能力禀赋？85 后的成功创业者们都具备哪些共同的特征？

（二）思埠的 4P 分析

从最新的一份市场报告来看，化妆品企业必须在传统的销售路径中做出一定的创新和改变。当前中国的市场中，从中低端化妆品品牌欧莱雅、雅芳等发布的财报中都显示其在中国化妆品市场增长势头下降，销量增长放缓，其主要原因就在于本土化妆品企业的兴起。在科技浪潮的驱使下，不断进行营销模式的更新和发展，最终从市场份额的 10% 开始不断地提升。这也给诸多老牌企业敲响了警钟，企业如果不创新，不与时俱进，则面临的后果就是在发展中不断落后。下面，将从产品、价格、渠道和促销四个方面，具体分析思埠的运作模式。

1．产品策略

思埠化妆品网络市场营销的产品策略主要表现在以下两个方面：一是产品的定位，二是产品的宣传。利用网络市场营销，一定要符合产品的定位，思埠集团对目标客户的发掘要根据产品的定位来进行。思埠集团目前的产品定位大致为中低端产品，那么企业面临的目标客户则是有此销售能力的客户群。在接下来的发展模式中，思埠集团可以考虑增强研发团队的综合实力，挺进高端产品的行列，这是一个思考的方向；另一方面，牢牢抓住现有的中低端产品目标客户。无论是产品的宣传、目标客户的开发，还是自身产品的研发都要做到相对的统一，每个环节彼此关联，环环相扣。

2．价格策略

价格战一向是市场竞争必不可少的一种方式，很残酷，但同时也很有效果。思埠集团可以通过降低化妆品的价格，降低企业的利润空间，来换取市场，占有更多的市场份额，对于思埠化妆品这样的企业来说，其发展还不算成熟，可以适当地采用这样的价格策略方式。然而，在价格策略中，不仅仅低价策略有效，根据企业的自身情况，免费策略和高价策略同样也对网络营销有所帮助。如果思埠化妆品适当地推出免费试用，一分钱秒杀等免费价格的活动，无疑是用免费策略来赢得市场份额。但是，各个企业有自己不同的情况，免费策略意味着零收入、零利润，这就要求企业自身有过硬的实力才可采用这样的方式赢得市场。思埠集团在结合低价策略和免费策略赢得市场之后，如果想提升企业自身的品牌档次，发展高端产品，则可采取高价策略，这也是定位全民消费者的一个过程。

3. 渠道策略

分销环节越多，产品的价格就会被自然地提高，无形中降低了产品的性价比。思埠化妆品有着购买次数多，而购买数量少的特点，中间商越多，必然增加营销费用。在网络营销的前提下，顾客对产品的预订是直接的，发货也采用快递方式，是最直接的商家——顾客的营销渠道。直接减掉中间环节，极大限度地降低了销售成本。

与此同时，网络能够便捷地传输互动信息，突破传统营销方式的单向性。思埠集团建立了比较完善的客服系统。顾客可在任何一台能够上网的电脑前，咨询产品的相关信息，对预订产品及优质的售后服务如果出现产品质量问题或与顾客肤质不适等问题，售后将做合理处理。

4. 促销策略

思埠利用多种电商平台来促销产品，提升品牌形象。思埠集团可采用简历会员制度、分销网络系统、网络结算体系等方式，提升品牌服务。通过会员制度来加强顾客和思埠集团的联系，增加彼此的沟通，培养顾客对思埠产品的信任度，同时也是一个巩固消费群体的良好策略。分销系统是思埠集团将销售权下放，让更多的小商家或者个人成为思埠产品的代理商。传统的营销模式自然会增加销售成本，但是利用网络营销，企业直接认定个人代理商，具体操作则由个人代理商分级下设。在降低销售成本的同时也能够对思埠产品有良好的宣传作用，这在微信产品销售代理中是比较有效的方式。

一方面，思埠集团运用互联网平台，面对广大的网络用户，思埠集团做好广泛的宣传活动，通过 flash 动画、视频等更加吸引顾客眼球的方式进行详细的产品介绍，与此同时，还能很好地利用微信平台进行产品宣传。以地毯式的模式最大限度地传播产品相关信息，这种营销模式使得商圈可扩展到全国甚至全世界的范围。另一方面，思埠集团提供24 小时不间断服务和全天候营业的营销规则。21 世纪是网络营销的时代，服务作为企业竞争的软实力，具有很大的可扩展性和创新性，掌握其他企业所不具备的软实力是在竞争激流中生存下去的必要因素。

【小案例】

微商思埠狂开线下店，走“轻美容院”模式

2015 年 8 月 3 日消息，国内化妆品微商企业思埠集团正在走向线下。亿邦动力网获悉，思埠近期已在全国范围内布局线下体验店，并称将实现“百城万店”计划。

据思埠集团董事长吴召国介绍，思埠其实早在去年 6 月份就开了第一家线下体验店，而真正开始扩张是在今年春节后。截至目前，思埠在全国范围内一共开店 300～400 家，

主要集中在三、四线城市，例如湖南常德、山西临汾等。店主大多是思埠本身的微商代理。吴召国称，线下体验店的主要功能是增加顾客信任度，将顾客从线上引流到线下，体验更多的服务。其向亿邦动力网介绍，思埠线下体验店主要尝试的是“轻美容院”模式，店铺可以提供一些基础的美容护肤服务，例如修眉、美甲、敷面膜等。

另外，亿邦动力网还了解到，除了线下体验店，思埠还在尝试与一些线下服装店合作，在后者店内开辟一块位置，展示思埠产品。

实际上，除了增加顾客信任度，思埠积极拓展线下体验店，还有一个目的是吸引线下流量，寻找新的用户群。吴召国透露，在2015年5月份，国内微商企业几乎都经历了销售额的断崖式下降，思埠也不例外。他坦承，思埠在那一时期的销售额下降了30%左右，堪称“黑色五月”。

吴召国将“黑色五月”的原因归结为市场饱和以及当时媒体铺天盖地的负面报道。他表示，思埠很快采取了针对性的措施，提高动销率，例如，推出一些免费的美容小仪器（比如蒸脸器）、产品试用装、防晒衣等。目前思埠业务正在稳步回升状态。

可见，拓展线下店，在一定程度上也是缓解业务下降的一个探索途径。吴召国表示，微商走向线下是必须。“任何一个商业模式的本质都是要把产品销售给消费者，微商脱离了这一本质，只是一级一级往下囤货，这种模式可以持续一段时间辉煌，但要长久下去，必须落地，否则只能节节败退。”

而据亿邦动力网了解，开始铺线下渠道的微商不止思埠一家。魔丽彩、三草两木等化妆品微商品牌也在纷纷通过不同的方式走向线下。其中，魔丽彩旗下撕拉式唇彩已正式进驻7－Eleven、惠之林、广客隆等连锁便利店，而三草两木则在今年5月份启动了线下加盟商的招募，其称，今年预计要开约100家线下店。

资料显示，思埠成立于2014年3月份，主营化妆品。报道显示，思埠在2014年不到一年的时间里实现了10亿元左右的营业额。今年春节，思埠更是高调拿下央视春晚倒计时广告，引发热议。今年1月初，思埠集团宣布入股幸美股份，斥资7 782万元，持有幸美股份49%股份，成为幸美股份最大股东。

（资料来源：http：//www. ebrun. com/20150803/143178. shtml. ）

【小思考】

结合以上小案例，请思考微商美容与电商美容在运行模式上的区别与联系，以及大学生在参与微商营销中的优劣势。

任务小结

任务2结构如图8－5所示。

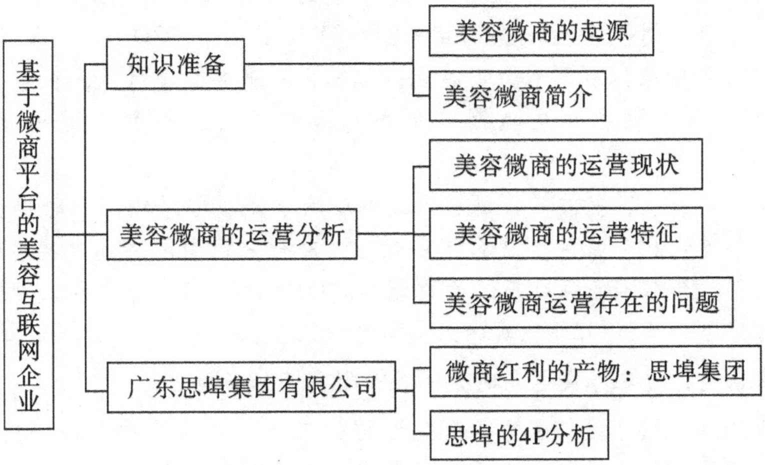

图8－5 任务2结构图

拓展训练

训练目的：了解美容微商企业的运营模式。

训练要求：（1）根据微商营销模式，调研一家美容技术服务企业和一家化妆品营销企业，思考美容行业中的企业是如何通过微信平台开展营销运营的。

（2）对比分析美容技术服务和美容化妆品两种不同类型企业传统的运营模式。

训练方法：以小组为单位完成，合理分配工作并有效分工。

训练成果：小组提交调研报告，以PPT、微视频或Word的方式进行提交，教师点评和归纳。

拓展阅读

美业市场微商与O2O相遇，结果竟然是这样？

微商和O2O仍旧是各大美妆个护品牌和美容美妆美体门店关注的焦点，并且代表零售的“微商”与代表服务的“O2O”之间似乎已经开始产生互动交集了。

美容、美妆、美体、美甲、美发等线下服务店都会配合零售

最初，提及美业大家都关注美容、美妆、美体、美甲、美发等基础服务，以及整容、丰胸、抽脂等各类整形手术该如何赚钱。而随着美业O2O的新兴服务模式的出现，业界开始关注互联网新势力对传统美业的挑战。

然而，时间过去这么久，美业O2O虽然成长情况还不错，但并未能撼动传统美业的根基。场景舒适性、人效、安全、质量、需求等多方面因素决定了到家美业O2O只能作为对传统模式起到一定补充作用。而到店类的美业O2O虽然更被业界所接受，但也没出现足以改变整个传统美业产业链的公司和模式。

美业O2O的出现对传统美业来讲不是灾难，而是为其指明了发展方向。事实已经证明，到家类的美业O2O只是过眼云烟，而到店类的美业O2O最终还是以传统美业的服务能力为根基。如今，对于美业服务商家来讲，不仅不惧怕O2O，反而更加主动地拥抱O2O，因为O2O所带来的联网能力可以延长与客户的服务交集时间，在客户不到店享受服务的情况下，也可以通过各类网络信息与客户紧密沟通并推送一些新的服务及“产品”。

其实，美容、美妆、美体、美甲等传统美业除了靠服务赚钱，同时也会配套销售美业产品来获利，美业服务商在接触了O2O之后，充分意识到网络可对其销售店内产品提供助力，进而有机会增强商品交易的营收能力。O2O对商家的价值也正是提供更多能带来增收的经营思路，不然O2O就真的只是概念而已了。

面膜微商已逝，进入社交电商时代的美业微商开始正规化

说到美业产品交易，其实这是微商最擅长的工作，尤其是初期爆发式发展的微商，满世界的面膜产品，朋友圈内的各类代理代购也都是以美妆个护产品为主，说美妆大类产品占据微商半壁江山也不为过。如今，微商新鲜感消失，红利期结束，行业开始自我净化，“囤货骗局”和“劣质面膜”等微商被淘汰出局，取而代之的是知名品牌和零售商体系化的社交分销的微商方式。

过去几年，微商爆发式的发展让很多美妆厂商也趋之若鹜，纷纷投入重金建立美妆微商分销渠道。点点客等一大批微商分销信息服务商也顺势崛起，虽然近期微商遇冷的呼声渐起，渠道商可俪美妆采用点点客的人人店分销体系还是能在3个月做到300万元的交易流水，这说明正规可靠的产品通过微商交易方式仍旧有消费市场。

得益于社交营销传播的微商交易模式已经被列入大学专业课程，这说明从教育就业层面，微商与电商一样，也已经被认可，这是微商正规化发展的一个重要标志。如果还对微商抱有疑虑或持否定意见的话，我们不妨反过来想，在基础环境与监管完全不成熟的情况下，都有非常多的人愿意通过微商方式进行消费，那如果微商的商业秩序正规化，这部分人还会不会继续选择微商交易呢？答案很明显，在市场灰色期都愿意通过微商消费的人，没有理由在市场成熟之后抵制微商。

品牌+经销商/门店+微商，零售与服务结合的美业分销体系逐渐形成

微商向正规化迈进的过程一直在寻找可以信得过的载体，知名品牌和经销商只是其一，在整个美业市场转变的过程中，作为以服务为主的美业服务店也可视为微商的信任载体之一，而且他们本身也是美业产品的零售商之一，这也是如今微商与O2O的交集所在。互联网虽然创造了一些新兴产业，但其更大的作用是服务于传统产业，无论O2O还是微商，在刚开始的时候看起来都像是要革命传统，可到最后却都成为服务于传统的网络工具。

O2O与微商的交集结合有可能会重新梳理整个美业零售市场产业链，这也将会对人人店等微商分销服务商带来新的挑战和机会。以人人店的三级分销系统为例，此前的分销方式是品牌方自建分销体系，或者先将产品分销给二级的经销商，然后再由经销商分销给三级的微商们，最终通过庞大的社交分销系统形成渠道裂变，而后再通过社交信任关系带动交易。这种方式已经经过市场验证，是可行的，但我们现在要讨论的是，在O2O与微商结合的趋势下，会不会产生其他的三级分销方式。

在此前的微商三级分销体系中，关键环节在于夹在中间的二级经销商，他们存在的形式比较多样，有传统的经销商，有电商经销商，有网红大V，也有大型的微商个体，当然也有一些线下零售店。如今，线下美业服务店也完全可以作为微商的二级分销商，在传统的美业服务交易体系当中，美业服务店多数充当的是最终端的零售商角色，商品分销到美业服务店基本就结束了。

而在微商时代，有更多的微商从业者承担起最底层的零售角色，这在商品流通交易产业链中给了美业服务店转变上升为中间二级经销商角色的机会。现在对于美业服务店来讲，不仅自己的店员可以作为终端微商，亲朋好友以及顾客都可以成为终端微商。最主要的是“跑得了和尚跑不了庙”的美业服务店来做二级经销商要比很多其他一些完全基于网络没有营业执照的微商经销商更可信。

而对于人人店等微商分销服务商，当O2O与微商出现融合发展之际，在美业市场拓展线下服务店作为二级经销商是个不错的契机。通过O2O可以促进服务消费，而通过微商可以带动产品销售，说到底，互联网还是服务于实际经济的工具，如果通过互联网的方式可以带来增收，美业服务店是没有理由拒绝的，换言之，O2O与微商的结合是必然趋势。

（资料来源：http://business.sohu.com/20160523/n450945482.shtml.）

参考文献

[1] 蒋成博. 美容养生的概念、由来及内涵 [EB/OL]. [2014-03-16]. http://www.douban.com/note/504595402/.

[2] 贝斯特国际事集. 芳香疗法历史 [EB/OL]. [2014-05-13]. http://www.bestvia-china.com/edu/show.asp? cid=464&id=463.

[3] 医学美容和生活美容区别 [EB/OL]. (2007-12-28)[2014-06-14]. http://www.lady8844.com/hufu/mbhl/2007-12-28/1198809057d104625_3.html.

[4] 了解美容起源 [EB/OL]. [2014-03-17]. http://www.binzhuang.com/news/show/2875/.

[5] 美容化妆品的由来与发展 [EB/OL]. [2015-06-19]. http://www.docin.com/p-88377057.html.

[6] 吴强，赵瑛. 美容美体学 [M]. 广州：广东高等教育出版社，2014.

[7] 中国美业2014年发展环境与趋势分析报告 [EB/OL]. [2014-01-10]. http://www.5588.tv/news/54138.html.

[8] 刘颖. 美容行业现状及赢利模式分析 [EB/OL]. [2015-11-20]. http://www.emkt.com.cn/article/130/13031.html.

[9] 2015年美国整形美容行业市场发展综述分析展望 [EB/OL]. [2015-11-27]. http://www.chyxx.com/industry/201511/362840.html.

[10] 国外美容行业发展史 [EB/OL]. [2015-03-14]. http://tieba.baidu.com/p/3243959322.

[11] 李丽琴. 世界化妆品工业地狱分布特征及发展趋势研究 [D]. 太原：山西师范大学，2015.

[12] 梁永奕，李威丽. 美容会所管理 [M]. 广州：广东高等教育出版社，2014.

[13] 田艳敏. 男士美容市场成倍增长 [N]. 舜网—都市女报，2015-04-21.

[14] 中国美容行业的发展与人才需求 [EB/OL]. [2015-08-26]. http://www.qikanol.com/zhongguo yixue/11939.html.

[15] 刘宜群. 中医美容学 [M]. 北京：中国中医药出版社，2006.

[16] 中医整脊与美容养生 [EB/OL]. [2014-11-16]. http://www.xzbu.com/6/view-6296827.html.

[17] 心理美容与美容 [EB/OL]. [2015-12-11]. http://www.bamaol.com/Html/20151211085111581.html.

[18] 中国的美容化妆品需求量已超过日韩、居亚洲第一 [EB/OL]. [2015-11-15]. http://www.mtzguo.com/news/15916906.html.

[19] 中国美容化妆品业发展状况及潜在问题 [EB/OL]. [2014 - 12 - 13]. http://www.zghzp.com/download/scdy/13.html.
[20] 美容行业发展五化五性 [EB/OL]. [2015 - 11 - 10]. http://www.doc88.com/p - 306883881771.html.
[21] 中国美容化妆品业发展报告 [EB/OL]. [2016 - 11 - 14]. http://www.360doc.com/content/15/0209/1416153377_447458748.shtml.
[22] 中国美容美发行业概况分析 [EB/OL]. (2003 - 11 - 19) [2014 - 11 - 13]. http://www.c2cc.cn/news/access/sybg/2003/11/19/31770.htm.
[23] 美容行业市场现状 [EB/OL]. [2015 - 03 - 06]. http://www.cnlinfo.net/info/8186827.htm.
[24] 柏晋源. 中国医疗美容行业现状及前景探析 [EB/OL]. [2017 - 02 - 08]. http://www.wtoutiao.com/p/1fd1ePO.html.
[25] 2011 年美容院最新经营模式与经营理念 [EB/OL]. [2013 - 10 - 14]. http://info.138edu.com/Article/chuangye/yunyingguanli/201111/31515.shtml.
[26] 地球人都知道的美容师职业发展方向 [EB/OL]. [2015 - 07 - 15]. http://www.138job.com/.
[27] 美容讲师的工作职责 [EB/OL]. [2013 - 06 - 18]. http://www.jvmee.com/article - 920 - 1.html.
[28] 美容院管理手册之主要岗位职务描述 [EB/OL]. [2016 - 03 - 08]. http://www.mf08s.com/y/b/b21/201103/315071.html.
[29] 郑燕娟的美容博客. http://q.138job.com/u/528188/archives/2011/14679.html.
[30] 广东省美容美发化妆品行业协会. 广东省美容美发化妆品行业协会简介 [EB/OL]. [2014 - 01 - 17]. http://www.maya777.com/show.aspx? id = 241&cid = 44.
[31] 职业技能大赛背后的意义 [EB/OL]. http://tieba.baidu.com/p/1265409706.
[32] 广东省总工会女职工工作委员会. 2014 年广东女美容师职业技能大赛举行 [EB/OL]. [2015 - 06 - 11]. http://www.gdftu.org.cn/ghyw/nzgyd/201410/t20141015_514780.htm.
[33] 省商务厅成功举办 2015 年福建省美容美发化妆美甲职业技能竞赛 [EB/OL]. [2017 - 01 - 12]. http://www.fiet.gov.cn/zjswt/jgzn/jgcs/fwyfzc/gzdt_463/201508/t20150820_154211.htm.
[34] 浙江省美发美容行业协会关于开展 2016 年浙江省美容美发职工职业技能竞赛暨各地市县美容美发技能选拔赛的通知 [EB/OL]. [2016 - 09 - 13]. http://www.zjmrmf.com/page_list_infor.jsp? pagetype = 7&pageid = 229.
[35] 中国（广州）国际美博会展会概况 [EB/OL]. [2016 - 11 - 10]. http://www.chinainternationalbeauty.com/.
[36] 美博城简介 [EB/OL]. [2016 - 07 - 19]. http://www.gzmbc.com.cn.
[37] 2015 年意大利美容展举办时间、地点及内容介绍 [EB/OL]. [2015 - 11 - 12]. http://zhanhui.3158.cn/ybzx/n13073112509858.html.
[38] 广东美妆节介绍 [EB/OL]. [2016 - 11 - 13]. http://www.gzmbc.com.cn/

meizhuang. asp? bigclassid = 26&smallclassid = 50&daoid = 4.
[39] 大数据时代，拥抱新营销：美业如何联姻移动互联网营销［J］. 医学美学美容（财智），2014（Z1）：42 - 43.
[40] 国发〔2015〕40 号国务院关于积极推进"互联网"行动的指导意见［EB/OL］.［2016 - 11 - 12］. http：//www. gov. cn/zhengce/content/2015 - 07/04/content - 10002. htm.
[41] 刘冀生. 企业战略管理［M］. 北京：清华大学出版社，2003.
[42] 王晓敏. 波特"五力"模型的聚美优品竞争环境研究［J］. 中外企业家，2013（16）：242 - 243.
[43] 孟翠兰. 聚美优品的网络营销策略研究［J］. 现代商业，2013（8）：49.
[44] 胡心悦. 社会网络视角下思埠化妆品网络营销策略研究［J］. 商，2015（12）：102 - 103.
[45] StyleSeat 更像是服务于造型师的平台［EB/OL］.［2015 - 10 - 11］. http：//business. sohu. com/20150717/n416960931. shtml.
[46] 全球最大的美容 O2O 平台将诞生在中国［EB/OL］.（2015 - 07 - 17）［2015 - 12 - 11］. http：//www. wtoutiao. com/p/m85MuC. html.
[47] 2015，步入微商元年，你准备好了吗？［EB/OL］.［2015 - 10 - 19］. http：//www. 72tao. com/news/news25237. html.
[48] 2015 年中国化妆品行业市场现状及发展趋势分析［EB/OL］.［2016 - 11 - 22］. http：//www. chyxx. com/industry/201510/349208. html? t = 1445327944487.